凤凰文库
PHOENIX LIBRARY
中国经济问题研究系列

凤凰出版传媒集团
PHOENIX PUBLISHING & MEDIA GROUP

经济全球化与中国产业发展

刘志彪 著

译林出版社

图书在版编目(CIP)数据

经济全球化与中国产业发展 / 刘志彪著. —南京：译林出版社，2016. 1
（凤凰文库. 中国经济问题研究系列）
ISBN 978-7-5447-5943-4

Ⅰ. ①经… Ⅱ. ①刘… Ⅲ. ①产业发展-研究-中国 Ⅳ. ①F12

中国版本图书馆CIP数据核字（2015）第260804号

书　　名 经济全球化与中国产业发展
作　　者 刘志彪
责任编辑 陈　锐
出版发行 凤凰出版传媒股份有限公司
译林出版社
出版社地址 南京市湖南路1号A楼，邮编：210009
电子邮箱 yilin@yilin.com
出版社网址 http://www.yilin.com
经　　销 凤凰出版传媒股份有限公司
印　　刷 江苏凤凰通达印刷有限公司
开　　本 960毫米×1304毫米　1/32
印　　张 10.75
插　　页 4
字　　数 261千
版　　次 2016年1月第1版　2016年1月第1次印刷
书　　号 ISBN 978-7-5447-5943-4
定　　价 45.00元
译林版图书若有印装错误可向出版社调换
（电话：025-83658316）

出版说明

要支撑起一个强大的现代化国家,除了经济、政治、社会、制度等力量之外,还需要先进的、强有力的文化力量。凤凰文库的出版宗旨是:忠实记载当代国内外尤其是中国改革开放以来的学术、思想和理论成果,促进中外文化的交流,为推动我国先进文化建设和中国特色社会主义建设,提供丰富的实践总结、珍贵的价值理念、有益的学术参考和创新的思想理论资源。

凤凰文库将致力于人类文化的高端和前沿,放眼世界,具有全球胸怀和国际视野。经济全球化的背后是不同文化的冲撞与交融,是不同思想的激荡与扬弃,是不同文明的竞争和共存。从历史进化的角度来看,交融、扬弃、共存是大趋势,一个民族、一个国家总是在坚持自我特质的同时,向其他民族、其他国家吸取异质文化的养分,从而与时俱进,发展壮大。文库将积极采撷当今世界优秀文化成果,成为中外文化交流的桥梁。

凤凰文库将致力于中国特色社会主义和现代化的建设,面向全国,具有时代精神和中国气派。中国工业化、城市化、市场化、国际化的背后是国民素质的现代化,是现代文明的培育,是先进文化的发展。

在建设中国特色社会主义的伟大进程中,中华民族必将展示新的实践,产生新的经验,形成新的学术、思想和理论成果。文库将展现中国现代化的新实践和新总结,成为中国学术界、思想界和理论界的创新平台。

凤凰文库的基本特征是:围绕建设中国特色社会主义,实现社会主义现代化这个中心,立足传播新知识,介绍新思潮,树立新观念,建设新学科,着力出版当代国内外社会科学、人文学科的最新成果,同时也注重推出以新的形式、新的观念呈现我国传统思想文化和历史的优秀作品,从而把引进吸收和自主创新结合起来,并促进传统优秀文化的现代转型。

凤凰文库努力实现知识学术传播和思想理论创新的融合,以若干主题系列的形式呈现,并且是一个开放式的结构。它将围绕马克思主义研究及其中国化、政治学、哲学、宗教、人文与社会、海外中国研究、当代思想前沿、教育理论、艺术理论等领域设计规划主题系列,并不断在内容上加以充实;同时,文库还将围绕社会科学、人文学科、科学文化领域的新问题、新动向,分批设计规划出新的主题系列,增强文库思想的活力和学术的丰富性。

从中国由农业文明向工业文明转型、由传统社会走向现代社会这样一个大视角出发,从中国现代化在世界现代化浪潮中的独特性出发,中国已经并将更加鲜明地表现自己特有的实践、经验和路径,形成独特的学术和创新的思想、理论,这是我们出版凤凰文库的信心之所在。因此,我们相信,在全国学术界、思想界、理论界的支持和参与下,在广大读者的帮助和关心下,凤凰文库一定会成为深为社会各界欢迎的大型丛书,在中国经济建设、政治建设、文化建设、社会建设中,实现凤凰出版人的历史责任和使命。

凤凰文库出版委员会

主编序

现代经济学虽然诞生于西方世界，并伴随着西方国家市场经济的发展而成长起来，但它对于正在经历“数千年未有之大变局”、建设现代国家的中国来说，同样具有重要的意义。事实上，纵观中国经济半个多世纪以来的发展历程，我们会清晰地看到，发展道路上所遭遇的每一次重大挫折，几乎无不与人们对现代经济学的无知和排斥有关，而自20世纪80年代中期走上较为自觉的改革之路后的每一次重大进展，也几乎都与我们对现代经济学的认识深化密切相关。

在改革开始前的三十年，现代经济学被官方看作为“垂死的、腐朽的帝国主义辩护”的“西方资产阶级庸俗经济学说”。1957年，一些经济学家提出过吸收借鉴其中合理成分的建议，却因此被打成了“资产阶级右派分子”。在这样的环境下，经济学被赋予的任务，就在于宣传、解释和论证官方政策的正当性。正是由于对现代经济学的无情排斥，中国走上了一条荒谬的统制经济的道路，从而极大压制了经济活动的创新精神，使得中国经济蒙受了严重破坏，整个社会也濒临崩溃。直到极左路线的统治崩溃和市场逐步放开以后，这种情况才发生了改变；也正是在现代经济学的帮助下，市场经济体制才得以在中国建立。

但是，在如何估量现代经济学对中国的意义上，争论一直都存在。即使中国经济在市场制度的推动下所取得的成就已经获得举世公认，有些人仍然认为，中国改革的成功是"摸着石头过河"摸出来的，"西方经济学"不符合中国国情。我认为，这个论断与中国改革的实际情况是不相符的。

的确，在中国改革初期，中国领导人陈云和邓小平都提出过，中国的改革要"走一步、看一步"、"摸着石头过河"。问题在于，他们是在什么样的历史条件下提出这一口号的呢？那是在"文革"浩劫之后，中国满目疮痍，亟需采取措施挽救这个国家。然而在当时，中国理论界已经与世界隔绝了几十年，许多经济领导干部并不了解社会主义阵营以外国家的进展情况，对现代经济学所阐明的基本原理也几乎一无所知。在这种情况下，中国完全没有可能进行根本性的体制改革，而只能"摸着石头过河"，采取一切可能有用的措施来挽救危亡。20世纪70年代末和80年代初，改革主要是采取"包产到户"等变通办法，在强大的公有经济之旁为民间创业活动开辟出一块发展空间。这当然有助于经济的恢复，但这并不意味着对整个国民经济进行系统性的改造。就中国经济整体而言，是处在一种"旧的"经济体系(命令经济)已经被突破，新的经济体系(市场经济)又没有建立起来的状态。

然而，这绝不意味着我们只能安于这种状况。恰恰相反，为了学习外国的发展经验，中国除派出上百个代表团访问欧洲、美国和东亚各国之外，还大量邀请外国专家学者来华讲学。中国社会科学院经济研究所，在1980年夏季到1981年夏季的一年中，连续举办了"数量经济学讲习班"、"国外经济学讲座"和"发展经济学讲习班"三个大型讲习班。这些讲习班由中外知名的经济学专家授课，为参加这些讲习班的高等学校和研究机构的中年学者，打开了系统学习现代经济学最新成果的通路，使他们得以用新的视角来观察中国经济。除了这种"补课”式的讲习班，还有一批学者选择了去外国留学或进修。大批高等院校的优秀毕业生，利用中国政府派遣留学生出国留学的机会，去了美国、欧洲和日本的高等院校做研究生。

中国领导人在20世纪80年代中期已经意识到，中国改革不能老是停留在“摸着石头过河”、“走一步、看一步”，因而“摩擦很大、漏洞很多”、经济发展状况很不稳定的状态。1984年10月，在中共中央全会决定从以农村为重点的改革转向“以城市为重点的整个经济体制的改革”时，邓小平就已指出，城市改革不像农村改革那样简单，它不仅包括工业、商业，还包括科技、教育等各领域都在内，是全面的改革、系统的改革。显然，这样一种全面系统的改革，不是靠“摸着石头过河”、试试碰碰所能把握的。现代市场经济制度是一个巨大而复杂的系统，它经历了几百年的演变才逐步形成，而现代经济学正是这一历史过程和这一系统运作规律的理论反映。所以，如果没有对现代经济学的切实把握，以使改革行动具有自觉性，那么建立现代市场经济制度的艰巨任务是不可能成功实现的。

在1984年中共中央全会决定把改革的目标确定为建立“商品经济”（这是俄语中对市场经济的婉转称呼）以后，对“社会主义有计划的商品经济”作出清晰的界定，并对新体制的总体框架和改革的实施步骤作更深入的探索，就成为了一种迫切的需要。好在这时，中国已经有了一批自己的具有现代经济学素养的经济学家，他们与国外学者之间的学术交流也十分活跃，于是进入了中外经济学家共同探索中国改革的目标模式和整体规划的新阶段。

1985年是一个进一步明确改革目标和基本路径的年份。这一年发生了许多重要的事件。（1）1984年，在邓小平本人的提议下，世界银行组织了庞大的国际专家团队，在中方工作小组的支持下，对中国经济的各个方面进行了全面的考察。经过深入的研究，在1985年写出了题为《中国:长期发展面临的问题和选择》的长篇考察报告。这份考察报告不仅全面分析了中国经济面临的主要问题,而且根据对各国经验的比较研究,提出了解决问题的可选方案,因而受到中国领导人的高度重视。他们不但认真阅读了这个考察的主报告和六个附册,还让经济领导机关的官员放下手中的工作进行讨论,从中学习现代经济学的基础理论、分析工具及国际发展经验。这对于提高并开拓中国官员的经济学眼界,提高中国政府的决策水平,起到了良好的作用。

(2) 1985 年 5 月,中国社会科学院研究生院三位受过现代经济学训练的研究生上书国务院领导,要求制定全面改革的总体规划。在国务院总理的支持下,国家经济体制改革委员会组织了由九位年轻经济学家组成的研究小组,为国家体改委制定了"以市场体系构成经济机制的基础"的中国第一份经济改革的总体规划。

(3) 1985 年 9 月,由国家体改委、国务院发展研究中心和世界银行共同召开了"宏观经济管理国际讨论会"("巴山轮会议")。在大批国际知名专家、众多中方官员和经济学家的参加下,对中国改革的重大问题进行了讨论,达成了一系列重要共识。第一,绝大多数中外专家都认同匈牙利经济学家科尔奈的分析和选择,把"有宏观经济管理的市场协调"看作中国经济改革的首选目标模式。第二,属于不同学派的中外专家一致认为,中国应当采取稳健的宏观经济政策,以便为改革措施的顺利推进创造有利环境。

1985 年 9 月末召开的中共全国代表会议,在上述研究的基础上提出了"七五"期间的改革核心,即把国有企业改造为自主经营、自负盈亏的"商品生产者和经营者",发展由商品市场、资本市场、劳动力市场等组成的市场体系,以及将国家对经济的调控逐步由直接调控为主转向以间接调控为主的三方面改革,同时配套搞好价格体系、财政体制、金融体制和劳动工资制度等方面的改革,在 1986 年至 1990 年的五年中或更长一点时间内，奠定新经济体制的基础。

在1985年工作的基础上，中国政府在1986年和1988年两次组织制定了全面推进改革的总体规划。这些规划虽然因为种种原因没有能够付诸实施，但为90年代初期研究制定并成功实施市场经济改革的总体规划打下了良好的基础。

1990年12月和1991年3月，邓小平在与一些领导人的谈话中，两次提出了“资本主义有计划，社会主义有市场”、“社会主义也可以搞市场经济”的意见。中央支持改革的领导人根据邓小平的这个提示，花了很大的工夫去研究改革的目标模式问题，对市场经济通过什么样的体制和机制去实现资源的有效配置，进行了深入具体的研究。

经过几个月的研究，在1991年10月到12月间，中共中央江泽民总书记召集了十一次专家座谈会，其中用了几乎一半的时间来讨论“怎样搞好有中国特色的社会主义”。会议从稀缺资源的有效配置这样的经济学基本原理开始，一直深入到计划配置和市场配置这样的机制体制问题。然后，在广泛征求意见的基础上，1992年6月9日，江泽民总书记在中共中央党校为“十四大”确定基调的讲话中，提出把中国改革的目标设定为社会主义市场经济的建议。他在讲话中特别指出，市场经济的主要特征是，市场在资源配置中起基础性作用。这些意见为1992年10月的中共“十四大”所采纳，由此，社会主义市场经济的改革目标得以确立。

接着，就开始进行市场经济改革总体规划的制定工作。这项规模宏大、参加人数众多的研究工作持续了一年多的时间，最后形成了1993年11月中共十四届三中全会通过的《关于建立社会主义市场经济体制若干问题的决定》。这个决定，对市场经济各个子系统的改革方案（包括财税体系、金融体系、外贸体系和外汇制度、社会保障体系、国有经济等），以及各个子系统改革之间的配合关系和时间顺序，都做了较为细致的安排。由于它基于对现代市场经济的深入理解,又切合于中国的实际,即使从现在的眼光来看,也是一个很不错的改革规划。

从1994年起,中国开始按照这个规划蓝图进行各方面的改革,它们主要是:(1)建立包括商品市场、劳动力市场、金融市场在内的市场体系;(2)实现经常项目下人民币有管理的可兑换,全面推进对外开放;(3)通过“国退民进”,对国有经济的布局进行战略性调整;(4)实行“放小”,将数以百万计的国有小企业和乡镇政府所属的小企业,改制成为多种形式的私营企业;(5)建立健全以间接调控为主的宏观经济管理体系;(6)建立新的社会保障制度;(7)转变政府职能,加强法律制度建设。

虽然各个领域内的改革推进程度并不相同,但这一轮改革毕竟使一个对世界市场开放的市场经济制度框架初步建立起来。市场制度的建立,解放了长期受落后制度约束的生产力,促使20世纪90年代以来中国经济实现了持续的高速增长,这具体表现为:第一,在原有的“攫取型经济体制”之外,开辟了以市场制度为基础的“包容型经济体制”的新天地,为民间创业开拓了空间。到20世纪末,中国已经涌现了三千多万家民营企业,它们乃是中国出人意料发展的最基础的推动力。第二,大量原来没有被有效利用的劳动力和土地资源得到了更有效的利用。生产要素大量向相对高效部门的转移所导致的全要素生产率的提高,有力地支持了中国经济的高速增长。第三,对外开放政策的成功执行,弥补了消费需求不足的缺陷,从需求方面支持了中国经济的高速增长。第四,实行对外开放的另一个重要作用是,通过引进外国的先进装备和先进技术,在大规模人力资源投资还没有发挥作用的条件下,迅速缩小了中国与先进国家之间在过去二百多年间积累起来的巨大技术水平差距,使高速增长得到技术进步的有力支撑。

不过,当我们讲述中国经济崛起的经济学故事的时候,还必须冷静地看到,中国在20世纪末初步建立起来的经济体制还很不完善。中国改革远未取得完全的成功,经济学也正面临着严峻的挑战。当前,中国经济体制的不完善性主要表现为,国家部门仍然在资源配置中起着主导的作用。具体说来主要表现在以下三个方面:(1)虽然国有经济在国民生产总值中并不占有优势,但它仍然控制着国民经济命脉,国有企业在石油、电信、铁道、金融等重要行业中继续处于垄断地位;(2)各级政府握有支配土地、资金等重要经济资源流向的巨大权力;(3)现代市场经济不可或缺的法治基础尚未建立,各级政府的官员有着很大的自由裁量权,他们通过直接审批投资项目、设置市场准入的行政许可、管制价格等手段,对企业的微观经济活动进行频繁的直接干预。

当前,在中国的政界、商界和学界,对于“半统制、半市场”经济体制的存在,以及最近几年国家部门力量的进一步强化,有着截然不同的看法。一种观点认为,以国有经济主导国民经济、强势政府“驾驭”市场为主要特征的“中国模式”,能够正确制定和成功执行符合国家利益的战略和政策,“集中力量办大事”,创造了种种“奇迹”,而且能够在全球金融危机的狂潮中屹立不倒,为发达国家所争羡,足以充当世界各国的楷模。

然而,另外一种观点则针锋相对地提出,中国过去三十年高速增长的奇迹,来源于市场化改革解放了人们的创业精神,而靠政府强化行政管制和大量投入资源实现的增长,不但不能长期维持,而且早晚会造成严重的经济社会后果:第一,在强势政府控制下的威权发展模式不可持续,必须向能够实现包容式发展的民主发展模式转型,依靠自主创新实现持续稳定的增长。第二,各级政府日益强化的资源配置的权力和对经济活动的干预,必然造成腐败迅速蔓延、贫富差距日益扩大、官民矛盾激化的结果,甚至可能孕育社会动荡。

改革开放三十多年来，中国经济学人在理论和政策研究中取得了丰硕的成果；但是，正如前面指出的，中国的经济发展依然面临严峻的挑战。中国未来的发展路径，即如何从威权发展模式向民主发展模式转型，以及如何完成从攫取型体制向包容型体制的转型，都有许多理论和政策问题待解。这些问题的解决，显然有赖于包括经济学人在内的各界人士的共同努力。

我们编辑这套丛书的目的，也正是希望为经济学人提供一个展示自己研究成果、以文会友的平台，促进中国经济问题的研究和学者之间的交流，以便在今后出现重大改革机遇的时候，不至于因为理论准备的不足而出现失误。在这个中国经济和世界经济都面临重大转折的时代，现代经济学无疑是大有用武之地的。我们期待有更多的学者参加进来，共同推动中国经济学的发展。

是为序。

吴敬琏

2012年9月于北京

目　录

导论 从后发到先发:以创新驱动中国产业升级

中国经济发展进入新常态,一个极其重要的标志,就是不仅增长速度由非常态、超常态回归正常态、平常态,而且在增长动力、发展结构、风险挑战等诸多方面,都面临着新的环境和条件的变化。在传统比较优势逐步消失的情况下,中国经济如何形成新的动态比较优势、国际竞争能力和稳定增长的势能?

对政策决策者来说,学习、适应和引领新常态,一个最为重要的问题是:在理论上和实践上如何重新认识并正确处理好开放与创新、发展之间的关系?开放也是改革,因此开放与创新、发展之间的关系就是改革与发展的关系。这是过去的老问题,但在新常态下又具有重要的新内涵。

说它们是老问题,是因为我国一直就是在不断的开放中增强发展动力、纠偏经济结构和应对风险挑战的。但是,过去的开放型经济发展,主要呈现为单一的出口导向形态,在吸收外商直接投资和发展劳动密集型产品出口中,我们实行的是“市场换技术”的开放发展政策,实现的是学习发达国家的模仿型技术进步,而不是真正的基于自主创新的技术进步。虽然学习模仿型的技术进步是我们在发展中的必经阶段,但是这种发展方式现在到了向自主创新阶段转型的重要关口。

说它具有新内涵，是因为一方面，实施新一轮高水平对外开放已对我国创新与发展的模式产生新的挑战。具体来说，就是如何在过去大力发展出口导向的外向型经济的基础上，通过高水平引进来、大规模走出去，实现新常态下创新驱动导向的发展？另一方面，我国参与新一轮全球竞争的动态比较优势，不可能持续依赖过去那种大规模劳动的数量投入，或仅仅依赖于体力和汗水，而必须主要依靠创新驱动，或主要依靠脑力和智慧。这种发展驱动力的结构转换，在当今经济全球化的背景下，不可能也不需要通过闭关自守、自力更生来封闭化地完成，而必须，也可以更多地利用全球化所提供的有利条件。

创新驱动的含义和特征

现在人们普遍认为，转变经济发展方式就是要把发展动力由要素驱动或投资驱动转向创新驱动。这其实是受波特的经济发展阶段理论的影响，把“创新驱动”与“要素驱动”或“投资驱动”对立起来了。[①]“创新驱动”是不是就意味着可以减少要素尤其是投资的需求？

第一，其实即使是创新驱动型经济，也需要高密度的资本投入来支持。不过，这个时候投入结构的特征，不是主要表现为固定资本尤其是机器设备和厂房等的大量投入，而是表现为巨量的研发投入、人力资本投入和相应的物资投入。发达国家进入后工业化社会之后，不仅其固定资本形成从价值上主要来源于折旧基金投入，而且其固定资本形成率也在持续不断地下降。同时，在这个过程中，伴随着对研发和人力资本的投资持续上升。后者成为推动内生经济增长的主要动力源。

第二，在多数情况下，创新驱动型经济不仅意味着投入结构的剧烈改变，而且有可能意味着投入强度也要提高，是需要更多的资源消耗而

① 波特把一个经济发展划分为四个阶段，分别为：(1)“要素推动阶段”；(2)“投资推动阶段”；(3)“创新推动阶段”；(4)“财富推动阶段”。显然，国内所谓的“投资推动—创新推动转变”一说，是从波特的这一阶段论中演化来的。参见(美)迈克尔·波特：《国家竞争优势》，李明轩、邱如美译，华夏出版社，2002年。

不是降低消耗。例如，一次次轰轰烈烈的数字化变革，人们不仅没有脱离对纸张的依赖，打印机市场却膨胀得比个人电脑还快；人们的办公用纸不仅没有减少，反而增加了。中国工程院副院长邬贺铨院士举的例子也令人唏嘘不已："谷歌公司为了减少能源运输消耗，将云计算数据中心建在俄勒冈州水电站附近，而它每天的耗电量与瑞士日内瓦相当！"[①]

第三，发达经济体中资本形成率的降低，不仅伴随这些国家研发投入强度和人力资本投入强度的迅速提高，而且对应着诸如像中国这类的发展中国家的资本形成率的迅速提高。前者是一国的投入适应创新经济的结构调整，后者则反映了在经济全球化、产品内分工和国际外包的趋势下，全球投入结构在国家间的此消彼长关系。自21世纪初以来，随着中国加入全球化的速度日益迅猛，中国国内的资本形成率一路上升，而西方诸国却是一路下降。究其原因，主要是国际外包撬动了中国制造业的需求，西方国家把那些本来属于自身的高强度物资需求和消耗，转移到了中国境内。

从上述可知，创新驱动与要素投入之间并不对立。创新驱动的对立面其实不是针对的要素或投资驱动，后者严格上说对应的是生产率驱动，或者说是广义的技术进步驱动。提高生产率才能相对地节约要素投入，这其中的道理不难理解。实际上，笔者认为从学理上来讲，"创新"范畴对应的是"学习或模仿"这个范畴，因而从发展方式来看，创新驱动是针对模仿和学习驱动而言的。从下文中我们将看到，从模仿和学习驱动转向创新驱动，正是中国经济发展战略在现阶段需要调整的主要内容。相应的，经济政策也不是要推动要素或投资驱动这个阶段转到创新驱动阶段，而是要转向生产率驱动；或者说，要推动经济发展的动力由模仿学

① 参见 http：//news.Ccidnet.com/art/1032/20090910/1883379_1.html。需要说明的是，目前谷歌公司在美国的数据中心有24个，那么总的耗电量就会在100万千瓦左右，相当于一个大型发电厂的供电量。在美国以外，谷歌公司还至少有17个数据中心，其中12个在欧洲。一座数据中心的造价高达6亿美元，谷歌公司2006年建造数据中心的花费是19亿美元，2007年高达24亿美元。数据中心选址最重要的是要有大量廉价的电能和用于冷却的水源。可参见 http：//www.chinaz.com/Webmaster/Club/041511142H010_ 3.html。

习驱动阶段转向创新驱动阶段，及时地根据发展的要求和重心的变化，根据其相互依赖性调整国民经济的投入结构。

对“创新驱动”这一范畴表述进行上述的澄清，不仅有利于我们在实施创新驱动战略、建设创新经济的过程中，及时地进行投入结构的调整，也有利于我们在理论上界定创新驱动战略的内涵、目标和任务，进一步深化对创新经济的研究。综上所述，创新驱动实际上是指推动经济增长的动力和引擎，从主要依靠技术的学习和模仿，转向主要依靠自主设计、研发和发明，以及知识的生产和创造。

从后发优势转向先发优势的内在逻辑

中国沿海发达地区作为对西方现代化的率先追赶者，过去采取的一直是“后发优势”的战略。这一战略的特征是通过引进、学习、模仿和利用先进国家已有的先进技术，避开自行探索和自行研发过程中的高昂成本，利用别人的经验绕开发展过程中可能遇到的障碍和弯路，节省追赶时间。

采取“后发优势”战略，即用模仿方式和学习方式追求快速的经济增长，由于追赶的目标是迅速缩小与先进者的差距，因此在该战略下经济发展的方式具有以下几个显著的特征：

第一，在技术上进行跟踪模仿，其途径不外乎是不断通过包括引进、技术许可、模仿和“反求工程”等方法，进行有针对性的开发以掌握先进者的技术。

第二，在产业发展上主要是承接转移，即通过优化本国基础设施和投资环境，大力吸收来自西方国家的直接投资。外国直接投资不仅带来了产值、税收和就业，也带来了技术溢出。

第三，在投入方面以劳动密集为主，也就是说，采取模仿战略实行追赶，在比较优势上是用低成本优势参与国际分工，主要的竞争武器也是在技术能力增长过程中的低成本，以此进入发达国家跨国企业所主导的全球价值链的底部进行国际代工。

第四，非常强调追赶的目标，并且在每一个阶段把其数量化，作为追赶的口号和政府政绩的考核依据，因此极容易出现唯 GDP 和财政收入等数量化倾向。这是经济发展方式容易粗放化的主因。

显然，这些发展特征是“中国奇迹”取得的基础和基本保证。目前，支持中国继续实施“后发优势”战略的发展环境和基础性因素发生了根本性的重要变化。在新的起点上开创科学发展新局面，需要客观地分析中国新时期发展所面临的新形势和新特点，逐步扬弃“后发优势”战略，走依靠科技提高质量的发展道路，走创新经济道路、建设创新国家。

众所周知，当前中国经济发展中，数量型“人口红利”正在衰减，第一波“全球化红利”已经透支，增量改革为特征的“体制转型红利”也基本释放完毕，出现了许多“不均衡、不协调、不可持续”等突出问题。这些都是“后发优势”战略逻辑所必然出现的深层次问题，如配合这一战略的体制安排必然是要形成强势政府的管理体制，必然是要利用强势政府的力量去替代市场功能，必然要用扭曲生产要素价格的方式招商引资和实施出口导向，必然难以避免粗放发展方式。

因此，如果中国发展战略不转型，我们就不可能找到新的发展动力，发展方式的粗放性问题将始终困扰我们的发展进程。这意味着中国经济再次站到了科学发展的历史性选择关口，必须扬弃过去的“后发优势”战略，逐步转向“先发优势”的战略轨道。具体来说，我们今后在技术上要强调自主创新而不是动态追随；在产业上需要彰显“中国设计”和“中国创造”而不是“中国制造”；在要素投入上要依靠技术创新和人力资本驱动；在比较优势上要用品牌竞争而不是依靠低成本的价格竞争；等等。因此，未来中国在创新驱动战略指引下，经济发展的过程将不可能是过去三十年的简单外推，而是一个具有不同特征、丰富内涵和崭新标准的新时期，增长的动力引擎将会发生更替，发展路径将会被切换，发展的速度将会从高速回归常规。

说远一点，担心中国今后进入“中等收入陷阱”，也是基于对发展动力源切换能否成功持怀疑态度的另外一种理性表达形式。理论和实践都证明，打破原有的路径依赖、转入新的发展轨道、实现非线性的跨越发展，要依赖于改革创新的重大突破，要依赖于制度创新基础上的技术创新推动，否则很难实现。一方面，经济发展动力的切换、经济结构的调整、解决发展模式的转变，似乎只是经济层面的事情和自身的参数调整，但是实际上推动经济系统转型的动力背后，更大的系统性动力在于重大利益关系和分配格局的调整，而且这种调整是既有存量利益关系的重大调整，而不仅仅是边际量的调整。

因此，如果没有改革创新、敢为人先的勇气和魄力，根本无法顺利实现这种发展动力源泉切换的艰巨任务。另一方面，在制度创新的保障下，突破中等收入陷阱魔咒的主要武器，在于发展创新驱动型经济。因为只有实施创新驱动战略，才能够及时攀升全球价值链高端，并取得高额的附加价值和经济回报，才能够消化生活水平提高后，要素再评估中的价格飙升压力。其实笔者认为，“拉美陷阱”可能就是因为拉美国家在收入水平达到一定程度后，没有采取先发优势战略，而是继续采取具有后发优势战略特征的经济政策，如继续鼓励本国企业在全球价值链的底部进行国际代工，企业层面和政府层面对研发投入严重不足，企业因创新不足而难以摆脱处于价值链高端的发达国家“链主”的控制，长期被锁定在低端，因而处于“有增长、无发展”的境地。

由此看来，创新驱动是越过“拉美陷阱”的关键。来自实践的经验也对此作了很好的诠释，如韩国越过“拉美陷阱”时的人均专利数量是当时世界平均水平的6倍，而巴西处于中等收入水平时，其人均专利数量则是当时世界平均水平的0.2倍。[①] 这充分说明，运用学习模仿驱动发展模式进行追赶，追赶者容易步入先行者精心设计的“模仿陷阱”，而

① 巴曙松：《中国需提防“拉美陷阱”》，http：//jsjjb.xhby.net/html/2010-10/29/content_291383.htm。

在先发优势战略下，由于创新驱动发展模式会打破技术垄断，形成新的技术轨道和范式，因此赶超者会逐步进入价值链的高端，从而避免陷入“拉美陷阱”。这一切都标志着目前中国人均GDP接近8000美元的广大沿海发达地区，要比内陆地区更早地实现战略转型，从整体上要逐步扬弃“后发优势”战略，而率先选择走“先发优势”的战略道路。

这一战略转型的策略主要有二：

策略一：先发制人，集中资源重点投入，形成局部绝对强势。这种战略与过去中国工业化进程基于后发优势所采取的发展战略有根本的不同：它是要在某些重要的优势领域集中优势兵力打歼灭战，在一些战略性新兴产业、某些先发地区产业造成具有国际竞争力的绝对优势，实现跳跃式发展。

策略二：运用新的非均衡方法，由过去的农业剩余支持工业化发展，改为工业剩余支持战略性新兴产业发展。新的非均衡策略存在巨大的选择性风险，如技术路径选择错误、资金缺口、组织方式无力等。来自过去工业化的发展积累，应该为转向创新驱动战略承担必要的社会成本。

对实施这一战略转型需要指出以下三点：

第一，这个战略是有层次的。中国因地域发展程度不均衡，国家提出加快建设创新型国家的目标，并不是针对所有地区现有的状况，而主要是针对沿海发达地区来要求的。今后，中国中西部地区仍要走模仿经济的发展道路，学习和模仿战略对广大的落后地区还是长期适用的。对广大的沿海发达地区，尤其是珠三角、长三角和环渤海地区的大城市都市圈，发展应该主要依靠创新驱动。

第二，实施这一战略可以与很多地区提出的率先全面实现小康，以及更远一些的率先基本实现现代化的宏伟目标相互衔接。为此需要进一步明确这些地区实施率先目标的特点和内涵的变化。如江苏的“两个率先”，早在十届全国人大一次会议时就提出来了，已经横跨了两个五年计划。总的来看，“十五”时期江苏的“两个率先”，重点主要是推进改革开放和发展外向型经济，而“十一五”时期的“两个率先”，重点则主要是初步探索科学发展的路径和机制。在当今国际国内新形势下，开创江苏科学发展的新局面，就是要塑造新的发展动力机制，因此所谓“两个率先”新特点，其实就是在新形势下塑造发展的新动力和新引擎，说白了也就是“两个率先”的目标今后不可能在旧的动力机制下实现了，现在需要更换发展动力，需要实施创新驱动战略。

第三，中国沿海发达地区的先行省份肩负着代表国家参与国际竞争、国际规则制定和争夺经济话语权的历史重任，因此把创新驱动战略作为核心战略是符合国家对这些地区的定位的。2008 年金融危机改变了主要发达国家特别是美国对于经济服务化和金融化的一些基本立场，更加关注实体经济，希望通过“再工业化”和“出口倍增”计划，在新兴产业的发展带动下实现新一轮的经济增长。另外，目前美国、日本、欧盟等国家的工业化和城市化过程已经基本结束，只有新技术革命才是提高经济增长率的深层动力。因此，在 2008 年金融危机后，全球竞争的平台将重新塑造，战略性新兴产业必将成为国际竞争力的主要来源和体现，也是决定一国经济话语权的力量所在，是改变世界经济增长的轨迹和旧有格局的主要推动力。因此，中国实施创新驱动发展战略、发展创新经济，从产业角度看，其实就是要中国发达地区集中资源重点发展代表国家竞争力和话语权的战略性新兴产业。

过去中国发达地区采取体现“后发优势”的追赶模式，除了技术落差较大必须这样做之外，也与存在“花钱买技术”“市场换技术”的某些特定的可能性有一定的关系。其实，花钱买不来真正的高技术，市场换不来真正的战略性新兴产业。而且，随着中国综合国力的迅速增强，西方国家越来越把中国视为强大的竞争对手，它们不仅用贸易限制和知识产权等手段严厉地遏制中国，也用全球价值链等方式把中国企业锁定在低端，让中国的企业做其附庸。甚至一方面要求中国在节能减排上负担更多的责任，另一方面又在节能、环保和低碳等技术方面对中国进行封锁。因此，无论是从提高中国加入经济全球化的水平，还是从国家经济社会安全的考虑，以及转变发展方式的角度，选择先发优势战略，改变中国在世界竞争舞台上的角色定位和功能，都有十分紧迫的必要性。

逐步扬弃后发优势战略，而率先选择先发优势战略，中国发达地区在全球经济竞争舞台上的角色、功能和地位都会发生相应的变化。在角色上，会由追赶者变为赶超者，甚至变为领跑者；在功能上，会由技术标准的遵守者和跟踪者变成制定者；在市场地位上，将由追随者、弱势者变成市场的垄断者或寡头竞争者，由全球价值链的低端代工者变成价值链的全球性“链主”。

在后发优势战略指导下长期充当模仿和学习的追赶者，这一模式从技术发展规律来说存在着根本性的局限：一方面，由于技术轨道是由发达国家的先进者所开发和主导的，因此中国与西方之间的技术差距可能被不断缩小，却永远无法消除；另一方面，追赶者还有可能会步入先行者精心设计的“追赶者陷阱”。例如，在ICT领域，系统标准就是追赶模式所无法逾越的最终差距，也是追赶者可能被领先者引入技术陷阱或被再次甩开的威胁来源。

与充当模仿和学习的追赶者不同的是，赶超型模式的目标是为了形成以我为主的自主技术发展轨道，绕过先行者的壁垒进入技术前沿，走出不同于先进者的自主技术轨道。一旦自己的技术轨道在一定范围内成为主导设计，赶超目标就会得到实现。为此，赶超者必须掌握新技术的源头，必须从更接近技术源头的地方开始走自己的技术轨道，因此赶超者必须经历时间更长、花费更多、风险更大、更艰苦的产业化过程。但是赶超的意义远远大于追赶，因为赶超模式将使自己的技术发展不再受先行者技术轨道的主宰，而且具有更加广阔的市场前景。

应该看到的是，赶超模式中的赶超者成为主导设计、进入主导轨道，会与原有技术垄断者以及新进入者之间发生激烈的市场竞争。因为，任何一个新技术导致新产品出现于市场时，都会导致若干企业在前沿竞争，各自推出设计方案。经过一段竞争，最后消费者和市场会倾向于一个主导设计，由此赶超者进入主导轨道并锁定市场需求。这种技术创新的竞争历程，中国企业从来没有正式地、大规模地经历过。由于过去在后发优势战略下，技术往往靠引进，而且引进的技术往往都是在成熟阶段，因此由追赶者转变为赶超者，就要求中国企业改变技术依赖策略，通过大量的研发投入建立自己的技术标准，并把它推向主导技术轨道，以获取国际竞争优势。

必须指出的是，追赶者要在系统标准上取得突破，跨越先行者设置的市场壁垒和客观存在的市场进入障碍，对于没有参与标准制订过程的追赶者来说，产品开发是一个艰难的技术探索过程，因为开发者必须弄明白标准制订者在整个系统的技术结构和逻辑结构上的构思，这本身就是一个迷宫般的猜想过程；而且，即使能够开发出产品来，也面临着标准制订者收取专利费的问题。例如，为什么在固定通信、第一代和第二代移动通信市场中，中国企业往往只能从模仿、组装开始，成为每一个市场的后进者，并且处于产业链附加值的低端，这固然与中国的经济实力有关，但更直接的原因是“系统技术主导产品，研发主导生产”的逻辑。

在新一轮高水平对外开放中实施创新驱动战略

众所周知，出口导向是我国20世纪80年代末加入国际经济大循环以来，尤其是2000年加入世界贸易组织后，拉动经济增长的主要马车之一。现在我国面临全球总需求不振、制造业回归发达国家的基本环境，因此出口这架马车的动力将不断衰减。据此有一种观点认为，重塑我国经济发展的动力机制，就是要从出口导向经济走向创新驱动发展。这一观点存在着重要的缺陷。在学理性方面，其主要是把来自需求端的动力与供给端的动力相混淆；而在实践上，这种观点的缺陷除了缺少对问题进行历史的、现实的观察和分析外，主要是一旦决策部门采纳了这一战略和政策建议，同时在实际工作中放松了对出口问题的强调和重视，就会使我国在新一轮经济全球化中丧失机遇。

其实，出口导向的外向型经济与创新驱动之间，不仅不存在所谓的冲突和替代关系，而且在内涵上具有交互性、互补性，以及发展阶段上的继起性。

第一，从历史看，两种战略适用于不同的发展阶段，在时间节点的选择上具有继起性。在国内因收入水平低而导致市场容量较小的条件下，经济高速增长不可能主要依靠消费性内需，而只有主要依靠投资或外国的市场。唯其如此，才能通过出口消化投资所产生的生产能力，才能通过出口的收入效应推动国内市场扩大和消费水平的提升。因此，这时无论是投资驱动发展还是出口导向，都具有内在的、客观的必然性。当国内生产能力的持续扩张遭遇到国际市场的瓶颈制约，出口难以继续成为经济增长的发动机，同时国内因人均收入迅速提高、潜在的消费性内需具备了扩张条件时，作为推动经济增长的供给端的动力机制——创新驱动因素才有可能也有必要登台入场。如下所述，只有依靠创新驱动才能抵消要素成本上升趋势所导致的副作用，而且，由于内需规模的扩大，那种依靠国内市场培育自主技术和自主品牌的可能性取得了扩展的空间。

第二，从逻辑看，两种战略之间存在交互影响关系，即开放型经济的发展水平影响和决定创新驱动发展的水平，反之亦然。例如，在以出口导向为特征的开放型经济发展阶段，开放与创新的交互影响表现为：一方面，中国企业依据劳动力比较优势，加入由跨国公司主导的全球价值链分工体系，基于外需进行出口，做国外早已研发好、设计好的外包订单。在与跨国企业的互动中，我国企业取得了以模仿为特征的技术进步。另一方面，由于贸易的增长主要是依靠劳动者的体力和汗水，而不是主要依靠脑力和智慧的优势，我国企业做的大多是低附加值的加工贸易，高附加值的环节大都掌握在处于价值链高端的跨国企业手里，我们成了别人零部件的廉价供应商。因此，这种以出口导向为特征的外向型经济，是一种缺乏自主创新技术支持、以“打工”为主的初级阶段的开放型经济，但它是提升企业的学习模仿能力、为创新驱动发展打好基础的主要力量。

第三，从现实看，两种战略的性质在现阶段具有互补性，即来自需求端的动力与来自供给端的动力，应该共同致力于实现持续稳定的经济增长。作为需求端的增长动力，现阶段我国因收入水平较低和分配上的结构问题，还不可能像发达国家那样主要依靠国内消费，也不可能像过去那样，通过维持极高的储蓄率来扩展大规模投资，而是要发挥消费、投资、出口三驾马车的协调拉动作用。尤其是现在我国低成本的比较优势发生了转化，必须加紧培育新的比较优势，使出口继续对经济增长发挥较大的支撑作用。作为供给端的增长动力，创新驱动发展主要表现为综合要素生产率的上升，以及自主创新能力的增强和对外技术依赖度的下降。现在，在国内要素价格不断上升、传统产业的竞争优势不断弱化的条件下，企业只有依靠加速技术进步、提高劳动者素质和管理水平，才能够通过不断提升生产率，迅速消化和吸收掉要素成本的上升，才能使我们的产品和服务具有新的国际市场竞争优势。这意味着：只有进入创新驱动发展格局和结构调整的快车道，我国的出口竞争优势才能够继续保持。 未来主导国家发展命运的决定性因素是生产率的提高，只有不断推进科技创新，不断解放、发展和提高生产率，才能实现经济社会持续健康发展。否则，在要素成本不断上升的压力下，中国极有可能过早地陷入所谓中等收入陷阱。

因此，重塑我国经济发展的动力机制，不是要从出口导向经济走向创新驱动发展，而是要针对单一出口导向型经济的缺陷，把它转型为基于内需的高水平开放型经济；针对单纯的依靠投入驱动的经济发展方式，转型为依靠创新驱动的经济发展模式。对这种发展战略要进行切换的原因，已经有大量的研究指出。我们仅仅指出，发展战略的自然切换，其实就是我国增长动力的重塑过程，也是使经济发展进入新常态的主要内容和重要标志。

一般来说，由于战略决定体制，体制决定机制，机制决定活力、效益和发展，只有战略转型才有可能真正实现发展方式和动力结构的转型，因此，从出口导向的外向型经济全面转向基于内需的高水平开放型经济，从投入驱动转型为创新驱动，我国推动增长的动力结构和政策，也要从更多注重需求端，转向高度重视和密切关注供给端。

众所周知，创新驱动发展格局与需求端的动力变化不同，后者是一个快变量，而前者是一个慢变量。由于需要国家科研基础和人才培养的持续不断的投入，以及对创新环境的持续不断的改进和优化，因此创新驱动型的发展格局不可能一蹴而就，而是需要有一个较长期的过程。因此，在更替我国发展引擎的过程中，我国的经济增长速度就必然不可能像过去那么快。据此我们可以说，增长速度的平台降低，其实是为了给发展战略的自然切换留下回旋的余地和空间。

利用全球智慧和创业创新：新常态下的开放与发展

基于内需为主构建高水平开放型经济，不是要回归过去的封闭经济，不是要关起门来搞自主创新，也不是要以自力更生为目标，简单地搞进口替代，而是要扬弃过去单一的出口导向型经济，以中国庞大的内需把全球先进的生产要素尤其是人才资源引进来，创造条件让他们在我国进行科技创新和创业活动；同时，基于内需支撑走出去，就地寻找和利用所在国家的先进生产要素，服务于我国企业的科技创新和创业活动，服务于我国企业全球竞争的需要。可以预计到，在这种高水平的开放经济中实施创新驱动发展战略，将培育出我国企业参与新一轮经济全球化的新的动态竞争优势。

这就是新常态下我们处理开放与发展关系的主要议题，是开放、发展与改革问题在新常态下的转型升级版。我们把这个新的动态竞争战略简单地概括为，“高水平地引进来和大规模地走出去，共同驱动构筑全社会创新、创业的竞争优势”。其内涵主要包括三个方面：

一是以促进国内创业、创新和更新国内产品市场为出发点，“高水平地引进来”。“引进来”绝不仅仅简单是要引进物质资本或者消费品，而是要注重引进人力资本、技术资本和知识资本，即要以我国不断释放和起飞的内需为引力，以全球化发展的城市为载体，以优化的科技创新创业的制度环境为平台，以全球化企业为主体，大力虹吸全球先进科技、智慧、知识和人才。一方面，要最大限度地促进它们融入我国的产业体系，改造落后的产业体系，通过创新型人才的破坏性创新活动，使各类企业在我国创造出优质的、低污染的、高附加值的产品和服务，以更替当前我国低端生产的“世界工厂”形象；另一方面，要通过创造条件和优化投资环境，促进所引进的人力、资本、技术和知识，与国内创业创新的热情、政策和平台等因素充分地对接，激发、激活国内的创业、创新的活力和动力。

例如，当前我国实体产业的生产率低下，不能够消化或抵消掉要素成本上升的压力，因而经济发展虚弱乏力，企业利润单薄。解决这个问题，最终必须通过技术进步提高生产率来实现。为此可以启动国家层面的、新一轮大规模的技术改造运动，尤其可以在当前全球经济处于低谷时期，通过大规模引进消化吸收外国技术或进行再创新，推动新常态下经济增长动力重塑和进行产业升级。再如，我们可以通过逆向发包方式，利用我国强大的内需吸收发达国家的智力和智慧，让它们以互利方式为我国产业升级提供技术设计和解决方案，并在这个过程中培训我国产业技术人才队伍。当然，“逆向发包”也可以是走出去投资的方式，通过雇用所在国的工程技术人员，让他们为中国企业在国内市场竞争提供技术研发、产业创新服务。

二是以服务于全球市场和增强国内企业竞争力、影响力为出发点，“大规模地走出去”。“走出去”绝不仅仅简单是要获取所在国的物质资本，不能仅仅为了攫取稀缺的矿物资源，而是要注重至少可以从这四个层面来增强中国企业市场竞争优势：第一，推动我国品牌企业参与境外基础设施和产能合作，推动我国高铁、电力、通信、工程机械以及汽车、飞机、电子等中国装备走向世界，向极具市场潜力的新兴市场渗透和延伸，以消化国内过剩生产能力和市场竞争的压力；第二，依托于我国市场规模迅速成长的“母国市场效应”（home market effect），除了提升出口结构的水平外，还可以在“走出去”中就地“虹吸”国外先进生产要素尤其是高级人才，以此服务于国内企业的研发设计能力提升；第三，可利用我国巨额的外汇储备，扩大和增强在国外的投资，充分利用、控制所在地的稀缺资源，增强我国企业在全球价值链上的产业控制力；第四，我国企业可以有效利用产品、资本的纽带，全面建立“国内与全球”之间的知识流动管道，构筑国内创新创业的双向流动机制，提升国内企业在全球创新网络中的地位。

三是要构建全方位区域对外开放新格局。第一，以对外开放促国内改革，通过构建和完善区域经济对外开放新格局，推动我国创新驱动国家建设步伐。例如，各地各具特色的自贸区，就是我国破解改革困境的单边自我开放战略决策。它的负面清单管理方式的试验和推广，为我国制度创新尤其是政府的简政放权和职能转换，提供了可复制的经验；又如，我国已经建设若干年的各类经济技术开发区的升级发展，将成为推动区内企业尤其是高新技术产业创新发展的重要载体，成为新一轮改革开放的新高地。第二，通过统筹双边和区域开放合作，在互利共赢发展的理念下，升级我国企业参与全球经济竞争和分工的形式，攀升全球价值链高端，逐步嵌入全球创新链。各类双边的自由贸易区、区域全面经济伙伴关系协定、中外投资协定等的建设，具体看是各种开放措施，本质上是用开放的主动赢得知识交流和移动的主动，从而赢得发展的主动，赢得国际竞争的主动，是中国参与、推动经济全球化行动的具体体现。

一句话，我国在新一轮高水平对外开放中实施创新驱动战略，需要由基于出口导向为主的“模仿学习”的初级阶段，转向基于引进来和走出去共同驱动的“社会创新、创业”为主的高级阶段。创新驱动实质上是人才驱动，构建高水平开放型经济促进创新驱动发展的新体系，关键是要促进创新、创业型人才、技术、知识向中国集聚、集中、集结。“高水平引进来”的实质性内容，应由物质资本转向人力资本，千方百计推进全球创新型和创业型人才向中国移动和流动，增强他们在中国扎根的意愿，让他们的创新、创业活力在国内形成社会氛围，激发国内全民创新、创业热潮。这是在开放型经济条件下推进创新驱动发展的首要政策目标。“大规模走出去”应重视激发国内企业家的冒险精神，鼓励国内企业组团式走出去，利用当地资源进行再创新、再创业，以增强国内企业在全球价值链高端的治理能力。

经济发展进入新常态后，提升我国的开放型经济发展水平，就是要得到更多的全球智慧和资源为我所用。全球智慧和资源主要是人力资源。人力资源为生产力中最积极主动的要素，其特殊性在于：他（她）由于受国境线、文化、习惯等限制，其跨区域的可移动性或流动性相对不足。人力资源的相对不可移动性，是导致国家之间在生产率、产业结构和收入福利等方面存在巨大差异的主因。因为，如果人才可以如资本等生产要素那样，相对快速地低成本甚至无成本地移动，那么国家之间就不存在着产业结构方面的差异，生产率鸿沟和收入福利差距很快就会自动填平。由此可以推论，如果我们千方百计推进全球优秀人才向中国移动和流动，就能够快速提升我国产业结构的水平，缩小与发达国家收入和福利上的差距。这应该成为开放型经济条件下我国实施创新驱动战略的首要政策目标。

新一轮高水平对外开放条件下创新驱动发展的政策取向

习近平总书记在中央财经领导小组第七次会议上强调，要掌握新一轮全球科技竞争的战略主动，要研究在一些省区市系统推进全面创新改革试验，形成几个具有创新示范和带动作用的区域性创新平台。根据国情和世界各国创新驱动发展的经验，这就是指要在一些发展条件较好的城市或城市群，率先进行创新驱动发展的全面深化改革试验，为建设创新型国家承担探索路径和积累经验的使命。

如上所述，全球化的城市、全球化的企业、全球化的人才，是高水平开放型经济系统中的三个主要要素。其中，全球化的城市是其平台；全球化的企业是主体；全球化的人才是标的。在当今世界，全球化的城市往往也是创新驱动发展的城市，它既是世界经济增长的中心，是一国经济社会发展活力、动力、凝聚力的所在，也是全球化企业开拓全球市场的载体，是吸收全球化人才的主战场。

高水平开放型经济系统中的这三个主要要素，如何把它们与以创新驱动为核心的发展轨道联系起来？根据国际国内经验，在开放型经济条件下推进城市的创新驱动发展，需要鼓励城市的科技创业活动，并把其放到城市经济政策体系中的主体性地位上。

科技创业是当今世界发展的一个趋势。不用说硅谷、深圳这样的依靠科技创业促进城市繁荣的典型案例，就是像伦敦、纽约、上海这样的世界级城市，也都纷纷在给城市以重新定位，并积极采取措施转向创新驱动的发展。如英国提出伦敦要成为创业之都，成为创业企业遍布的城市；纽约现在每年新增万人以上的科技类就业岗位，这种创业速度已经可以与硅谷相媲美。上海则根据习近平总书记的全新要求，提出加快向具有全球影响力的科技创新中心进军。这个科技创新中心与以前提出的“四个中心”功能协同化，将把上海真正建设成为具有世界重要影响力的全球性节点城市。

在上述背景下，我国城市政府决策者抓经济社会发展工作的重点、抓手和突破口，就是要及时地转向实施创新驱动战略；创新驱动的重点、抓手和突破口，就是科技与人才工作；科技与人才工作的重点、抓手和突破口，就是科技创业。科技创业，就是要让科技资源通过一定的途径，经过一定的时期，转化为一个新的资源，或者是创造新财富的过程。它不是简单的搞投资项目，也不仅仅是大学和科研院所的研发活动，但是最终的落脚点是要通过创业成为一个企业，进而逐步发展成为一个有重要经济地位的产业。

强调科技创业显然与过去强调的抓科技创新工作之间，既有内在的联系又有重大的区别。在政策上明确地甄别这种差异，是创新型城市建设的前提和基础。如下所述，我们把科技创业作为建设创新型城市的行动变量，对在开放型经济条件下推进创新驱动发展具有重要的理论和实践意义：

第一，从理论上看，科技创业是创新经济发展的两个不可或缺的阶段的链接变量。创新经济由两个时间上继起、相互紧密关联的阶段构成：一是把钱变成知识的过程，这叫作科技；二是把知识变成技术再变成钱的过程，这叫作创新。科技与创新不能搞混了。大学和从事基础性研究的科研院所是知识创新的主体，是把钱变成知识的主体，不是把知识变成技术再变成钱的主体。我们过去的科技创新政策，试图把所有的创新事务都交给大学、科研院所，由它们既"把钱变成知识"，然后又负责把这些知识变成技术，交给企业去生产。这个模式是不成功的。原因在于，"把钱变成知识"的过程，与"把知识变成技术再变成钱"的过程相互之间分工的机制不同，主体角色功能不同，风险收益也不同。竞争性、营利性企业才应该是承担产业化、商品化风险的主体，而不是高校和从事基础研究的研究院所。鉴于此，在包含这两个阶段的创新驱动型经济中，城市政府可以而且应该做好的事情是：一是大力发展科教事业，促进"把钱变成知识"的转化；二是加快推进"知识变成钱"的进程，并在这个过程中设法消除各种制度障碍和风险，如反映创新驱动要求的创新投资，应该由政府引导更多地投向孵化和研发环节。总的来说，科教事业尤其是高水平的科学研究发明创造事业，因外部性较强、超强性投入和运转费用较大，中央政府承担的职能要多一些；而在加速推进"知识变成钱"的进程中，因市场化程度较强、收益的内部性对称、具有信息优势等，所以肯定是城市政府的职能要更加多一些。

第二，从实践上看，把抓科技创业工作作为实施创新驱动战略的重点、抓手和突破口，有助于解决城市长期以来科技活动与创新活动严重不均衡、呈现为“两张皮”的老大难问题，是城市政府实施创新驱动战略的关键点和核心策略。众所周知，我国许多老城市如西安、武汉、南京等，其科教资源在全国是遥遥领先的，但是其科技进步对本地经济发展的贡献率并不领先。这就是说，这些曾是丰富的科教资源禀赋，可能是与经济发展脱节的；单纯的科技和人才工作，也并不意味着可以取得更大的经济贡献度。如南京至少有百分之七八十的科技教育人才资源“沉睡”在大学和科研院所里。这一脱节现状，严重地影响到了城市政府对本地科教资源投入的积极性。这是因为，当城市政府把来自于城市税收和土地出让的收入大量投入本地科教事业后，由于长期得不到来自于创业创新的市场化回报，这些投入就变成了纯粹的公共性支出。这不仅会影响到投入的正常的良性循环，而且也会影响城市政府对其他公共事业投资的预算。为什么科技行为与创新行为之间会发生这种分裂？究其原因，可能非常复杂，但是有一点是可以肯定的，就是在过去，在这些城市的创新驱动战略实施中，一直是由大量事业单位主导着科技和人才工作，其研究成果（科技知识）缺少转化为财富（金钱）的动力刺激、行动激励和目标压力，那种基于科教资源的竞争优势，没有能够通过基于行动的优势，实质性地转化为真实的市场竞争能力。

第三，把科技创业作为连接城市科教资源的优势与创新驱动战略的行动变量，可以更好地发挥这些城市未来在地区竞争中的竞争优势。在科技竞争战略研究中，科技创业这一范畴，可以用来统一两种看起来对立的竞争优势理论。一方面，过去讲基于城市科教资源的竞争优势，是立足于资源观来分析创新驱动战略的实施问题。其核心思想是，城市的科技竞争优势，是建立在其所拥有的独特的科教资源的基础之上的。这是 20 世纪 90 年代基于资源观点的竞争战略思想，当时这个领域中它占据主导地位。这个理论强调竞争优势来自资源的拥有，我有什么就做什么。因此,竞争主体应当从自身系统的内部寻求竞争优势来源。科教资源的稀缺性、不完全流动性和不完全模仿性三个特性,决定了这种资源能否成为竞争优势的源泉。现在看来,这种竞争理论当然存在很多的缺陷。如在国内统一市场运行中,人才这种过去看起来很难流动或移动的生产要素,现在也可以在发达的交通运输、信息传输技术支持下,按照市场价格信号正常流动起来。因此,即使是深圳这类过去缺少科教资源基础的新兴城市,也可以在市场化原则下广泛地吸收来自国内外其他地区的科技精英为我所用。另一方面,基于行动的竞争优势理论则认为,创新驱动战略的实施效果,不取决于一个竞争主体拥有什么样的科技资源禀赋,而实际上取决于它所采取的一系列具体行动,真正去做事情,才具有竞争优势。这种观点显然强调的是行动力。不过,这种理论也是存在不足的。如由于文化、习惯、生活便利性和成本等因素的制约,人才资源具有很强的本地性和不可移动性,因此如何千方百计地提升本地人力资源的教育水平,成为城市创新驱动战略能否见到实质性成效的关键因素。

举例来说,大家一致公认的,在实施创新驱动战略中取得巨大成效的典范是深圳,而不是科教资源比较丰富的城市,如南京、西安、武汉等。作为一个缺少大学和研究机构的新兴城市,深圳通过开放大力虹吸国内外的创新资源和先进生产要素,利用市场机制实现了创新要素的灵活高效配置,有效地拓宽了科教资源的瓶颈制约,被誉为创新驱动的深圳模式。科教资源比较丰富的南京、西安、武汉等,在如何发挥市场机制对科技资源配置的决定性作用方面,还有很长的路要走。但是,我们也应该看到,如果没有国内其他城市早期大力发展科教事业,如果这些丰富的科教资源不能发生市场化流动、移动和配置,也不可能有创新驱动的深圳奇迹。这就是说,在全国范围内,深圳模式的成功,并不能作为否定科教资源的基础作用的依据。

对于中国许多具有深厚文化基础,同时又有可能在发展方面为其资源所累的城市(有些理论称这种现象为“资源的诅咒”),实施创新驱动战略最好的办法，是打通资源观与行动观的竞争理论联系，形成基于科技创业的竞争优势，把其作为连接城市科教资源和具体战略行动的媒介变量。唯其如此，才能使科技、人才与经济发展的紧密度提高，使我们把无形资源的优势，转化为经济竞争的优势。

强调把科技创业作为科技与人才工作的重点、抓手、突破口，目的就是要以人才为引领，以企业为主体，把城市的科教与人才资源转化为现实生产力。这意味着，我们要以城市优越的创业条件和环境，作为虹吸全球人才的载体和平台，以创建全球化城市节点的要求集聚科技创业企业，真正把城市建设成为一个依靠科技创业而再次振兴的国际性现代化城市。

以科技创业作为创新型城市建设的行动变量，与过去我们在出口导向型经济中，往往强调通过建设各种产业园区（如经济技术开发区、出口加工制造业园区、高新技术园区等）的载体平台来发展出口型制造业的办法完全不同。后者主要是以低廉的要素成本，建设良好的基础设施加上优惠政策吸收外国资本。这与前者强调科技创业的思路的不同主要表现为：第一，在经济目标上，前者是在本城市造，而后者是由本城市创造；第二，在产业性质上，前者是依赖型经济，而后者是开放的自主经济；第三，在发展转型的动力上，前者是外国直接投资主导型的外生驱动力，而后者是本土企业创新驱动的内生动力；第四，在要素依赖上，前者是引进资本、机器设备、技术为焦点，而后者是以人力资本投资和人才制度创新为焦点；第五，在工作抓手上，前者重点是对出口导向的开发区建设，而后者则是以科技创业、建设创新平台和综合创新环境为主；第六，在政府政策上，前者主要是针对物质资本的引进实施包括土地利用、税收、信贷等在内的各种优惠政策，而后者则是针对人力资本创新，进行物质和精神、文化的鼓励和诱导；第七，在后果上，前者一般只能取得较低的附加值，而后者必然获得高附加值。

应该强调的是，创新驱动发展需要建设完善的创业载体平台。因为，创业过程中的产学研协同，并非是各部门之间松散的经济交往，而是需要有共同的载体与平台将各种经济联系组织起来，通过载体内部制度化、市场化、网络化的联系，整合内外部创新资源，从而充分发挥产学研协同的竞争优势，为城市的经济增长提供创新驱动。通过渠道支持，搭建创新、创业平台，是建设创新型城市的改革试验的必由之路。主要是三个方面的开放性载体平台建设：

一是政府为主体的创新平台建设。要加快推进以政府为主体的各种创新公共服务平台建设，特别是要加快建设各类对社会开放的研发服务机构，发挥公共资源在推动创新、促进发展中的“四两拨千斤”的作用。

二是科技创新、创业平台建设。依靠市场力量推动创新平台建设，是根本之计，又是长远之策，这方面很多欧美国家已有非常成功的经验，其中最主要是要大力发展实验室经济，积极培育做大研发产业。发展实验室经济，很重要的一条就是加大改革的力度，加快各种科研院所改制的步伐，充分发挥其创新资源的优势和创新源头的作用。

三是企业为中心的创新平台建设。企业最贴近市场，是自主创新的主体。要建立健全以企业为主体、市场为导向、产学研相结合的技术创新体系，引导创新要素向企业集聚。

第一章　第二波经济全球化与中国的战略选择

第一节　第二波经济全球化的机遇与挑战

经过三十多年的改革开放，中国无疑已经成为第二次世界大战后经济全球化的最大赢家之一。全球化为中国的经济起飞创造了宝贵的机遇，使中国能够利用其廉价劳动力的优势迅速成为世界工厂。但是，自2008年美国金融危机爆发以来，越来越多的有识之士认识到，作为典型的大国经济，中国需要与世界经济进行再平衡。过去那种以低端要素加入全球价值链、基于出口导向的第一波全球化发展的红利已经透支，不可能持续发展下去，中国的全球化战略亟须转型升级。

对经济全球化战略进行转型升级，并不是像舆论所说的那样，中国应该回归自力更生的内向型经济，恰恰相反，我们需要进一步利用世界经济危机给中国提供的黄金机遇，在机会稍纵即逝的时刻，及时启动中国第二波加入或者参与经济全球化的发展战略，这就是要在扩大内需条件下实施深度全球化战略，或者发展基于内需的全球化经济。这是中国在新的世界政治经济背景和条件下，全面获取新的第二波经济全球化红利的最根本战略。

中国要建设名列世界前茅的内需市场的战略目标,并不意味着中国放弃经济全球化战略,更不意味着回归过去的闭关锁国政策,而是要把扩大内需与实施新一轮的经济全球化战略有效地结合在一起,利用内需市场与全球市场之间的关联关系,最大限度地吸收和利用全球高级创新要素,服务中国以创新驱动为主要内容的经济转型升级进程,从而加速中国完成全面小康和基本实现现代化目标的宏伟任务。

发展基于内需的全球化经济,虽然是我们对中国发展趋势和要求所做的一个较新的事实归纳和提法,但它并不是一个新的经济现象。目前,全球人口和潜在市场规模较大的发达国家,基本上都属于这种经济形态。最典型的例子就是美国,它是一个典型的基于内需的全球化经济体系。第一,美国民众的收入水平高,购买力强,加上人口众多,这些都使美国的最终需求规模一直处于全球最大的地位,同时也是形成处于全球价值链高端的市场驱动型全球市场治理者的主要条件;第二,强劲的国内市场需求,加上其他非经济因素,塑造了长期的强势美元地位,诱使全球生产要素向美国流动,导致了全球其他奉行出口导向战略的国家对其进行大量的出口,使美国可以长期获得低成本的要素和产出品;第三,美国因国内市场巨大和吸引力强,成功机会众多,也是吸收全球各种要素,尤其是高级创新要素力度最大的国家,如美国就是当今发达国家吸收外商直接投资最多的国家,也是全球顶尖人才富集度最高的国家。

毫无疑问,美国基于内需的全球化经济体系的建立和完善,有其自身的条件和复杂的背景,如消费文化和政治军事实力等。但是,建立具有中国特点的、基于内需的全球化经济体系,无疑是中国作为大国经济的主要发展战略。

中国应尽快启动新一轮全球化战略

自 20 世纪 80 年代尤其是 1992 年以来,中国坚定地走开放经济的道路,特别是 21 世纪以来,紧抓加入世界贸易组织(WTO)的历史性机遇,利用自身优良的投资环境积极参与国际产品内分工,大力吸收外商直接投资和发展加工贸易。全球化放松了市场对中国经济发展的硬性约束,不仅直接推动了贸易增长和经济发展,而且极大地提升了中国在世界上的地位,使自己成为经济全球化的最大受益者之一,中国尤其是东部沿海地区成为名副其实的"世界工厂"。我们把由此获得的增长称为中国参与第一波经济全球化的"红利"。

从要素流动的角度看,中国参与的第一波全球化具有以下几个重要特征,这些特征既表现为中国与世界经济再平衡关系的变化,也是我们现在亟须转换全球化战略的主要理由。

第一,中国是资源最匮缺的国家之一,但同时却在全球价值链低端成为世界物质资源消耗的大国。在完整的商品和服务链条中,物质资源的消耗和占用,主要发生在加工、制造、装配、生产环节。中国的比较优势决定了其必然是接受和转移西方消耗的主要国家。即使中国原来的资源消耗总量不变,随着西方世界通过产品内分工的形式把那些高消耗、高占用的生产环节向发展中国家的转移,处于价值链低端的中国等发展中国家的消耗和占用水平也会不断提升。西方发达国家解脱了高消耗和高占用环节后,专注于价值链高端的研发和设计、品牌和营销环节,而中国被锁定在卖劳力和拼消耗的生产加工环节,其贸易增长和经济发展进程,必然体现为主要依靠物质消耗和占用的粗放发展方式。国家质量监督检验总局副局长魏传忠曾指出,2001 年至 2010 年,世界品牌价值咨询机构发布的全球最有价值的 100 个品牌排行榜中,均没有中国品牌入选。另外,目前国际标准有 24807 项,而中国主导制定的只有 103 项,仅占 0.42%(王俊秀,2011)。

第二,中国是吸收外商直接投资(FDI)最多的发展中国家,但同时却作为穷国在为富国进行大量的直接和间接融资。中国对外金融资产和负债的结构分布较为集中,其中对外金融资产主要集中在政府部门,以外汇储备为主;而对外金融负债主要集中在私人部门的直接投资(聂伟柱，2011)。这一格局的直接和间接的融资效应主要表现为：(1) 通过吸收 FDI 在全球价值链底部进行国际代工，这种依据低端要素的竞争性出口不断地压低出口价格，降低了作为进口国的富国企业尤其是高端制造业的投入成本；(2) 中国接受富国的制造业外包，减少了富国对工厂设备等固定资本投资，降低了这些富国的资本形成率；(3) 对富国低价消费品的出口，等于变相地提高了富国居民的收入水平，使其可以在维持生活水平不变甚至提高的基础上，把收入更多地投资于各种金融资产；(4) 富国制造业由此可获得更高盈利，并把其投入并购和分红等资本市场的虚拟经济活动中；(5) 中国出口的外汇所得没有用于购买原材料和机器设备，而是通过不断地购买富国发行的国债，甚至风险更高的金融产品而回流富国。一方面过多的出口收汇引起国内高比率的人民币投放，导致国内面临较大的通胀压力；另一方面又变相助长了富国的金融泡沫，同时使自己的外汇形态财富处于不断贬值的危险境地。

第三，中国作为"世界底层的操作工"，在全球劳动力市场中抢占了发达国家产业结构调整中腾出来的低端就业岗位，但是在高端劳动力市场，却为富国创造了大量的对外需求岗位。全球化其实是对各国就业岗位的争夺。中国在全球价值链低端地位，使中国广大的"世界操作工"得到了充分就业，但却丢失了对高端就业岗位的需求。与此同时，西方富裕国家却一味认为，中国的出口毁坏了它们的产业基础和就业基础。如在一篇有很大影响的论文中，奥特尔等人(2011)就认为，从中国进口商品对美国经济产生了以下的"副作用"：从中国进口的商品与美国同类商品的制造业就业、各地劳动力市场就业负相关，降低了相应岗位工资水平，政府对失业、医疗保障支出上升。他们把其称为美国得了"中国综合征"。其实，这种情况也可以反过来看：一方面，这种进口给美国产业结构带来了低成本的调整机会，同时也使中国失去了吸收产业升级所必需的高级要素的机会！

第四，中国制造业是对西方技术最强烈的需求者之一，但对本国的自主创新产生了挤出效应，使中国制造业长期缺少“心脏”和“脑袋”。长期以低端要素生产和出口导向的国际代工，使中国制造业企业无需投资于研发设计和品牌网络也能取得相对“满意”的利润率。一方面，中国自身的研发产业和重装备工业因缺少需求无法生存，被西方技术不断挤出。另一方面，这种“温水煮青蛙效应”又使其逐步得了两种病：一是心脏病，缺少核心技术，核心技术大多掌握在发达国家跨国企业手中，中国制造只能引进和高代价地利用人家的技术，或称为“心脏移植”；二是神经病，指“中国制造”的智能化水平较低，软件开发和应用水平落后。

从总量平衡的角度看，今后欧美在消费上的“去杠杆化”与中国在生产上的“去产能化”，可能是两个并行的、交互影响的必然趋势：前者要求欧美国家增加储蓄，降低过度的消费，后者要求中国压缩或消化过度的生产能力，尤其是传统低附加值产业的产能。因此，中国与世界经济再平衡的核心问题，就中国政府可以掌控的政策工具而言，实施扩大内需策略是实现“去产能化”的最佳方略，由此必然要求中国走依靠扩大内需支撑经济发展的道路。

“扩大内需”指的是利用国内市场，它相对于扩外需而言，与经济全球化战略并不矛盾而是高度的相容关系。其一，和出口导向主要利用别人的市场不同，扩内需是培育和扩展国内市场主体对国内外产出品的需求能力，是主动利用和扩张自己的市场。如果国内市场主体对进口需求较大，其实就是中国在对世界创造就业和税收的机会，是中国对世界全球化进程的新贡献。其二，扩内需既可以用开放的方式进行，如可以大量地进口国外要素在国内加工生产，并在本国和全球其他市场销售。这样，本国市场就成为全球“纵向专业化分工”环节中的重要组成部分。扩内需也可以用封闭的方式进行，如在大国经济内需市场规模的支持下，在国内各地区完成整个产业链的价值增值过程，而不与国际经济发生任何联系。这样，本国市场就成为封闭经济体系。因此，扩内需与是否实施经济全球化战略之间，并不存在直接的对应关系。其三，“经济全球化”指的是要素跨区域的、无经济疆界的流动，是全球范围内的市场经济趋势，与它对立的是自力更生经济，是要素流动的封闭性。其四，从分析中可以综合得出，基于内需的经济全球化，其含义就是要利用全球优质要素和自己的市场规模优势来加速发展自己。但就中国来说，扩内需还面临一些比较棘手的现实问题。

首先，长期以来，中国经济中存在着“三个比重低”的不良格局，即民生性投入比重低、服务业比重低、中等收入者比重低，这是中国内需难以扩大的需求方主要的原因和结果。这导致投资驱动型增长模式的自我强化，不断累积巨大的过剩产能，加强了增长对出口导向的依赖，当遇到外部危机时经济必然下行。不解决三个比重过低问题，上述简单恶性循环又会出现。中国目前已经将扩大内需战略放到了至关重要的位置。2012 年，中国在“稳中有进”的总基调下，宏观经济政策取向首次将扩大内需提到战略基点高度，首次提出要提高中等收入者比重，特别是，首次将发展实体经济放到重要位置，强调要抑制以房地产为主的虚拟经济，将资源引导到战略性新兴产业和现代服务业领域。但是，由于解决经济中存在的“三个比重过低”的不良现象和问题，需要长期的努力和奋斗，因此从短期来看，稳定外需还是中国保增长的最重要途径之一。

第二，目前中国政府面对的严峻现实问题，不是要不要扩大内需，而是如何扩大内需、如何在扩大内需的过程中顺利地实现产业转型升级和提升国际竞争力。扩大内需表面上的决定因素在需求方，因此似乎我们解决了收入倍增、分配不均衡以及消费的软硬件基础设施问题，就自动解决了扩大内需问题。其实，即使我们顺利地解决了需求方的问题，也不等于说就可以顺利地解决本土企业的市场需求问题。因为扩大消费需求极有可能变成扩大对国外产品的消费需求。事实上，“内需”这个概念现在至少被理解为两个方面：一是“对国内商品和劳务的需求”，二是“来自国内的对商品和劳务的需求”。在前一种理解下，重点在于“对谁的需求”，扩内需是指“扩大对国内企业产出的需求”，显然它涉及的是国内产出品与进口品之间的竞争和替代问题。在后一种理解下，重点在于“需求是从哪里产生的”，扩内需是指“扩大国内市场主体对来自国内外产出的需求”，显然它涉及的是有效需求来源于国内还是国外的问题。在全球经济一体化的今天，如果国内产出品的性能价格比与国外产出品之间有差距，那么这种差距就会随着扩内需政策的推进，自动地转化成对国外产出品的需求，这种竞争性的替代效应将使国内产业面临衰退的风险。因此，真正的难题是，在中西方技术水平落差较大的前提下，对中国需求问题的解决，其结果更多的不是扩大了对中国产品的需求，而是扩大了对西方过剩产品的强劲需求，甚至是对富国奢侈品的需求！因此长期来看，如果不把扩大内需与产业转型升级结合起来，不提升中国文化自身的自觉和自信能力，不提高中国本土产业的国际竞争力，中国本土的过剩产能，既无法在出口导向中消化，也无法在扩大内需中消化。

第三，中国现在内需不振的问题，既是需求方的问题，更是供给方的技术水平问题。从微观上说，没有疲软的市场，只有疲软的产品和技术。例如，钢铁行业尽管存在严峻的产能过剩，但一些高端钢材依然严重依赖进口，这反映出目前中国钢铁企业大多在中低端产品上重复投资，整个钢铁行业的产品结构失衡。同样的情况在其他行业也屡见不鲜。企业应对产能过剩，要通过技术层面的研发和营销层面的创新，使产品不断向着产业链和价值链的高端攀升，才是中国扩大内需的长期的、根本的问题。过去我们通过技术购买和引进外资的“技术溢出”效应，以学习和模仿为主，运用西方技术进行产业升级，但是，“以市场换技术”的道路存在着重大的局限性，主要是市场换不来真正的高技术。由此，很多学者和官员主张，国家要加大对中国本土企业的研究与开发（R&D）投入和自主品牌的营销投入，坚决走“自力更生、自我创新”的道路。其实，与中国绝大部分重化工业发展道路一样，单纯的“自力更生、自我创新”战略，在经济全球化背景下，具有强烈的封闭经济色彩，很难收到过去不计成本的军事工业发展中的那种实际效果。更多的竞争性民用产业的发展，还是必须遵循市场化原则，在开放的全球竞争中利用各种可以利用的高级要素，包括来自西方世界的可以利用的技术、知识和人才，在我方控制下逐步形成自己的国际竞争力。

第四，中国经济需要在扩大内需中完成转型升级的四大行动：(1)产业结构转换，建立以服务经济和战略性新兴产业为主的现代产业体系，推翻以土地财政为支柱的经济体系；(2)需求结构转换，把出口导向型经济改造为基于内需的全球化经济；(3)区域结构协调，从根本上扭转东、中、西三元化发展格局，缩小地区和城乡差距；(4)体制创新，要打破政府主导的发展态势，建立以市场为基础的资源配置方式。这相互关联的四大行动必须相互配合共同推动。但是应该看到，作为经济发展的引擎，需求结构的转换作用是基础性的，也是最为关键的。比如，因服务业的可贸易性差，在出口导向型全球化战略中，制造业增长会受惠于全球市场，而服务业发展则受到抑制；而当转向内需之后，本地化特征为主的服务业就会得到市场的支持。再比如，在出口导向型全球化战略中，因“冰山成本”的制约，国际贸易首先发生在沿海地区，因此地区间经济增长和收入差距的扩大，与地理位置有直接的关系，那些远离沿海大城市的地区发展就会滞后；而当转向内需之后，因国家价值链的作用，会使地区间的发展差距逐步减小。

新一轮经济全球化战略的基本内容

就学理上说，扩大内需战略并不反全球化，更不会与参与经济全球化的行动相冲突。“扩大内需”指的是利用国内市场，它相对于扩张外需和出口导向而言，与是不是参与全球经济的循环进程没有直接的关系。也就是说，扩内需既可以开放的方式进行，如进口国外要素在国内加工并在国内外销售；也可以封闭的方式进行，如在国内完成产业链的整个价值增值过程，不与国际经济发生任何联系。“经济全球化”指的是全球范围内的市场经济趋势，是要素跨区域的、无经济疆界的流动，它只与自力更生经济中要素的封闭流动相对立。因此，基于内需的经济全球化，其实就是强调利用全球优质要素发展自己。在开放条件下，因大国经济的内需潜力大，一般都属于“基于内需的全球经济”形态，而小的经济体，如新加坡、韩国、中国台湾等，因人口规模限制的内部市场容量无法消化达到规模经济产量点的供给量，因此一般都是属于“基于出口导向的全球经济”形态。

客观地说，像中国这样有着巨大市场潜力的大国经济，不可能长期实施基于出口导向的经济全球化战略，世界上也没有哪一个国家可以容纳中国这么巨大的生产能力的长期出口，更不可能完全放任本国的产业长期处于中国廉价产品的激烈竞争中。中国逐步回归“基于内需的全球经济”形态，只是在按照经济规律的要求，修正自己的经济系统运行的偏差和单一的无法持续的经济行为。总的来看，第二波基于内需的经济全球化，与第一波基于出口导向的经济全球化之间，除了在市场需求方面不同外，在基本的战略内容上也有着根本性差异，主要体现在以下方面：

第一，战略的前提不同。中国所参与的第一波以出口导向为特征的全球化，主要的前提是低端要素价格具有比较优势，是在国内收入水平较低、国内需求不足以支持高经济成长速度的要求下，中国的低廉生产要素具有强大的国际竞争力。本土对低端要素需求强而对高端要素需求弱，这是中国成为世界廉价制造工厂、自主创新和生产性服务业发展不足的主因。而第二波基于内需的经济全球化战略，其主要前提发生了根本性变化，主要表现在要素价格正在逐步上升，低端产业的比较优势正在逐步丧失。我们再也不能以牺牲劳动者利益、消耗和占用巨额的资本、破坏国内生态环境等非均衡发展来补贴外国人。向和谐社会发展的要求，必然提高原本应该提升的生产要素价格，从而使低技术、低附加值和高消耗、高污染的产出丧失竞争力。因争夺内需市场，本土企业会产生对高级要素的强大需求，同时要素价格不断上扬压缩低端产业的生存空间，就会出现创新驱动、生产率上升、服务业大发展趋势。因此，第二波全球化的主要前提是提升要素的质量和生产率，而不是单单凭借要素价格低廉的比较优势。

第二，战略的目的不同。改革开放当初，出口的目的是为了换取紧缺的外汇，以进口急需的设备或原材料；后来中国在资金比较充裕，特别是中国外汇储备已居世界第一，国内流动性充裕，经济建设已经“不差钱”的背景下，继续维持以出口导向为特征的全球化战略，则更多是为了解决国内过剩的生产能力。总的来说，其战略目的的特征可以概括为“利用别国的市场用足本国的低端生产要素”，国内市场的缺口通过出口解决。第二波基于内需的全球化战略的目的，可以概括为“利用本国的市场用足国外的高级生产要素，尤其是利用国外的创新要素加速发展在中国的创新型经济”，[①] 国内技术的缺口通过内需吸引国外的要素流动来解决。这说明中国抓住第二波全球化机遇的目的，既是为了消除世界经济下行趋势下中国过剩产能的困境，更是为了利用国外经济危机给中国引进高级要素所带来的加速发展机遇。

第三，战略的核心内容不同。第一波经济全球化的核心内容，初期是为了顺利实施“进口替代”战略，争取国外的资金和外汇用于国内机器设备的进口，虽然从实际运作中也得到了国外的技术和管理等要素，但这并不是战略最初目标。1992年以来，战略的核心内容逐步演化为“通过吸收FDI企业来增进出口”，以及“用市场换技术”。事实上，让出市场换技术不可能吸收到国外真正的高新技术，出口所争取到的外汇也不可能买到国外的高科技，否则我们绝不可能放任形成现在的将近3万多亿美元的外汇储备。第二波全球化战略，其核心内容要在扩大内需条件下实施深度全球化战略，其深度主要体现在为了更多地争取全球高级的创新要素，提高对创新要素的全球配置能力，加速发展中国的创新型经济。

① 克鲁格曼（1980）提出的“母国市场效应”理论，可以解释在一个存在报酬递增和贸易成本的世界中，那些拥有相对较大国内市场需求的国家将激励企业选择在该国家从事生产活动；一个较大的市场会吸引更多生产差异化产品的企业；并且由于规模报酬递增的缘故，一个国家会倾向于出口迎合本国需求的产品。

具体体现为至少以下几点：（1）利用大国经济内需市场规模庞大的“虹吸效应”，进一步吸收全球创新要素，为中国产业升级服务；（2）利用内需市场的规模效应，形成出口的差异化和低成本的竞争优势，提升出口的档次；（3）利用内需市场的规模效应，发展中国的巨型跨国公司，培育价值链“链主”，形成全球性垄断竞争格局。

第四，战略的路径不同。以低端要素加入全球价值链，是第一波以出口导向为特征的全球化的基本路径。处于全球价值链高端的治理者，利用研发设计和网络品牌优势，向处于价值链低端的中国企业发包。贴牌生产的中国企业，为了满足外国消费者的需求，经常采取进口国外机器设备和技术等方式，扩大可供出口的生产能力。这是中国消费品出口激增，而国内装备工业因缺乏市场需求不断衰退的主要原因。在基于内需的经济全球化中，基本的路径则是要求，企业加入或形成国家价值链，或在此基础上形成全球创新链，即国内巨型企业或中国跨国公司处于价值链高端的治理者位置，它们根据市场需求（包括国外市场需求）和自己主导的研发设计向国内外企业发包，使全球生产要素供给企业成为自己的供应商或形成全球供应链，然后把产出向全球销售。显然，形成和利用国家价值链或全球创新链，是第二波经济全球化的主要路径。

第五，战略的实施方法不同。中国第一波以出口导向为特征的全球化，在对境外的经济要素的利用方式上，主要是招商引资和“引进来”，依靠低劳动成本，以高资源和高环境投入为代价，仅居于价值链底部利润最薄弱的加工制造环节。从发达国家角度看，是它们的低端加工制造环节向中国的发包，或中国对发达国家制造业外包订单的接包。在基于内需的经济全球化中，利用境外经济要素的基本方式主要有这几种：一是“走出去”，即通过海外设厂或者海外并购等方式，以资本的控制力为突破，有效提升对海外经济要素的整合能力和掌控高度，争夺利润丰厚的技术、品牌、渠道等价值链高端环节，实现发展方式转型；二是利用国内市场的巨大吸引力和规模效应的支持，发展逆向外包，吸收外国高级要素为我所用；[①]三是建设各种内需平台，如以事业平台吸收海外高科技人员加入中国产业高级化进程的研究与开发等。

第六，战略所依据的产业内容不同。中国所参与的第一波全球化，因对低端生产要素拥有的比较优势而得以迅速成长的产业，主要是可供出口的加工型劳动密集产业，依赖的主要是重化工业、房地产业的成长，加剧的是对投资拉动的依赖。在依靠内需的第二波全球化中，中国不仅要依靠创新要素促使制造业崛起，要成为世界先进的制造大国，也要使现代服务业崛起，尤其是知识、技术和人力资本密集的高级生产性服务业的崛起，形成以先进制造业和服务业为主导的现代产业体系。以制造业崛起为例，中国成为世界制造强国，一要靠汽车，二要靠高铁，三要靠飞机，四要靠重型机械。目前，国产汽车处于爬坡阶段，飞机制造业还刚刚起步，重型机械只有个别领域走在世界前列，高铁则逐步超越发达国家。如果这些产业在爬坡的过程中可以得到国际先进技术和人才的支持，无疑将会大大缩短中国的赶超进程。为了让世界先进国家成为“中国制造”和“中国创造”的要素供应商或供应者，把中国市场规模首先培育成名列全球前茅的世界性市场，是最基本的条件之一。

综上所述，中国参与第二波全球化战略的重点，在于在转换需求结构的过程中，利用内需市场的吸引力促进企业从加入全球价值链（GVC）走向加入全球创新价值链（GIVC），在开放经济条件下发展创新经济。GIVC是一个新的概念，尚需仔细地描述和分析，这里仅仅指出这几点：

第一，从GVC走到GIVC，可能要分为两个阶段：一是从全球价值链走向国家价值链（NVC），国内本土企业从供应商角色转型为发包商角色，从GVC中的“被俘获者”站在NVC中的高端，是价值链的治理者和控制者；二是GIVC在NVC的基础上通过开放的全球化战略形成，主要是处于NVC高端的控制者利用内需市场吸引力，“虹吸”国际上先进的高级生产要素，如利用世界经济危机的机遇吸收国外优秀人才到中国

① 这一概念的提出，可参见刘丹鹭、岳中刚（2011）。

工作，或者直接到海外收购研发型企业为我服务，形成全球要素为我所用的良性格局。[①]

第二，在中国企业从GVC走到GIVC的两个阶段中，第一个阶段的转型最为困难，任务也更为艰巨。虽然我们一再论证基于内需才最有可能发展具有自主知识产权的品牌，但是，当原来的贴牌生产厂商试图转型为自主品牌商，尤其是想成为国际品牌商时，除了需要巨额的广告费和渠道建设费外，还会因为缺乏熟悉国际市场的品牌营销人才而搁浅，更会遭遇到原有处于发包方的国际大买家（即处于GVC高端的国际品牌商）的强力封锁和围追堵截。因为在此时原来的“发包商—供应商”之间的合作关系，已演变为你死我活的竞争关系，为了防止被后起者替代，实力强大的国际发包商会发出令人难以置信的竞争威胁。这些都是发展中国家企业产业转型升级遇到困难的主要微观原因。

第三，从GVC走向GIVC，是不是一定要分为两个阶段，即GVC—NVC，NVC—GIVC这两个过程是不是可以截然分开；或者NVC和GIVC的形成，干脆可能就是一个问题的两个方面，我们还需要做更多的实证研究。

第二节　第二波经济全球化红利的实现机制

笔者在上一节提出，考虑到中国以低端要素加入全球价值链，基于出口导向的第一波全球化发展的红利已经透支，中国目前亟须启动第二波经济全球化的新战略，这就是要发展基于内需的全球化经济。在第一轮经济全球化中，中国的发展得益于“利用别国的市场，充分利用了本

① 美国国家科学委员会的报告指出，随着美国企业纷纷扩大其在中国和亚洲其他地区的研发实验室，美国正在迅速丧失高科技工作岗位。在截至2009年底的六年中，美国跨国公司新增的研发人员中约85%都工作在海外。虽然美国公司一般而言不会关闭设在本国的实验室，但它们会把实验室扩展重点放在海外。海外员工在美国企业研发队伍中的占比，已经从2004年的16%提高到2009年的约27%（http：//cn.wsj.com/gb/ 20120119/atc072217.asp）。

国的低端生产要素”,国内市场的缺口通过出口解决;而在第二波全球化中,中国要过渡到“开放和挖掘本国的市场,充分利用国外的高级生产要素,尤其是国外的创新要素,以加速实现基本现代化。国内技术的缺口通过内需吸引国外的要素流动来解决”。

世界经济的新进展进一步表明,上述思考并不是空穴来风。现有的国际市场秩序,已经无法容纳像中国这样一个超级过剩产能提供者,而且,由于在新一轮技术革命到来之前,西方经济都将会长期挣扎在经济底部区域,对高级生产要素的利用能力也很难恢复。“钓鱼岛事件”后的经济消耗战,以及美国联邦储备推出的“第三轮量化宽松”(QE3),进一步说明了中国加速实施这一战略的紧迫性。

以美联储 QE3 按钮启动为例,它与前两次“量化宽松”一样,不仅有损于中国巨额的外汇储备价值,而且还将对中国经济发展产生深刻的不利影响,主要表现在:(1)它将直接助长中国的资产泡沫,尤其是导致房地产价格继续上涨,从而危及中国经济发展的基础;(2)除非中国也按比例地投放货币,否则中国用“稳出口”来助推“稳增长”将变得十分困难,但是前者会导致严重的通货膨胀卷土重来;(3)国内可能因此会出现进口输入性通胀,尤其是大宗商品进口的价格上扬,而如果采取紧缩的货币政策,又会使经济面临进一步下行的危险;(4)在上述情况下,中国货币政策在“稳增长”和“抑通胀”的两难选择中,运作的空间受到巨大的压缩。面对这些外部环境所造成的困难,破解政策两难选择的最佳办法,是避开对发达国家市场的过度依赖,利用其经济危机时期所提供的机会,大力吸纳其高级生产要素为我所用,利用我们自己的市场来实现“稳增长”的目的,即基于内需扩大基础设施投资和消费,这才是“稳增长”的正确途径。

随着新技术革命的来临和生产制造范式的变革,以及国内要素成本的不断上升,中国在全球的低成本优势逐步削弱,中国制造面临两个重大的挑战:(1)欧美制造业的回归和再工业化,具有第三次工业革命来临前的重要转折意义。由于今后制造业也许再也不需要运用工厂这种生产要素大规模集中化的生产方式，而是转变为一种以3D打印机为基础的，更加灵活、所需投入更少的生产方式，因此，中国传统制造业将面临着第三次工业革命的严峻挑战；（2）在目前和今后相当长的时期内，发展中经济如东盟、印度、中南美国家等将会以更加低廉的成本优势，逐步实现对中国制造的供给替代。“中国制造”可能会处于被夹在中间的尴尬状态。如果产业升级空间被发达经济封杀，而低成本竞争优势又受到欠发达经济的阻击，那么未来十年内中国经济社会将面临着巨大的发展风险。很显然，主动迎接这两个挑战的最佳办法，是据此制定新一轮的发展战略和增长政策。

向全球创新价值链的战略转换

中国所要启动的第二波全球化战略，与第一波有很大的不同。以前是以低端要素的比较优势加入全球价值链，接受其治理者即跨国企业的订单业务，尤其是制造业加工的外包订单。跨国企业把遵守其游戏规则的中国企业纳入到了全球产品的分工体系内，成为其供应链的一个环节，纳入到出口导向轨道中。在第二波全球化战略中，由于战略的核心是基于国内强大的内需吸纳全球先进的高级要素，因此，中国企业将成为价值链的主角，成为发包方而站在国家价值链的高端。中国的跨国公司根据国内外市场需求，以及自己主导的研发设计向国内外企业发包，使全球要素所有者成为由中国控制的全球供应链体系的一部分，然后把经过国内产业链的循环而生产出来的产出，销往包括本国市场在内的全球市场。显然，能不能塑造出一大批站立在国家价值链高端，主要从事研发设计、网络营销、金融物流等现代生产性服务业活动的中国本土企业，并把被纳入全球供应链体系的中国代工企业，逐步转化成为全球创新价值链体系中的重要一员，是实现第二波经济全球化战略的关键性所在。

综合来看，两种发展战略之间进行的切换、衔接和转型，可以转化为“如何从GVC转向NVC，并在此基础上逐步成为GIVC体系的重要一员”。为此至少需要分析这么几个具体的问题：（1）宏观经济层面如何为第二波经济全球化战略提供实现的环境？（2）在转换角色的过程中，微观层面如何利用内需市场的吸引力，鼓励和促进企业从GVC中的国际代工者，升级为NVC中的“链主”或治理者，即在转换价值链的同时，也实现自身的功能升级？（3）中国本土企业如何基于内需市场的“虹吸”能力，抓住世界金融危机千载难逢的“黄金机遇期”，大力吸收国内外高级要素，逐步成为具有“创新环节全球分工、创新资源全球配置、创新能力全球协调、创新核心以我为主”等特征的GIVC体系的重要一员？

关于上述第一个问题，根据发达国家尤其是美国建立和治理GVC的经验，欲成为GVC高端的治理者，其宏观经济条件最起码需要具备以下几点：第一，中产阶级崛起并成为社会购买力的主体。根据边际消费原理，中产阶级队伍的规模，是决定最终需求规模的主要因素，而后者又是形成市场驱动型GVC以及处于其治理者地位的最主要条件。第二，创新资源积聚能力强。只有全球高级生产要素，尤其是世界级优秀人才不断向本国聚集，投入的研发资源才能使本国公司站在生产者驱动的GVC的高端地位，控制全球技术的生产和扩散。第三，强势货币地位。本币的国际化地位将诱使全球其他国家的出口活动，使本国可以长期获得低成本的要素和产出品。第四，上述条件叠加，可能会使本国的内需市场成为全球吸引力最强、成功机会众多的市场。如美国就是当今发达国家吸收FDI最多的国家，也是全球顶尖人才富集度最高的国家。显然对于中国来说，目前的宏观经济环境还远达不到让其企业成为GVC治理者的要求，由此决定了中国的企业将在较长的时期中仍然会处于GVC的底部区域。

上述第二个问题牵涉两种转换能力：一是转换价值链，即从基于出口导向的GVC，转向基于内需的NVC；二是功能升级，即从在GVC底部进行国际代工，转型为在 NVC 高端从事研发、设计、物流、金融等非实体的服务经济活动。这两个问题放在一起就是，“在转换价值链的同时实现功能升级”。这要涉及两个难题：（1）在过去的若干年中，中国代工企业往往被 GVC 中跨国公司所“俘获”，如何让其有能力、有动力转换运作的价值链？（2）要把原来依赖于别人的“外围”关系改造为以我为“中心”的控制关系，由在 GVC 中的“承包、接包”关系变成 NVC 中的“发包”关系，由“低端”变成“高端”地位，由“打工者”变成“老板”，由“制造”变成“设计和创造”。显然，这种转变的难度决定了第二波经济全球化战略的成败。

从一些国家劳动密集型产业的发展经验中，可以总结出一些企业转换价值链的同时实现自身功能升级的可能性和现实性。虽然中国企业目前或者在相当长的时期中，在转换价值链的同时实现功能升级还需要很多宏观经济条件的配合；但是作为可行的、必要的环节，中国企业能不能利用大国经济的优势，在自己强大内需的支撑下，先升级到 NVC 中，充当 NVC 的“链主”或治理者，然后在开放的竞争中逐步形成 GIVC？这是一个很有趣也是亟须案例研究补充的问题。就现实性来说，构建本土企业的 NVC，可以有三条路径：

一是依托国内市场出口加工企业转做自主品牌，然后一步一步地做成世界品牌。出口加工企业一般不拥有产品品牌，无论设计研发还是市场拓展能力都比较差，它们的优势就是低成本、调整快，可赚取稳定的、较薄的利润，但是无法很快地自立山头。因此，选择这条路径，企业的发展速度肯定要慢一些，但是步子扎实。这种渐进化地构建 NVC 的战略，与试图直接摆脱 GVC 而与发达国家的国际大买家进行面对面竞争的做法不同，可能不会立即遭到来自目前处于“链主”地位的国际大买家的围追堵截和坚决抵制。而且，实施这一战略的相对成本也是实力相对弱小的国内企业可以接受的，其相对熟悉的市场和文化背景，也决定了这一战略的可实施性。尤其是它还可以与加入 GVC 相结合，即一方面接受原有 GVC 中国际大买家的订单，在 GVC 中不断学习，不断积累资金、经验和技术；另一方面，又把学到的和自主研发的设计和技术，运用于创造本土品牌并主要在本国市场销售。[①] 应该指出的是，国际上还没有一个真正的世界著名品牌可以基于国际代工而产生。真正的世界著名品牌都是依据于本国内需，在本国市场的激烈竞争中，在本国政府支持和社会环境培育中，慢慢地成长起来并被成功推向世界的。

二是依托若干条 GVC 做国际代工，如同时加入由欧、美、日企业分别主导的 GVC 进行国际代工。首先在 GVC 底部进行艰苦的学习，“当学徒工和操作工”，积累了一定的经验后，再把在某条价值链中学习到的东西，运用到另外一条价值链的某种升级活动中，从而实现低成本的产业升级。在当今中国的产业集群中，许多企业跨越几种价值链的治理进行运作：企业既可能融入到欧洲跨国企业所主导的、较为注重品质的、具有明显市场交易型特征的 GVC 中；也可能加入到注重价格参数的美国跨国公司所主导的、具有纵向非一体化特征的 GVC 中，并被其实际上俘获；同时又有可能加入国内的 NVC 和区域价值链。由于每种价值链的治理方式存在重大的差异，中国企业就有可能利用这种差异加速学习和创新。这为中国企业摆脱国际大买家的控制，实现产业升级提供了现实条件。

三是在政府和社会中介机构如行业协会等的帮助支持下，加强加工贸易企业与国内零售商之间的对接，逐步形成国内市场的龙头。中国很多加工贸易企业生产的优质商品，都是国外的高价抢手货，但奇怪的是，在国内却打不开销路。经过我们的调研发现，主要是这些加工贸易企业与国内零售商之间存在很多对接的障碍，在品种与批量、结算方式、配送方式、市场开发维护等方面都有矛盾。如加工贸易企业大部分商品生产

① 这方面成功的经典案例，可参见 Gary Gereffi，1999，‘International Trade and Industrial Upgrading in the Apparel Commodity Chain’，*Journal of International Economics*，Vol. 48，pp.37—70。

专业化且十分单一，它们大多为中小企业，无力独立发展自有销售渠道和品牌，作为国内的零售商就得一个个地对接数量繁多的加工制造厂，花很长时间就为一种商品，运作成本高。也就是说，在品种批量和配送方式上，零售企业要的是多品种、小批量，加工贸易企业做的是少品种、大批量。另外，在结算方式上，国内是定期结账，而做外贸是信用托付方式，加工贸易企业认为这影响自己的资金周转。因此，开拓内需市场需政府、行业协会搭建平台，如建高档博览会、培育批发市场、战略联盟等，以降低加工贸易企业和零售企业之间的交易成本。[①] 降低供销双方交易成本的方法，可以由政府和行业协会出面解决拓展内需的外部性。再如，解决结算问题，可以由中介机构如金融部门介入，实行担保保障定期结账方式。这些都很有必要。另外，加工贸易企业独立发展自有品牌虽然是转型内销的一条途径，但它只适合实力强大的大型加工贸易企业。对于众多的实力弱小的加工贸易企业来说，由大型零售商用自己的品牌去向它们定制比较合适，即相当于向小加工贸易企业发出 OEM 订单生产。这样大型零售企业既可拓展自有品牌，又可控制质量，取得规模效益。

关于第三个问题，笔者认为，中国要从 GVC 底部的制造者，成为 GIVC 体系中的重要成员，需要对以下几方面的问题有更清醒的认识。

其一，如果说第一波全球化的基本特征是基于 GVC 底部进行国际代工，那么，第二波全球化的重点就在于通过形成 NVC 来加入 GIVC，形成“创新环节全球分工、创新资源全球配置、创新能力全球协调、创新核心以我为主”的全球区域创新中心，提升中国发展的控制和支配地位。显然，这也是与中国构建创新型国家、走向基本现代化的目标和过程相一致的。

① 据我们对出口型民营企业调研，就为什么偏好出口而非内销问题，企业家们向我们表达了其中一个有普遍性的观点：与国外企业做生意的方式相对于国内来说比较单纯。这说明国内交易成本高昂，急需要改善交易环境，尤其是信用环境和政府服务。另外，出口企业转内需市场，更多的是靠企业自身的转变，政府可以做的并不多。当然，在政府和行业协会解决“外转内”过程中，有大量的外部性问题要帮助企业解决，我们不是简单地否定政府和社会团体在其中的作用。

其二，从GVC走向GIVC，首先形成NVC可能是一个难以回避的中间阶段。在实践中，由于转型升级需要时间和经验，因此，把第二波经济全球化的目标分为两个阶段来实现，可能是一个比较妥当的战略考虑。在GVC底部的国际代工，只能被动地承接研发和设计占优势的发达国家的制造订单，做低端环节的“在中国制造”，无法做到“由中国创造”，更无法做到“为中国制造”。因为一方面，中国的比较优势在低端，对研发、设计等高人力资本密集的环节缺少竞争优势；另一方面，高端环节和业务又主要掌控在跨国企业手中，因此，基于国际代工格局很难发展出真正自主品牌和自主创新技术。中国的高铁、一些重装备工业自主创新的实践证明，真正的自主创新必须在开放中基于内需而培育形成。在开放中发展NVC，利用中国庞大的内需和纵深的产业转移基地，培育掌控GVC两端的中国跨国企业，才有可能进入全球区域创新体系并成为其重要的一环。

其三，本土企业必须依托于内需市场组建中国跨国公司，基于内需市场虹吸国内外高级要素，建立区域创新体系，并重新构建中国在经济全球化新格局中的新秩序。一方面，内需规模对虹吸先进生产要素的力度起着关键的作用。[①] 在现代经济社会中，因信息技术革命和交通运输成本的大幅度降低，时空被大大压缩，生产要素的流动取决于国家间相对的市场规模。只有那些市场规模大的国家，才有更多的发展机会，才有可能为先进的高级生产要素提供更多的机会和盈利的可能，也才具有巨大的吸收能力。另一方面，根据克鲁格曼（1980）新经济地理理论所揭示的母国市场效应原理，在一个存在报酬递增和贸易成本的世界中，那些拥有相对较大国内市场需求的国家将成为净出口国。[②]

---

① 来自牛顿万有引力定律所揭示的基本原理。牛顿万有引力定律指出：“自然界中任何两个物体都是相互吸引的，引力的大小与两物体的质量的乘积成正比，与两物体间距离的平方成反比。”现在很多研究国际贸易增长的数理模型和实证模型都据此展开。

② Krugman, P., 1980, ‘Scale Economies, Product Differentiation, and the Pattern of Trade’, *American Economic Review*, Vol.70, No.5, pp.950—959.

因此，在第二波经济全球化中，如果中国真正形成了较大规模的内需市场，那么中国不会成为一个内向循环国家，而是会成为一个真正高水平的进出口规模都处于世界前列的中等发达国家。为此，中国某些具有优势的区域，尤其是大城市中心，需要做到：（1）通过功能优化和城市再造建设扩大经济规模，为全球创新要素的流动提供更多的平台和发展机遇，在世界经济低谷期吸收更多的国外优秀人才到中国工作；（2）中国企业可以利用扩大内需中占领的国内市场规模，积极主动地发展各种旨在吸收国外高级要素“逆向外包”形式，让一些国家剩余的高级要素为我所用；（3）中国企业也可以或可能“走出去”，在遵守游戏规则的前提下，收购兼并或投资新办企业，雇用或吸收其技术人才为我服务，为中国开拓全球市场发掘和储备技术[①]；（4）大力发展中心城市的总部经济功能，吸收跨国企业集聚和驻扎，推动中心城市生产性服务业发展，培育全球创新链的链主。

参与第二波经济全球化的政策取向

新一轮经济全球化战略，必须认真考虑的第一个问题是，中国过去因为人均收入低、国内市场狭小，才使增长依赖于国外市场。改革开放三十多年来，中国国内市场需求规模虽然得到了巨大的扩张，但是最近十多年来投资和消费比率发生了持续的恶化[②]，最严重的年份投资占GDP的54%，消费只占到37%。在这么低的消费水平且很难改变的条件下，我们提“基于内需的经济全球化战略”，在政策的操作性方面是否

① 关于中国要转向基于内需的全球化战略，用庞大内需虹吸外国高级要素，这只是一个理论假设，在实践中，我们发现，除了内需扩大难之外，还遇到其他问题。如中企收购外企阻力大，往往收购了资产但是难以获取核心技术；请外国专家到国内指导工作，专家回国后会被叫去审查，有的还被判了刑；在外国公司工作的留学生回国创办企业，可能面临再也回不去的风险。这说明全球技术竞争的残酷性和自主创新的重要性。

② 这一比例的持续降低，是国际上唱衰唱空中国的最重要的理论依据之一。一般认为，世界上没有一个正常的经济体系可以忍受这么长时期的、这么严重的投资消费比例失衡，因为如果长此以往，必定会导致无法消化的投资泡沫和严重的银行债务。

显得有些唐突和不靠谱？[①]中国经济背景下的扩大内需，其实更多时候指的是扩大消费需求，而不是指让其他发展中国家头痛的投资需求不振问题。经济学家百思不解的是，中国经济一方面超高速增长，另一方面却出现“消费消失”现象。对“消费消失之谜”，笔者的看法是，中国的消费率水平确实要比作为参照系的国家低，但是并没有低到可以声称“消失”的程度。中国的收入分配结构的缺陷，中产阶级队伍不够强大，这些年公共品供给中不适当的市场化取向改革，都是解释中国消费需求不振的重要变量。但是，中国经济中的“消费消失之谜”，其实是一个伪命题。

20 世纪 90 年代中期以来，房改后的居民购房支出激增以及统计方法这两个方面，是导致“消费消失”的主要原因。房改十多年来，中国居民的消费重心转向了购房，房地产支出成为中国居民消费中最大的一块支出。为了说明这一点，我们不妨来算一笔粗账。2011 年，中国 GDP 总量 47.16 万亿元，社会消费品零售总额 18.12 万亿元，粗算消费仅占 GDP 的 38.4%。[②]可当年城镇居民新房购置花了 5.91 万亿元，若算入消费，共占 GDP 的 51%。因此，“消费消失”之谜分明是统计分类方法把居民的购建房支出归类为投资所导致的一种假象。[③]所谓消费占 GDP 比例低，是没将居民买房花钱纳入消费，而列入了投资，所以出现了“投资占 54%，消费只占 37%”之类的数据。[④]

① 投资占 GDP 的比例高于 50% 的情况，美国在第二次世界大战的紧缩消费、扩大军工投资的特殊时期曾经出现过，但只是个案。一般来说，发展中国家、发达国家的投资占 GDP 的比重分别会在 20%—30%、15%—20%。

② 这是粗略地算消费率。其实，整个社会的消费率指标计算，还要算入居民的服务消费额，以及社会和居民的财产（如房地产）折旧。如果考虑到这些年中国房地产价值连续翻番，每年应该计提的房地产折旧额没有计入社会消费，也可能是极大地低估居民消费率的因素。

③ 按照西方国家统计方法，居民购建房支出也算是投资，而只有支付房租和房屋财产当年的折旧额计入当年的消费。从此意义上来说，中国居民的消费率水平确实低。但是必须注意的是，中国居民购房自住的比例要大大高于西方，西方人习惯于租房。这一文化差异可能使中国消费率偏低。关于这方面的差异对居民消费率的影响，需要更为精确的实证研究来提供证据。

④ 房地产具有投资和消费双重功能。中国政府一直把购置房地产行为称为消费。如朱镕基总理 1996 年要求，把住宅建设培育为“新的消费热点”；2008 年，中央经济工作会议要求“稳定发展住房消费和汽车消费，不断增强最终消费能力”。

上述分析的政策含义是十分明确的。中国消费率水平确实是低，但是远未低到人们想象的程度。高房价的支出压力，是阻碍中国居民消费需求扩大的主要因素之一。要纠正中国投资消费水平与世界普遍趋势的偏离和扭曲，把中国市场建设成为名列世界前茅的内需市场的目标，除了要坚决地抑制房地产价格的持续上涨趋势外，关键是要解决中国民众消费的基础条件问题。为此必须以民生幸福为目标，改善收入分配结构，培育中等收入群体队伍，政府承担公共品支出，并努力使民众享受均等化的社会福利。这些政策取向其实就是实现“基于内需的经济全球化战略”的基础条件。

一系列明显的证据表明，中国目前仍然纠结于第一波出口导向的全球化进程，还在“扩内需、稳外需”的平衡中苦苦挣扎，并没有做好迎接基于内需的经济全球化的准备，而且适应新一轮全球化的能力明显不足。我们可以从几个方面来看这个可能引起争论的问题。

撇开决定综合竞争力的政治、军事和文化等诸多方面不论，如必须拥有一套“与时俱进”的外交理念，以及文化上必须拥有自觉、自信和自主的、处于强势地位的价值观（裴敏欣，2012）；仅就经济方面来说，中国要形成参与第二波经济全球化的竞争力，最起码必须拥有一个适应第二波经济全球化的新的全球化理念，以及为其服务的战略和政策，必须拥有强有力的处于创新价值链高端地位的跨国公司，必须拥有一大批具有高度国际化视野的高端人力资本。用这三个方面的标准来衡量，可见中国适应第二波经济全球化的能力明显不足。

首先，到现在为止，中国还没有形成一个适应第二波经济全球化的新全球化理念，以及为其服务的战略和政策。长期以来，中国经济全球化的理念是“出口是驱动经济增长的发动机”。这一理念把世界看成一个发展中的人口大国为建立经济强国地位而残酷竞争的市场和战场，以国家整体实现出口规模最大化为最高目标取向，视低价格为国家竞争力的主要来源。在这一理念指导下的全球化战略，避开了中国本土企业与跨国企业在技术上的差距，既有效地利用了国际市场和本国过剩的生产要素，也在某种程度上利用了西方提供的“技术和管理技能外溢效应”。但是，现在这一战略已经无法保证中国在下一轮国际竞争中与世界的平衡，因而可能无法获得属于自己的利益。由于西方国家提供市场的能力日益衰退，现有国际市场秩序已经无法容纳像中国这样一位超级过剩产能的提供者，而且，由于西方今后将会陷入较长期的经济衰退，对高级生产要素的利用能力也在不断地降低。因此，中国若不扩大自己的国内需求，为新一轮的全球化提供市场，不仅全球化不可能持续，而且中国也不可能抓住机遇加速发展自己，就会失去从全球化中得到巨大利益的机会。因此，中国实施新一轮的全球化战略，最需要的是比第一轮全球化更加开阔的国际视野和更加开放的眼光，并以此指导自己制定独立的全球化政策措施。

其次，根据以往国际的经验，一个国家要在世界经济中富有竞争力，必须拥有强有力的处于创新价值链高端地位的跨国公司，尤其是民营性质的跨国公司。跨国公司是经济全球化的主角，也是全球化的国际规则制定者。目前，中国虽然有许多国有企业经过重组后进入了世界500强名单，但是并不能有效地改善中国在全球化中的被动地位，中国最缺乏的还是大型民营跨国公司。由各种国有性质的企业进行跨国经营或出面进行收购兼并时，不仅会受制于自身“软预算约束”的通病而缺少效率，而且更容易被西方国家的反垄断法制裁，甚至会因此而挑起西方民众对中国的敌视。过去中国之所以没有因为缺乏自己的民营跨国公司而错过第一波全球化的机遇，是因为中国在上次经济全球化的浪潮中，其利益与西方国家具有更多的一致性，其主要表现在中国扮演的是一个“世界操作工”的角色，从事的是低端制造业外包和劳动密集型的加工作业，而全球价值链高端的研发和设计、市场营销和品牌网络等，都由美、欧、日本的跨国公司扮演，中国是替国际跨国公司打工，因此所从事的产业与西方具有互补性。在第二波全球化浪潮中，中国将与西方争夺高级生产要素，将与西方争夺创新中心的地位，将在某些价值链的高端成为替代者，因此一定会遇到现有垄断者的抵制和抗衡。世界经济的游戏规则是实力说了算，如果中国缺乏可以参与游戏的民营跨国企业，就不可能真正抓住第二波经济全球化给中国崛起所带来的黄金机遇。

最后，一个能驾驭经济全球化的大国，必须拥有大批具有全球视野的高端人才。目前，中国一般的人才并不缺乏，真正最缺的是能够带领中国企业走向世界的领军水平人才。这种高端的领军人物，是指那种他们的创业能够影响世界产业格局的人才。今后，中国东部地区尤其是大城市，如果按照基于内需的全球化战略定位的要求，在未来若干年中建设成全球科技创新中心之一，建成全球高端人才的聚集区之一，建成世界前沿技术研发和先进标准创制的引领区，成为具有全球影响力的高技术产业的辐射区，为了实现这一目标定位，我们就必须从现在开始，抓紧制定各类聚集培育高端领军人才的政策，聚集由战略科学家和高端领军科技创业人才领衔的研发团队和创业团队，建成具有世界一流水平的科学研究所和科技研发中心，聚集由高端领军科技创业投资家和科技中介人才领衔的创业服务团队。语言障碍是阻碍中国具有国际视野的高端人才成长的原因之一。但是除此之外，更重要的是，中国的科技和教育环境，使中国没有能力培养足够的、在各种领域里能“拿得出去”的高端人才。作为“补缺”的重要手段，吸引海外留学的华人回归，是中国高级人才市场化、国际化的重要载体。“海归”们大部分在国外的著名学府获得博士、硕士学位，他们既有国外科技前沿的实践经验，又有对市场经济和现代管理的深刻理解；有一些“海归”既拥有自主的知识产权和专利技术，又有与国外专家和公司业务的广泛联系，他们将是参与中国经济崛起的重要力量。

基于上述分析，我们可以提出三方面主要政策取向，以提升中国参与第二波经济全球化的竞争力。

第一，形成一个适应第二波经济全球化的新的全球化理念，以及为其服务的战略和政策，其中最为关键的政策目标是，要搭建中国扩大内需的经济平台，并以此吸引全球高级要素。这个平台主要有：(1) 制造业平台。强大的制造业是现代科技的受体和载体。中国在相当长的时期中，将需要进一步发挥现代制造业的增长功能。中国构建现代制造业平台，将成为扩大内需的主要先锋和主体力量。(2) 城市化平台。根据国际经验，城市化的前期主要是投资驱动。一旦完成了基础设施的基本投资，城市化扩大内需的功能将转化为消费拉动。中国现在仍然有一半的人口需要城市化，因此城市化进程的加快，将有利于扩大以消费需求主导的内需市场。(3)"五外"平台。主要指吸收全球高级要素的"外贸、外资、外经、外智、外包"平台。(4) 生产性服务平台。生产性服务业作为把高级技术、人力资本和智力资本引进商品生产过程的"飞轮"，是决定现代产业国际竞争力的主要投入因素。中国建设金融、商务、物流、设计、技术服务等在内的各类生产性服务业，将直接吸收国内外高级要素。(5) 居民消费平台。这是基于最终需求吸收国外高级要素的最重要的平台。中国巨大的消费规模加上由此直接和间接引发的国内需求，将成为吸收全球先进要素的主要动力。

第二，为了构建强有力的处于创新价值链高端地位的跨国公司，尤其是民营性质的跨国公司，最为关键的是要鼓励民营企业进入行为，主要是通过收购兼并行为形成资产集中和集聚态势。一是要打破国有企业在行业上的垄断性，对外资、国资和民资实施统一的国民待遇，放手让民营经济进入竞争性行业；二是要鼓励民营企业在国内市场进行兼并重组，使其形成具有一定市场控制力的巨型企业，以便为国内市场的充分开放做好准备；三是要鼓励民营企业联合"走出去"，尤其是要鼓励民营企业利用西方目前的经济危机时机，联合收购拥有技术、人才、品牌和渠道的企业，同时在走出去的过程中实现产权融合和资产重组。

第三，为了拥有一大批具有高度国际化视野的高端人力资本，最为关键的是利用、引进和培养相结合。其中，利用是指可以利用西方各国经济不景气的机遇，通过收购它们的企业，尤其是原本有实力的上市公司，除了把它们的资产盘活外，主要是把它们的人才尤其是高级紧缺人才资源运用起来，让他们为中国市场的发展或中国企业开拓全球市场进行研发和设计服务。

新一轮经济全球化战略与结构性改革

众多观察表明，在很多时候，政府似乎都更偏爱选择发展，偏爱出口导向型经济增长的便利性。这是因为，从理论上讲，虽然改革和开放都是实现现代经济发展的主要动力，两者之间也应该是相互促进的有机关系，但在实践中，选择"通过开放促进发展"与选择"通过改革促进发展"，在很多时候其社会经济成本有很大的差异。主要表现在：实施出口导向的开放战略，只需要政府加快对发展性基础设施的投资，着力改善和优化投资环境，降低包括FDI在内的投资者的营商成本，就可以通过FDI的增长和代工订单的增加来推动加工贸易的扩张。中国第一波经济全球化战略，就是在20世纪90年代初和2000年加入世界贸易组织以后得到了迅速有效的实施，开放带动发展的效应十分明显，FDI和进出口贸易呈现"爆炸式"增长，而改革的进程则几乎步履艰难。

选择"通过改革促进发展"，需要触动既得利益阶层，会遭到利益集团的抵制和反对。因此，推动经济超越出口导向型增长模式，利用内需拉动经济成长，中国政府必须进行进一步的结构改革。这包括：打破国内利益集团尤其是各种垄断利益团体的阻扰，以民生和公共福利均等化为核心，实施收入分配改革和培育中等收入阶层等。结构性改革是扩大内需的基本前提，因为它决定了中国现实市场的规模和潜力，从而决定了中国吸收全球高级生产要素战略的具体实现。结构性改革也是进一步开放的前提，是深度全球化的主要推进力量。结构性改革的难度，由既得利益阶层针对社会民众抗争的妥协程度所决定，由此也决定了实施全球化战略转换的难度。

这一系列综合因素的作用，正在推动中国终结第一波经济全球化战略，要求加速启动基于内需的经济全球化战略。全球经济放缓可能绞杀中国出口导向型经济增长模式，由此成为加速启动第二波经济全球化战略的外在压力；国内生产要素成本的急速上升，使中国快速丧失制造业国际代工的比较优势，而建立新的动态比较优势则必须基于国内市场的支持，否则中国经济将随着制造大国地位的下降而衰退，这是中国必须尽早终结出口导向经济的内在动力；建立创新驱动型国家的战略目标，以及后续的一系列政策措施，是中国迈向新的全球化战略的重要引力。

笔者在前文中已经提出，中国经济要形成全球竞争力，最起码必须拥有一个适应第二波经济全球化的新理念，以及为其服务的战略和政策；必须拥有强有力的处于创新价值链高端地位的跨国公司；必须拥有一大批具有高度国际化视野的高端人力资本。支撑第二波经济全球化的关键要素究竟是什么？在转换价值链的过程中，处于强势地位的中国政府应该为此做些什么呢？我觉得可以概括地表达为：基础是全球性城市，主体为全球化企业，分工是全球性产业，中心是全球化人才。由这些要素所支撑的新一轮开放局面，将使中国的全球竞争力、要素配置力、对外影响力在新时期得到大幅度的提升。具体表现在以下几个方面：

第一，全球性城市。城市是跨国企业开拓全球化的载体和重要节点。只有全球性城市才能具备足够的内需规模去虹吸全球创新要素。全球性城市不仅是指城市的规模，而且是指城市高度开放的形象和内涵，指城市高度发达的承载和容纳能力，指城市彰显的个性和特色。它不仅要求城市拥有全球化功能的基础设施，而且要求拥有全球水准的城市管理能力、高品质的创业环境和最适宜人类居住的环境。具备这类特性的城市功能，在生产要素的跨境流动、集聚和集中的过程中，往往可以发挥特殊的重要作用。中国如能把一些条件较好的特大城市建设成为像纽约、东京、巴黎那样具有较强综合功能和辐射力的全球性城市，或像香港、新加坡、法兰克福那样拥有突出的金融、交通、会展功能的全球性城市，或者像日内瓦、洛桑那样以优美环境和一流服务吸引众多国际组织和机构的全球性城市，那么我们就真正具备了依托全球性城市实施第二波全球化战略的所有基础。另外也应指出，中国以北、上、广为代表的特大城市，在基础设施发展水平方面与发达国家的大城市相比仍有很大差距。例如北京、上海和广州的地铁密度不到香港的一半，仅有新加坡、纽约和伦敦的四分之一左右；公路密度除了与香港水平接近之外，密度最高的上海也仅有新加坡的一半，也不到其余大城市的四分之一的水平。这充分说明，中国全球性城市的建设自身也会释放出巨大的内需市场。

第二，全球性产业。按比较优势原则在全球配置产业活动环节，形成全球产品内分工格局，进行价值链全球协调的产业，才能称得上是全球性产业。全球性产业的这一特征，使中国第二波全球化战略可以充分利用全球分工，而没有必要像封闭条件下那样追求产业门类的完整性，也没有必要以形成“全产业”的国际竞争优势为战略目标，从而可以充分降低新一轮全球化的战略成本。因为，在产品内分工的格局下，产业升级的形式不再表现为产业的整体升级和完整的产品价值链升级，而是对某一具体环节、生产流程和工序等的专业化和精细化，因此，产业升级就表现为某一产品价值链的某一功能环节、生产阶段、工艺流程、技术特征的升级。因此，在第二波经济全球化下，中国政府和企业推进产业升级的努力，就不能像过去那样要求整体的价值链升级，而是对某一产品价值链的某一功能环节、生产阶段、工艺流程、技术特征的逐步推进，从某个零部件和中间产品做起，通过干中学效应，最终实现中国在某一价值链高端环节的升级。同样，中国产业政策的目标，就是要追求在全球专业化基础上的规模经济和高度的差别化，即在细分的全球市场内培育“小巨人”和世界品牌。

第三，全球化企业。全球化企业是经济全球化舞台的主角。全球化企业的核心特质是全球化的理念和经营能力。这种能力既可以用海外销售比重、外包比重、资本的跨国经营比例、人才的国际化程度反映，也可以用企业的全球化视野和思维能力、国际化规则、国际化品牌等反映。为使中国企业全方位开拓和利用国际市场，变在GVC中的"被俘获者"为NVC的"控制者"，或作为GIVC中掌握产业技术链高端的一员。根据国际的经验，中国企业需要在产业政策的支持下，通过竞争淘汰和效率竞争，首先在国内完成行业内的大规模收购兼并等重组活动，尤其是必须放手让民营企业进行市场的"进入／退出"活动，从而逐步诞生民营性质的巨型跨国公司。这是形成中国跨国公司所必须走出的第一步，其次才是进入国际市场的竞争和收购兼并活动。只有经历了这两个过程，中国才可能真正拥有具有全球地位的跨国企业。诺贝尔经济学奖得主乔治·斯蒂格勒在《通向垄断和寡占之路——兼并》一文中指出："一个企业通过兼并其竞争对手的途径成为巨型企业，是现代经济史上一个突出现象……没有一个美国大公司不是通过某种程度、某种方式的兼并而成长起来，几乎没有一家大公司主要是靠内部扩张成长起来。"①

第四，全球化人才。全球化人才是经济全球化的第一和核心资源。这些高层次人才应该具有全球化视野和强烈的创新意识，掌握本专业的国际范围内最新知识，熟悉国际惯例，具有较强的跨文化沟通能力，具备较健康的心理素质。这也是全球化人才的几个基本特征。如果说第一轮全球化在要素结构上，是以引进资本、机器设备、技术为焦点，那么第二波经济全球化就是要以人力资本投资和人才制度创新为焦点；在工作抓手上，前者重点是对基础设施、出口导向的开发区等建设，而后者则要以建设创新平台和创新环境为主；在政府政策上，前者主要是针对物质资本的引进实施各种优惠政策，而后者则是针对人力资本创新进行物质和精神、文化的鼓励和诱导。为此，要把引进和培育具有上述特征的高端人才，作为实施第二轮经济全球化战略的主要手段。尤其是现在，我们应该趁西方经济长期陷入衰退的极佳机遇，吸纳一大批具有国际前沿

① [美]乔治·斯蒂格勒：《产业组织和政府管制》，潘振民译，上海三联书店、上海人民出版社，1996年。

水平的科学家和工程师，同时要把提升本土人才的全球化素质作为根本之策，推进教育国际化。

第三节　经济新常态下的产业政策功能转型

面对第二波经济全球化，中国经济发展要从旧常态、超常态、非常态转向新常态、平常态、正常态，这中间可能会有一个过渡期。对这个过渡期我们如何判断？这可以把新常态发展理论与中国共产党的“两个一百年”的宏伟目标联系起来看，由此得到的大致结论是：一是在旧常态中，中国超高速发展态势使我们摆脱了从贫困陷阱到温饱再到基本小康社会的挣扎；二是进入发展新常态，就是要实现基本小康社会向基本现代化的跃进；三是在走向基本现代化的过程中，存在着一个过渡期，即从基本小康到全面高水平小康社会阶段，是属于从旧常态到适应新常态的过渡期。

如果说，认识／适应／引领新常态，是当前和今后中国经济发展的大逻辑，那么我们当前重点要关注的是上述的过渡期。在这个时期内，各经济活动主体可能会因为思维观念、行为惯性、利益局限等方面的局限，而显得难以适应，在过渡期内出现一定的摩擦，从而形成程度不等的调整、震荡和阵痛现象。这是从基本小康到全面高水平小康社会的转型中必须付出的代价和成本。如果经济社会转型的目标明确，路径举措正确，那么在“十三五”计划期间内，中国必将突破中等收入陷阱而进入迈向基本现代化的新常态；而对应的挑战是，如果转型升级不力，过渡期的时间拉得过长，那就必然伴随出现增长失速、结构失衡、动力失能、风险失控等诸多问题，经济和社会发展可能停滞。

产业政策转型就是这种直接决定中国经济转型升级是否成功的关键性变量之一。中国过去的产业政策，出于扶持某些特定产业加速发展的目的，或为了限制资源流入某些部门，不惜制定一系列扭曲市场机制的财税、金融、外汇乃至土地、人才等政策，以达到非均衡快速增长的目的。这种服务于旧常态、超常态、非常态经济发展的产业政策，在我看来有四个主要特点：第一，产业政策是挑选输家和赢家的政策，是一个优生而非优育的政策；第二，与西方学者所研究的产业政策不同，中国的产业政策并非完全是由中央政府主导的，地方政府在其中发挥了很大的作用；第三，产业政策是以创造非均衡结构、支持战略性产业成长为核心，而非以给企业创造公平竞争的市场环境为主；第四，与命令体制相适应，产业政策是纵向控制性而非横向协调型的。经济发展进入新常态，一方面会直接影响或改变产业政策的这些内涵、特点和功能，对其提出率先转型升级的新标准和新要求，从而会带动对产业政策的系统性、全面性、协调性的改革；另一方面，产业政策作为主要的对经济供给面的激励工具，是以创新为核心的新常态经济中的重要发展手段。因此，产业政策的率先转型，将会有力地推动中国经济发展加速进入新常态，降低中国经济陷入中等收入陷阱的可能性。

在经济发展进入新常态的过渡期内，政策决策者和执行者如何认识过渡期内产业政策的特征、内涵和功能的变化，决定了我们如何适应新常态去改善和利用产业政策，以及如何运用新型功能的产业政策去引领新常态，以迎接第二波经济全球化的到来。在新常态下，经济发展战略的转变，必然对产业政策的目标、手段、工作机制等方面的变革产生根本性的影响；基于建设统一市场、平等竞争条件的要求，也迫切需要我们改善产业政策的运作方式，确立竞争政策在整个政策体系中的优先地位。

发展的新常态经济学：产业政策转型的内在依据

中国经济发展所要进入的新常态，不仅是长期增长的新常态，还是发展的新常态，是中国经济在各种要素禀赋、外部环境已经或正在发生诸多变化的情况下，经济系统进入到技术、产业不断创新，结构不断变化，生活质量不断提高和幸福程度不断增强的一种新的均衡状态。这种经济发展的新常态，除了要求发展经济学理论有所新发展外，还要求过去支撑旧常态、超常态、非常态的产业政策转向、转型和转轨。发展的新常态经济学，是产业政策转型和新型功能形成的内在的主要依据。主要内容涉及这么几个方面：

第一，从发展新常态的视角看，要求转型中的产业政策重点关注两个层面的问题：一是增长层面的新常态问题，焦点是增长速度选择。我国的经济增长率在下调了三个平台之后，在“十三五”计划期间大约要稳定在7%至8%的区间，十年后6%的水平，二十年后5%的水平。维持这种增长速度需要有新的动力机制。总的来看，在中国从贫困走向现代化的进程中，随着储蓄率先上升后下降，投资拉动为主的增长方式难以维系，所以产业政策的新常态，也必须从过去服从于赶超目标的需要、追求超高速的增长，转向保持平衡稳定、提质增效的中高速增长。这是产业政策在储蓄率新常态下的重要的转型特征。二是结构变化和制度变革等发展层面的新常态问题。发展的视角除了关注增长层面的新常态问题外，更关注增长背后深层次的发展问题，即经济系统内在的结构变化和制度变革的机制问题。发展的新常态就是要通过增长平台的下调和下移，主动把稳增长、促创新、调结构、惠民生等因素主动纳入产业政策的目标中。必须指出，由于我国是发展中的大国经济，赶超发达国家的发展任务并没有完成，因此产业政策不可能完全摆脱追赶型特征，即稳增长往往还是产业政策的首要目标。

第二，从发展动力新常态的视角看，也要求转型中的产业政策重点关注两个方面：一是扩大内需尤其是消费需求。对这个问题，似乎产业政策无能为力，而只有收入分配政策才可以起作用。其实，中国直至现在仍是典型的二元经济结构国家。一半的人口仍然在农村的现实，以及绝大多数城镇居民低收入的格局，决定了大部分人的消费能力有限。现阶段不能完全指望以内需拉动生产 。因此，通过产业政策引导和刺激投资，仍然有很大的必要性和可能性。另外，产业政策由出口鼓励转向增加进口，在刺激国内消费需求方面也有很大的潜力。这些都是发展中大国经济优势的重要体现。二是产业政策必须从过去主要致力于促进资本形成，转向诱导、刺激和促进创新驱动。在新常态发展经济学中，发展的动力问题最为关键。过去我们落入贫困的陷阱，主要原因是资本积累不足。当发展中的资本积累不足时，我们往往是通过产业政策扭曲生产要素价格，或者是向经济体系内部积累，或借助外资来促进资本形成。现在中国已经全面进入了从旧常态到新常态的过渡期，即从基本小康走向全面高水平小康社会阶段，沿海发达地区则进入了率先建成基本现代化阶段，因此发展问题主要是如何避免中等收入陷阱。如果进入新常态的发展均衡状态维持太久，即过渡阶段持续太长，尤其是这个时期的经济成长速度长期过低，就不可避免地会陷入中等收入陷阱。根据国际经验，陷入中等收入陷阱不能自拔的主要原因，是投资驱动型经济动力衰退后，创新驱动发展格局难以确立。因此，如果不能及早进入创新驱动发展轨道，不能通过创新和技术进步使生产率提升速度超过要素成本上升速度，就不能化解居民收入大幅度提升后的国际竞争能力降低的矛盾。前些年，中国因为在改革上的中途停顿，没有使创新成为驱动传统比较优势向新型比较优势转化的内在力量，因此各种发展的红利就难以接替上，如人口红利没有能够及时转换为人才红利，收入分配体制改革不力使内需发展红利没有及时代替出口红利，企业创新主体的地位没有真正确立使技术创新速度缓慢，等等。

第三，从结构调整的新常态视角看，要求转型中的产业政策发挥其在推动结构转变中的独特的强力作用。这同样需要重点关注两个问题：一是需求结构、供给结构、产业结构、空间结构等的均衡问题。这里重点强调在产能严重过剩、债务平台高筑、银行风险加大的背景下，产业政策必须从过去注重增量调结构，全面转向增量调结构与存量调结构并存、以存量调结构为主的发展新方式，尤其要注重发挥资本市场的结构调整功能。二是实体经济与虚拟经济之间的均衡问题。目前，中国经济运行中的一系列问题,表现为“增长失速、结构失衡、货币失序、债务失度、房价失控、外汇失当、机制失灵”等方面。其中,最主要的问题在于结构失衡。结构失衡中最紧迫的是要解决实体经济与虚拟经济之间的严重失衡问题。“实体经济不实,虚拟经济太虚”,是对这一失衡关系的经典总结。其中,“实体经济不实”主要表现在:存在着严重的产能过剩现象;要素成本上升速度太快,直接导致实体企业严重亏损、破产倒闭,大批企业家因为不看好实业甚至放弃实业,很多转向从事泡沫经济行业。而“虚拟经济太虚”,则使虚拟经济变得不断泡沫化,主要表现为“四高”:利率高;汇率高;资产价格高;债务率高。产业政策的新常态不是要用行政手段人为地压制虚拟经济,强制抬高实体经济,而是要通过政策引导和干预,大幅度增加优质资产的供给。这将产生两种积极的宏观调控效应:一方面将通过这种市场化手段,直接压低不断膨胀的资产价格;另一方面,可以通过资本市场为实体经济融到更多的、便宜的发展资本,降低企业资产负债率,降低投资风险,让实体经济放开手脚发展创新经济。

第四,从应对风险挑战的新常态视角看,要求转型中的产业政策要重点关注以房地产业支持增长的发展方式的可持续性问题。中国经济奇迹其实与房地产有关,在一定程度上是房地产支撑的奇迹。有两个数据可以作为这个判断的依据:第一个数据是中国居民家庭资产的70%以上为房地产,而美国居民家庭资产的70%以上是金融资产。这个数据也说明,中国地方政府预算收入和融资来源中房地产税收以及土地收入的重要性。第二个数据是中国房地产的产值占全国GDP产值的20%多一些,同时房地产投资对中国经济增长的贡献程度大约是50%。也可以说,现在经济增速下降的重要原因是由于房地产降温,产能严重过剩也主要是由于房地产业的过剩,很多行业包括钢铁、水泥、平板玻璃、家电等都与房地产息息相关。中国经济目前高度依赖房地产业。资源过度地流入地产类企业,其结果是拉高了整个社会的利率。这是制造业为代表的实体经济陷入困境的主要原因。对政府而言,产业政策高度依赖房地产即土地财政，既失去了政策的自主性，也引起了巨大的金融风险。因为一旦房地产价格下跌，政府就失去了财政依靠，因此往往会出现产业政策力挺地产价格的常态行为。另外，中国很多大城市和中小城市服务业发展滞后，也与房地产价格过高有直接的关系。因为过高的房价迫使进城务工人员只能到小城市工作，因为大城市的房价、租金、生活成本都过高。因此，中国经济回归新常态，要解决地方政府的产业政策以房地产为导向的发展格局。要抑制中国地方政府对房地产的依赖，需要在财税改革中，把地方政府的土地出让金部分和中央获得的部分税收对换，尤其是发展服务业的税收收入要返还给地方政府，以提高地方政府发展服务业的积极性。

新型产业政策助推中国经济发展进入新常态

扭曲政策工具和手段，是为了实现超常态发展的政策目标。现在既然政策目标回归新常态，那么政策工具和政策手段也应该尽快与其协调配合。如不再通过大幅度的过度倾斜政策，来人为地制造产业间、地区间非均衡的发展格局；不再通过行政手段扭曲要素价格的办法，来重点加速特定产业的投资并导致其产能严重过剩，而是要回归公平竞争和平等竞争。这种产业政策的转型升级的巨大威力，表现在它可以助推中国经济发展进入新常态。

第一，新型产业政策通过创新供给激活需求，释放消费潜力，使消费继续在推动经济发展中发挥基础作用。我国过去的产业政策，往往通过重点对供给方的产量进行补助，以刺激生产能力的扩张，满足模仿型、排浪式消费需求。这种性质的产业政策如果在过渡期继续大幅度利用，必然因为个性化、多样化消费渐成主流，而十分容易导致产能过剩和寻租。为此，在买方市场的总格局下，产业政策的补贴工具应该从补贴产能转向补贴质量和技术创新，补贴的重点也要从供给方转向需求方，从重点补贴企业转为重点补贴消费者。只有如此，才能既为企业早期的创新产品提供市场容量的支持，又能激活潜在的消费需求，同时进一步诱导企业按照市场信号进行供给创新。

第二，新型产业政策通过强化政府在市场失灵领域中的功能和作用，使投资继续对经济发展发挥关键的作用。我国过去的产业政策，往往通过政府主导的投资方式，直接对营利性、竞争性产业进行与民争利的大规模投资。这种产业政策导向下的投资方式，混淆了政府与市场的边界，除了具有与民争利、投资效率低下的弊端外，还容易造成政府官员的制度性腐败。进入经济发展的新常态，资源配置方式的全面深化改革，首先要求在发挥市场的决定性作用的同时，更好地发挥政府在这三类市场可能失效的领域中的作用：一是基础设施的投资，尤其是在现阶段使它们保持互联互通的投资；二是市场投资可能不足，但是社会边际收益大的一些新技术、新产品、新业态、新商业模式的投资机会，政府要适当地引导投资方向，争取把社会资本引导到这些新兴领域中去；三是政府要在投融资制度上进行大胆创新，消除投资障碍。

第三，新型产业政策通过支持进出口战略的调整，加紧培育新的比较优势，不仅使出口而且让进口也能对经济发展发挥支撑作用。过去中国在对外开放中，产业政策的鲜明特点是：在国际市场空间快速扩张的前提下，通过加入全球价值链进行国际代工型出口，使制成品的出口成为拉动中国经济快速发展的重要动能。现在全球总需求不振，中国低成本的比较优势也发生了转化，新的全球化战略需要我们实施基于全球创新链的新兴产业政策，助力企业把全球先进生产要素高水平地引进来，同时推动国内资本大规模地走出去。在第二波经济全球化中，就是要利用国内市场容量虹吸全球先进的生产要素，以便中国企业在嵌入全球创新链的过程中，主动获取更多的全球智慧和资源，以解决创新动力不足和资源短缺问题；推动国内资本大规模地走出去，也同样可以就地利用国外资源尤其是技术资本和人力资本，为我国发展创新驱动型经济服务。

第四，新型产业政策通过放松管制、鼓励进入和退出的竞争，促进产业组织结构的调整和优化。过去产业政策的主要焦点是解决供给不足的矛盾，现在产业结构调整、优化升级是主要任务。向产业结构调整要速度、要效益，最根本的措施是加大产业组织的调整优化力度：一是要鼓励产业内和产业间的企业兼并重组，通过资本市场发展促进生产相对集中和集聚；二是放松企业进入管制，鼓励各类企业尤其是民营企业加快进入新兴产业、服务业和小微企业；三是通过平等竞争和公平竞争，鼓励企业向生产小型化、智能化、专业化方向发展。总之，新常态下产业组织会呈现出新特征，产业政策的创新将带来产业发展新格局。

第五，新型产业政策通过资本聚焦点的改变，促进经济增长从依靠物质资本数量投入，转向更多地依靠人力资本、知识资本和技术资本，让创新成为驱动发展的新引擎。过去我们在出口导向型的全球化经济中，由于劳动力成本低是最大的优势，引进技术和管理就能迅速变成生产力，因此往往通过建设各种产业园区（如经济技术开发区、出口加工制造业园区、高新技术园区等）的载体平台来发展出口型制造业。主要办法是以低廉的要素成本，建设良好的基础设施，加上优惠政策吸收外国资本。这种发展经济的办法，现在面临着人口老龄化日趋发展、农业富余劳动力减少、要素的规模驱动力减弱等诸多困境，因此未来中国必须正式进入以强调科技创业为核心的创新驱动型经济。由此，产业政策的重心和焦点在要素投入上，就不是引进资本、机器设备、技术，而是以人力资本投资和人才制度创新为焦点。如在政策工具上，它不是重点建设出口导向的开发区，而是以科技创业、建设创新平台和综合创新环境为主。在政策上，也不是主要针对物质资本的引进实施包括土地利用、税收、信贷等在内的各种优惠政策，而是针对人力资本创新，进行物质和精神、文化的鼓励和诱导。

第六，新型产业政策通过与竞争政策的有效协调，直接促进统一透明、有序规范的市场环境的形成，提高资源配置效率。在从数量扩张和价格竞争逐步转向质量型、差异化为主的竞争过程中，建设全国统一市场是提高资源配置效率、降低经济摩擦、提升经济发展质量的内生性要求。为此，必须对过去大规模、大幅度、深层次扭曲统一市场的产业政策运用方式进行深化改革。重点是要通过实施负面清单管理方式，实现产业政策与竞争政策的有效协调：负面清单以内的事务由产业政策管，负面清单以外的由竞争政策管。在建立和完善统一市场的过程中，目前急需要废除过去改革中形成的无所不在的“双轨制”，以使各经济主体获得平等的发展条件和基础。为此要推进经济从“发展竞争”，逐步转向“平等竞争”，确立竞争政策在市场经济中的优先地位。统一透明、有序规范的市场建设，有利于我国内需的扩大和新一轮经济全球化战略的升级，是中国开放型经济体系的重新设计，是开放型经济的转型升级版。

第七，新型产业政策通过对环境友好型产业发展的审查和激励，顺应人民群众对良好生态环境的期待，推动形成绿色低碳循环发展新方式。过去中国在能源资源和生态环境空间相对较大的前提下，产业政策对 GDP 增长的环境效应较少考虑。现在环境承载能力已经达到或接近上限，必须采取最严格的、基于环保第一的产业发展政策。这不仅要运用产业政策调整产业结构，如大力压缩重化工业比重、鼓励发展现代服务业，更要运用产业政策支持环保类产业和技术的创新发展；不仅要运用单位 GDP 排放量指标进行控制，更要运用单位国土面积排放量和单位人口排放量指标进行更加严厉的控制。

第八，新型产业政策通过抑制房地产泡沫、鼓励优质企业上市、重组并购、资产证券化等一系列手段，建立化解各类风险的体制机制。从经济风险的积累和化解角度看，伴随着经济增速下调，过去在超高速增长下累积的各类隐性风险逐步显性化。以高杠杆和泡沫化为主要特征的各类风险，主要发生在以房地产为标的的地方政府债务平台和商业银行贷款上。对其进行标本兼治、对症下药的主要办法，不是要放任让房地产泡沫越吹越大，也不是要主动刺破泡沫经济，在现在地方政府的举债融资模式下，如果宏观政策强行去挤压经济泡沫，必然会直接引爆隐藏在商业银行内部的“债务地雷”，从而直接导致大面积金融危机；如果为了稳增长而继续推高经济泡沫，则会累积起对未来经济破坏力更大的系统性风险。经济泡沫迟早要破，但并不可怕，可怕的是我们事先没有拆除隐形“债务地雷”。为此，我们要在不直接刺破经济泡沫的前提下，抑制住经济泡沫不让其继续吹大，同时尽早斩断可能引起泡沫破裂与经济危机之间的联系纽带。因为如果首先刺破泡沫，直接会引爆“债务地雷”，我们根本没有时间去“拆雷”；而如果首先拆雷，因为炸弹引信已经拆除，即使出现泡沫自动破裂现象，投资（机）者受到重大损失，我们的实体经济也不会受到很大的影响。

第九，新型产业政策通过以更深入地干预产业之间和产业内部的资源配置方式，补充短期的、需求为主的宏观调控方式的不足。过去在全球金融危机背景下，中国主要运用财政、货币两大宏观需求刺激政策稳增长，但是现在它们的边际效果不仅明显递减，而且出现了严重的产能过剩。全面的需求刺激政策只解决短期的总量问题，结构问题不是需求面政策尤其是货币政策可以担当的，还需要积极有效的微观经济政策，尤其是产业政策的配合才能发挥积极的作用。产业政策不仅干预产业之间关系（如结构关系和关联关系），而且干预产业内部的资源配置方式，纠正市场失败。这与通过发挥市场机制来探索未来产业发展方向的作用并不矛盾。主要体现在后者适用于价格机制有效发挥作用的领域，而产业政策的科学调控主要应该在市场失灵的领域进行。

这些趋势性变化说明，中国经济正在向形态更高级、分工更复杂、结构更合理的阶段演化，经济发展进入新常态，正从高速增长转向中高速增长，经济发展方式正从规模速度型粗放增长转向质量效率型集约增长，经济结构正从增量扩能为主转向调整存量、做优增量并存的深度调整，经济发展动力正从传统增长点转向新的增长点。

新常态下的经济发展战略转变与产业政策转型

改革开放三十多年来，我国经济发展战略长期坚持两条基本的思路：一是在国内发展建设任务巨大的前提下，坚持以投资带动经济增长，二是在传统比较优势的基础上，通过吸收 FDI 发展出口导向的外向型经济。如今我国仍然处于重要的发展战略机遇期，但是发展的内涵和条件发生了重要的变化。在经济发展进入新常态后，发展战略思路的转型必将带动产业政策的转型。

一方面，虽然从基本小康社会走向全面高水平小康社会、走向基本现代化的过程中，实施创新驱动战略已经迫在眉睫，保持大规模资本积累以及投资的态势，也已经不是最艰难的任务，从而决定了产业政策的主要功能也不在于为了实现非均衡的投资而扭曲价格体系，但是产业政策在继续创造外部经济性方面、在引导投资方向方面仍然将继续发挥重要的作用。现阶段中国发展的优势相对于西方发达国家来说，主要是我们的投资空间的选择余地仍然十分巨大，主要体现在以下四个方面：（1）中国依然需要建设大量的高铁、地铁、机场；（2）中国必须加大环境治理和投资的力度，纠正日益严重的、民众已无法忍耐的环境污染；（3）虽然产能严重过剩，但是这一般都发生在制造领域，而广大的公共服务设施方面，例如医院、养老院、农村地区的卫生、教育和文化设施等方面，中国的投资不是太多而是太少了；（4）随着创新经济的建设，越来越多的投资将进入具有强大外部性的研究开发领域。为此，产业政策应该通过资本市场的资源配置功能，把那些不肯、不敢进入实体经济而始终游离于金融体系之内的大量资本，优先集中地引进实体投资领域支持发展创新驱动型经济。

另一个方面的问题是，过去中国在贫困走向基本小康社会的过程中，国内因收入水平较低、消费不足而生产能力巨大的矛盾，是通过实施出口导向的外向型经济战略来解决的。这种经济发展战略建立在基于比较优势和技术竞争的机遇基础上（主要是指距离、运输技术和成本）。

自1992年后，尤其是2000年以后，我国沿海地区利用了国际贸易中的经济地理效应，那些在地理位置上相对靠近国际大都市（如上海、香港等）的地区，因经济距离具备了大规模吸纳FDI的成本优势，因而分享到了这一开放经济发展的红利。如珠三角和长三角地区，都在国际代工中实现产业的技术进步，在技术模仿中实现自我创新能力的提升。

2008年世界金融危机后，中国迎来了基于扩大内需的创新经济的发展机遇。在出口导向的外向型经济中，不能说创新不是发展的基本动力，但是这种创新大部分是模仿式的平面扩张，以高强度的投资为基本特征。新常态下的这一场新的区域竞争，很可能基于自主创新示范区的建设，以及战略性新兴产业的发展。那些科教资源丰富、区域创新体系相对健全的地区，完全有条件、有可能在基于内需的经济全球化战略推动下，在新一轮的区域经济竞争中拔得头筹。

在地区竞争新常态的竞争中，扩大内需战略为什么会产生对创新经济发展的促进作用？或者说，创新经济为什么要基于内需市场而发展？为什么我们说自主创新必须基于中国庞大的内需市场来进行，而基于外需进行国际代工则没有多少前途？这是因为，在全球价值链的国际分工中，基于外需进行国际代工，做的是别人早已研发好、设计好的外包订单，因此高附加值的产业活动内容大都掌控在西方发达国家的跨国企业手里，我们自己只能被别人纳入价值链上做低附加值的加工贸易，成为别人零部件的廉价供应商。因此，在发展的新常态下，原来一些外向型经济特征和指向过于强烈的地区，包括原先对发展机遇把握不够及时的地区，都必须加速进行战略转型和产业升级，把利用国内低端要素进行国际代工的外向型发展模式，或者利用低端要素投资驱动型的发展模式，改造为面向国内外市场的自主创新发展模式；否则就抓不住建设创新型国家所带来的新发展机遇。

在上述大背景下，产业政策工作的重点、抓手、突破口，就是及时地贯彻实施创新驱动战略；创新驱动的重点、抓手、突破口，就是科技与人才工作；科技与人才工作的重点、抓手、突破口就是科技创业。科技创业，就是让科技资源通过一定的途径，经过一定的时期，转化为一个新的资源，或者是创造新财富的过程。它不是简单的搞投资项目，也不是大学和科研院所的研发活动，但是最终的落脚点是要通过创业成为一个企业，进而逐步发展成为一个新兴产业。显然，把科技创业作为连接科教资源的基础优势与创新驱动战略的行动变量，对于新兴产业政策来说具有重要的理论和实践意义。

不同的经济发展方式和模式有不同的产业发展政策。过去我们在出口导向型经济中，产业政策的重点往往通过建设各种产业园区（如经济技术开发区、出口加工制造业园区、高新技术园区等）的载体平台来发展出口型制造业。具体是以低廉的要素成本，建设良好的基础设施加上优惠政策吸收外国资本。这种政策思路与“十三五”计划时期中国在创新经济中强调科技创业，是完全不同的两种思路和路径。主要表现为：第一，在经济目标上，前者主要在意的是在中国制造，而后者的目的是要实现由中国创造；第二，在产业性质上，前者主要依赖吸收 FDI，由此必然形成依赖型经济，而后者利用的是自己的内需来创造自主知识产权，由此必然形成开放的自主经济；第三，在发展转型的动力上，前者是 FDI 主导型的外生拉动力，而后者是本土企业创新驱动的内生驱动力；第四，在要素依赖上，前者以引进资本、机器设备、技术等物质资本为焦点，而后者是以人力资本投资和进行人才制度创新为焦点；第五，在工作抓手上，前者重点是建设出口导向的各类开发区，而后者则是以促进科技创业、建设创新平台和综合创新环境为主；第六，在政策工具上，前者主要是针对物质资本的引进，实施包括土地利用、税收、信贷等在内的各种优惠政策，而后者则是针对人力资本创新，进行物质和精神、文化的鼓励和诱导；第七，在结果上，前者一般只能取得较低的加工贸易增值，而后者必然获得自主控制能力强化后的高附加价值。

在新一轮经济全球化浪潮下，创新型经济与经济全球化趋势不仅不冲突，而且高度相互依存。创新经济也是一种高水平的开放型经济。一方面，创新驱动发展要使产业发展的外资依赖格局转到依靠人力资本，依靠研发、技术、信息、管理、营销、品牌支撑的路径上来，实现制造业从价值链低端向高端的攀升，从微笑曲线底部环节向前端研发、技术、信息和后端营销和品牌的延伸。另一方面，我们要利用中国庞大的内需形成吸收国内外先进生产要素的各种平台，让这些要素进入中国并为中国发展创新驱动型经济做贡献。

新常态下的统一市场建设与产业政策转型

十八届三中全会决议提出建设统一开放、竞争有序的市场体系。不难理解，这种统一市场的建立，是新常态发展格局形成的微观基础。这对旧常态下的产业政策提出了新的严格的转型要求。因为从实践来看，在所有可能阻碍统一市场建立的因素中（包括竞争与垄断、政府管制、文化习俗等），只有政府权力和超经济强制的政策运作方式，才有可能长期地、大幅度地、有力地扭曲、撕裂、分割和限制国内市场。因此，我们说中国建立统一市场的最实际的障碍之一，就是那种具有超经济强制的特性、可以实施一系列扭曲市场机制的产业政策。

当前我国经济处于转型升级的关键时期。如果政府的产业政策自身不实现转型，转型升级还是在老思路指导下运作，那么旧的产业政策不仅不能有效指导产业的转型升级，还有可能造成新的矛盾和冲突。

改革开放三十多年来，中国面临的发展问题已经不是没有市场竞争，也不是没有市场自由，更不是没有发展竞争，而是缺少“平等竞争”，缺少自由竞争中的公平环境和条件。表现为行政垄断、行政干预、各种利益团体借助于产业政策等手段，严重扭曲市场的资源配置功能，降低市场运行的效率，导致严重的寻租和不公正，以及市场取向的改革严重走样。这是中国存在严重的结构问题以及发展方式粗放的主要原因。

基于建设统一市场、扫除平等竞争的障碍的要求，首先必须调整产业政策的行使方式，推进经济从“发展竞争”，转向“自由竞争”和“平等竞争”，确立横向的产业政策和竞争政策在整个政策体系中的优先地位。这是中国在新常态下全面深化改革的重要内容和体现。具体就是要进行四个方面的重要改革：

第一，产业政策中性化。在旧常态下，中国各级政府在产业结构调整中都习惯或者迷信产业规划与产业政策，往往用指向性很强，或偏好性过强、很具体的产业规划指导或指令企业的投资行动。它的特点是按所有制性质、按规模大小和按地区等非市场化原则对企业进行管理。这种产业政策不经过市场竞争考验就人为地挑选出“赢家和输家”，往往是同一市场中对不同的市场主体具有政策歧视、导致企业间不公平竞争的根源。这种有偏向的产业政策竭力鼓励某些产业发展的行为，在市场竞争中往往演变为危险的博傻游戏。

一方面，各级政府就某一热点产业集中实施所谓的“加速推进规划和支持政策”，“大力”提倡和鼓励出了一系列包括新能源在内的过剩性新兴产业，以及造船、钢铁、平板玻璃等严重过剩的传统产业产能。另一方面，政府按照产业政策进行的审批，审批内容越多、审批环节越多越难，行政壁垒就越高，同时意味着突破该壁垒的利润也越高，结果是产能过剩反而更加严重。与此形成鲜明对比的是，十多年前因为产能过剩而放弃审批、让市场发挥调节作用的纺织行业，则不存在严重的产能过剩情况。从此意义看，中国严重的产能过剩其实是政府产业政策造就的。而且在现有的体制中，一旦发生严重的产能过剩，在行政权力阻碍下还很少能自动退出，更难进行有效的资产重组。

根据国际经验，建立统一市场、平等竞争环境，应该实施一种偏向于中性的产业政策。中性产业政策是指除了法律和政策直接禁止的产业外，政策并不事先挑选输家和赢家，而是放手让市场竞争去决定优胜劣汰。毫无疑问，这需要我们在新常态经济学理论指导下，改革产业政策对市场的管理方式，清理和废除妨碍全国统一市场和公平竞争的各种规定和做法，严禁和惩处各类违法实施优惠政策行为，扭转日益扭曲的政策歧视倾向。

第二，产业政策去地方政府化。在旧常态中，产业政策地方政府化不可能是中性的，而一定是带有利益偏向的。非中性化的产业政策加上其内含的地方利益，是扭曲、撕裂、分割和限制统一市场建立和完善的主要力量。

产业政策“去地方政府化”，是指产业政策不能由行政权力和经济运行高度叠加的地方政府去主导，而应该主要由中央政府来综合行使，以保持产业政策对市场调节的统一性和协调性。因为地方政府作为竞争主体，出于考虑局部利益的逻辑，会运用行政权力鼓励那些对自己的市场利益有利的企业行为，限制那些对自己的市场利益不利的行为，从而不可能从根本上出现追求公平、公正和公开的市场行为。让产业政策的主体回归中央政府，才是解决政策平等性的基本前提。

用公司化的方式经营土地和经营城市，是这些年产业政策地方化的最典型现象之一。由此所带来的主要后果，是地方政府公共权力的错配和政府角色的错位，是政府把自己等同于参与市场活动的红顶商人。政府不再是市场秩序的监管者，不再是社会公平和正义的维护者，只关心自己的商业利益，甚至为了自己的商业利益，不惜动用政权的力量以达到自己的目的，如限制资源正常流动、强行暴力拆迁、垄断和分割市场等等。同时，产业政策的地方化，也是较少受到约束的地方政府债务激增的主因，直接导致了中国的泡沫经济风险。

第三，竞争政策唱主角。竞争政策要逐步替代产业政策，成为统一市场运行的奠基石，成为规范市场公平竞争关系的主导规则。从历史上看，发展追赶型的国家、干预市场传统深厚的国家，往往更热衷于运用和依赖产业政策。这时产业政策往往具有某些高尚的借口，如扶植幼稚产业，培育民族工业，保护国家安全，调整产业结构，等等。产业政策在所有国家不是都一无是处、毫无绩效，但是可以毫不犹豫地说，长期实施产业政策为主而不及时转换到竞争政策为主导的国家,其结果往往是:政府干预经济的势力不断扩张,市场功能高度残破,产业竞争力薄弱,资源浪费严重。

当今发达国家更热衷于以反垄断来促进竞争,间接推动产业发展,对预先挑选特定优势产业加以重点扶持的做法,往往持不屑一顾的消极态度。以下几个方面值得我们好好认真学习。一是不以增长为目标,而主要以市场秩序为目标,应该是行使公共利益的政府的主要职能;二是政府以创造和管理市场的公平竞争为己任,而不是以权力挑选特定产业重点扶持,使自己摆脱了"公司化倾向";三是分离市场调控主体与市场参与者的角色,从而有效防止寻租和大面积腐败,维护政府清明、政治清正、官员清廉;四是有效按照市场需求方向调整产业结构、转变发展方式。过去,具有迷惑性的产业政策,是造成政府与市场边界模糊的重要原因,也是我国市场体系残破、经济粗放发展的重要成因。因此在新常态下,要清理那些泛滥成灾的产业政策,即便不能马上撤销,至少也要大手笔地删繁就简。

第四,产业政策横向化。旧常态下,产业政策侧重于纵向的歧视性甄别,是市场不公平竞争的根源。新常态下,按照统一市场建设的要求,应该把重心放到实施横向产业政策上来,即更多地鼓励和支持企业间的兼并收购,增加企业的融资来源,为上下游企业间的研发提供更多的产权保护和税收激励,鼓励企业加大在人才吸收和培训方面的投资,而不是像过去那样把主要的精力放到扶持个别产业和个别企业上。同时,对企业竞争的规范引导,也要成为政府工作的重点之一。中国的《竞争法》应该赋予政府更高的权力,以根除任何反竞争的行为,对涉嫌破坏竞争规则的企业,给予更重的惩罚。

现在的中国经济在宏观环境上很像20世纪80年代初期的欧洲。当时的"欧洲硬化症"迫切需要新的政策来为欧洲经济注入新的活力。同时,这一时期的宏观经济政策由凯恩斯的需求管理学派,转向稳健的货币政策以及低通胀政策。欧洲委员会1992年发表的报告指出:“当前,人们普遍认为应该实施横向的产业政策,旨在为欧洲产业营造良好的环境并达到平衡,提高欧洲产业的生产率和竞争力。”而通过创新和技术进步提高生产率,不断消化迅速上升的要素成本,也是中国企业尤其是制造业在目前和未来相当长时期内必须克服的主要困难。

综上所述,中国经济转型升级,首先要让横向的产业政策和竞争政策逐步去替代现行传统的产业政策,从产业政策的“重点扶植”,向竞争政策的“一视同仁”转型,从部门倾斜的政策向横向协调的政策转移,并以市场规制政策与其他政策和制度相结合,来促进竞争、鼓励创新、促进产业国际竞争力提升。

第四节 统一市场建设是中国经济“开放第二季”

发挥市场在资源配置中的基础性作用,加快形成统一开放、竞争有序的市场体系,清除市场壁垒从而形成公平竞争的发展环境、提高资源配置效率,是十八届三中全会确立的全面深化改革的重要任务之一。建立和完善统一市场虽然是我国在改革初期就提出来的话题,但是在迎接中国经济转型升级版到来的今天,回过头来重新强调“进一步形成全国统一的市场体系”,在发展战略机遇期转换的关键时刻,具有深刻的实践背景和政策含义,对于中国进一步获取改革红利和全球化红利具有举足轻重的影响。

可以这样说,建立和完善统一市场具有大规模对内开放和进一步对外开放的双重含义。未来中国的开放,不仅是对外,更重要的是对内开放。一方面,中国过去改革的成功在于开放,包括对内开放和对外开放,而目前发展和改革的困局也在于开放不足,尤其是对内开放不足,各种需要改革的地方其实就是对内开放不足的领域。如金融体制、财政分税、户籍制度、土地制度、国有企业、医疗养老制度等等,过去的改革基于“发展竞争”的要求，对其进行渐进式改革的“双轨制”设计，现在都演变为矛盾问题突出的既得利益领域。就此意义上来说，统一市场的建立和完善，将要基于现代市场经济的“平等竞争”要求，重点对“双轨制”进行一元化取向的改革，以平等各经济主体的发展条件和基础，充分释放发展的动力和活力。另一个方面，中国过去以出口导向为特征的对外开放模式，在取得巨大收益的同时，也因为全球化条件的变化和游戏规则的改变，需要通过改革和进一步开放，及时升级到更高级的开放版本，这就是通过推动统一市场的建设和完善，实现以扩大内需为基础、内需与外需相互促进、协调发展的新格局。

建设和完善统一市场：转型升级的新发展观

众所周知，从 20 世纪 80 年代中期开始，大规模的放权让利和市场取向改革，使掌握了经济决策权力的地方政府开始追求自身的市场利益。习惯于命令经济以及害怕竞争的本能，驱使地方政府首先运用行政手段对不成熟的商品流通市场进行封锁，对外部流进来的商品人为地设卡设限，或是明文规定，或是由工商、税务乃至动用公安、民兵等对竞争性商品的流通进行“查处”，以保护本地相对低效率的生产商；同时运用行政力量限制本地稀缺的商品和某些要素流向异地，以维护本地居民消费和财政利益（陈甬军，1992）。这种画地为牢的市场割裂和市场封锁，直接导致了原本因收入水平低而决定的狭小市场容量更加狭小、原本并不完善的市场运行效率更加低下等严重问题。改革开放三十多年来，随着市场竞争制度的逐步建立，中国各地区竞争意识越来越强，经济体系也越来越开放，那些荒唐的市场割裂和市场封锁问题早已成为“故事”。

但是，为什么我们现在还要去谈这个问题，并且十八届三中全会还把建设和完善统一市场问题提到了全面深化改革开放这么重要的地位？这是因为：

第一，在全面深化改革开放和转型升级的新阶段，我国建设和完善统一市场问题有了新的更深层次的发展含义。现在的市场深度发展至少涉及到：在正确处理政府与市场关系的前提下，必须重点解决阻碍统一市场建立的行政权力的改革问题，以便创造新一轮的改革红利，如中央产业政策的中性化问题，中央与地方关系以及地方政府职能改革等问题；必须解决市场主体的深层次发展问题，如国有企业的改革、地方政府公司化倾向的逐步改革等；必须解决要素市场的统一和开放问题，而不仅仅是商品市场的统一问题，如重点解决在资本流动、人员流动、基础设施、信息等领域的市场割裂问题。由此可知，现在我们讲统一市场，是指要从商品市场的开放，转向更加深层次的要素市场开放，包括信息、技术、人力、资本等市场的开放。尤其是中国（上海）自由贸易试验区的建立，从制造业开放重点转向了以现代金融业为主的服务业开放，从以货物贸易为主的国际准则的开放，转向了探索要素市场开放、政府边界厘清和行政管制放开，从而体现了一种更高层次的开放格局。

第二，中国过去的改革开放，一个重要的行之有效的思路和方法就是实行渐进式的“双轨制”改革，又称为“老的老办法、新的新办法”改革，或“增量改革”。这种最初发端于商品市场、为解决计划与市场矛盾的改革方案，因为不会触动既有利益者，改革的阻力较小，因而后来被大幅度地运用于其他方面甚至社会领域之中，如养老体系的改革。它试图通过旧的东西不断消失、新的东西不断进入而使新体制逐渐占据主导地位。这种改革方式是中国经济体制渐进性转轨的最重要特征，也是稳定经济社会运行的主要手段。这一改革设计在使中国发展取得世界经济奇迹的同时，也日益显示出某些严重的副作用，如大量存在的社会成员之间、行业之间、不同所有制之间、地区之间的收入水平、资源利用机会的不平等、寻租腐败和日趋严重的社会不满情绪等（林毅夫，2013）。更为严重的是，留在旧体制“轨道”上的利益主体，不仅逐渐成为改革的阻碍者，而且还是新制度的腐蚀因素，其势力有时还会不断壮大。因此，未来中国市场化取向改革的一个非常重要的任务，就是要消除经济社会生活中的“双轨制”歧视痕迹，通过统一的市场让各类企业平等地获取和使用生产要素，让各类市场主体平等地参与市场竞争，公平地分享社会经济发展成果。

第三，现在中国的要素市场虽然在发挥重要的资源配置调节作用，但是市场同时存在着巨大的分割效应。一是生产要素流动的社会分割，如因为城乡之间身份、户籍的不同，导致了相互之间在生活方式、收入和消费水平、社会公共福利等方面存在巨大的差异，这些差异的存在又极大地强化了要素流动的障碍。二是生产要素流动的区域分割，以地方利益为边界的行政管理体系，阻碍着生产要素在区域之间的自由流动，以及网络分工体系的重组和集聚。如在资本流动方面，一个企业去异地收购兼并其他企业，往往受制于本地政府的保护，企业所有权的流转在现实中并不顺畅；再如基础设施领域也存在严重的跨地区互不配套和不相衔接、信息跨地域流通不畅通等问题。三是生产要素流动的制度分割，文化、习惯、地方法规、政策和条例等制度因素，是影响我国生产要素按区域、社会、产业等指向进行市场流动的最重要的内在因素，是造成市场分割的主要原因。因此，建立和完善统一的市场，其实就是政府、市场体系、微观主体三者关系调整的问题，是一个如何进一步坚持市场取向改革的问题。

第四，现在我们讲统一市场，不是把全国变成为一个市场，而本质上是要求各地区市场主体的竞相开放，包含各地市场主体的对内开放和对外开放。各地区市场主体都清除了造成市场壁垒的社会、区域和制度因素，都相互对别人开放了，统一市场的基础和前提就自然形成了。从范围上来看，中国各地区都竞相对内对外开放，如华东地区内的市场主体都相互全面开放、不相互设置壁垒，那就形成了华东统一市场；如果整个中国各地区间相互开放，就形成了中国统一市场；如果中国对全世界开放，中国的市场就是全球性市场或世界市场。因此，市场的对内开放其实是深度对外开放的基础，统一市场的建设可视为中国经济改革、开放和发展的“第二季”。

有鉴于此，建设和完善统一市场，已经提高到了树立转型升级的新发展观的高度。它既是从命令经济转向社会主义市场经济的重要内容和直接体现，也是经济发展方式是从粗放型向集约型转变的基础和保障，更是经济结构战略性调整的直接推动力。

建设和完善统一市场：中国经济更高层次的对外开放

在过去三十多年的经济奇迹中，中国发展的一个重要的特征，是较多地依托和利用了世界其他国家尤其是发达国家的市场，而较少地利用了自己的市场，表现为“为出口而进口”的加工贸易活动倾向十分显著。1978 年至 1989 年，我国的外贸依存度从 9.8% 上升到 24.8%；1990 年至 1999 年，从 29.6% 缓慢上升到 33.3%；2000 年至 2008 年，外贸依存度飙升迅速，至金融危机前一年的 2007 年，已经高达 66.2%。

过去的发展战略重视对海外市场的大幅度利用，主要基于以下事实：（1）过去中国居民收入水平较低，国内购买力规模较小，不足以支持经济起飞的条件。（2）国内市场存在严重的地区分割，市场制度扭曲、发育不良，表面看起来中国潜在的市场规模非常大，但由于现实中市场并没有完全开放、存在分割，现实的市场规模、市场需求并不是很大，即企业面对的现实市场并不等于加总后的市场规模。（3）过去三十多年中，尤其是 2000 年加入 WTO 之后，中国所加入的全球分工形式并不是产业间分工，甚至不是产业内分工，而是产品内分工，即就某个具体的产品在生产环节、阶段、工序、零部件所进行的世界分工。发达国家的跨国企业通过对产品全球价值链高端的治理和控制，把中国纳入到了复杂的出口导向体系中的低端。早年很多跨国企业规划到中国投资时都会计算：中国十几亿人口，一年中只要每个人用我们企业一件产品，算下来市场规模就巨大无比。这种由兴奋感驱动的直接投资只是看到了投资的潜在市场，而没有看到中国实际的市场分割状态。由于各省市之间存在着严重的行政壁垒，加之各地购买力又有限，导致中国真正的现实市场并没有计算的那么大，而且到现在为止市场还是没有完全统一。那些早期进入中国的跨国公司，在拓展中国市场的计划和努力落空的同时，发现中国其实具有丰富而优质的要素禀赋，尤其是具有大量的受过良好教育、遵守纪律的人力资源，中国是一个非常适合于作为出口加工制造的平台和生产基地。这就是后来中国成为世界制造车间的最重要原因。

世界金融危机后世界经济再平衡的需要客观上要求中国扩大内需。中国发展要更加倚重于国内市场，实现持续的增长要求从利用别人的市场转向更多地利用自己的市场。这不是发展战略回归“内向型经济”，也不是转向“自给自足、自力更生”的国民经济体系，而是扩大内需条件下的新的经济全球化形式，是新一轮高层次开放型经济体系的重新设计，是中国开放型经济的升级版。由此凸显建立和完善统一市场对中国进一步开放和全球化的重要功能。

第一，从利用和打开别人的市场，转向更多地利用和放开自己的市场。中国目前经济总规模居世界第二位，随着其居民收入水平、消费水平、社会保障水平的提升和市场开放程度进一步扩大，其内需规模将逐年上升，国内市场必然或已经转化为全球商家必争的重要市场。为此，需要我们把发展战略的重心转向利用和开拓自己的市场，以自己的内需拓展自身增长潜力，而不是继续依赖处于调整底部的其他国家的市场。在这种条件下，如果国内市场仍然是分割的而不是统一的，那么无论是市场规模还是开放水平，都无法支持实现基本现代化要求的新一轮经济增长目标。因此，在扩大内需条件下形成开放型经济的转型升级版，应该从这个高度上去理解统一市场的概念和意义。这也是我们为什么说统一市场的建立和完善，是实现中国“开放经济第二季”的根本原因。

第二，从单一的出口导向型增长，转向出口与进口协调型增长。基于统一市场的内需纠正的是过去那种单一的出口导向型增长模式。考虑到“内需”是来自一个国家内部的市场主体对国内外商品和劳务的有支付能力的需求，因此通过统一市场的建立来扩大内需，将自然产生对进口产品的需求。但需要注意的是，基于统一市场的内需并不与有竞争力的商品出口之间存在什么矛盾和冲突，恰恰相反的是，它将有力地促进新型出口方式的建立。如新经济地理学理论就认为，极大的国内市场需求将会使一国成为该种产品的净出口国（Krugman，1991；Helpman & Krugman，1985）。这种效应也被称为"母国市场效应"，指在规模报酬递增和垄断竞争的情况下，加上存在贸易成本，需求的大国将成为差异化产品的净出口国。这意味着大的国内需求将对出口起到积极的促进作用。

第三，从低级要素的利用，转向对高级要素的吸取。过去，中国经济在全球化过程中得到充分开发和使用的是与世界工厂需求相适应的一般的、低端的生产要素。这是国际市场对中国比较优势的自动甄别和选择，是全球价值链中处于主导地位的"链主"的市场化选择。简单的"国际代工"产生不了对高级创新要素的内在需求，依托外需也只能发展代工经济，而发展不出自主品牌和自主技术。与这种依托低成本要素参与全球低端分工所获得的全球化红利不同，新一轮经济全球化要提升中国在全球产品内分工的地位、向价值链上游和高端攀升，要求中国依托庞大的内需市场吸收全球先进的、高级生产要素，尤其是技术和人才要素，以此推动中国经济从学习模仿全面走向创新驱动的发展轨道，获取新一轮经济全球化的红利。显然，如果我们的市场不是统一的而是分割的，那我们凭什么可以形成强大的虹吸国内外先进生产要素的能力呢？凭什么我们可以在封闭经济体系中建设创新驱动型国家？

第四，从被动适应全球化竞争，转向主动地创造全球化的战略机遇。中国参与的第一轮经济全球化，是发达国家的跨国公司主动发动的，它们为利用中国的加工制造平台，采取国际外包形式把中国纳入全球产品内分工体系，中国企业在这条由跨国企业控制的全球价值链中处于"被俘获"的地位。在新一轮的经济全球化中，中国要利用自己潜在的和现实的市场规模，促进全球要素的重新集聚和重新配置。因此，它是中国为适应全球经济形势和竞争格局的变化所做出的主动战略调整，也是中国给自己、给世界主动创造的一种战略机遇。对我们自己来说，它是一种更高水平的、主动的开放型经济。

综上所述，如果我们的内需有足够的规模和持续的增长能力，加上我们的市场是高度开放的统一市场，那么中国就能够利用自己的市场规模大的强大吸引能力，趁着西方长期处于经济衰退的底部的千载难逢的机遇，大量虹吸全球的高级生产要素为我所用，加速中国的产业升级和发展创新型经济。相反，如果我们的市场仍然是处于行政分割状态，市场规模依然狭小，则不可能对国外的先进生产要素产生预期的虹吸效应。

发挥大国经济的优势，就是要利用好国内市场规模这一最重要的发展资源，做好依托和利用国内市场吸收全球先进生产要素这篇文章。在这方面，正面例子最需要学习美国。众所周知的是，美国内需在全球最大，其虹吸效应也特别明显，全世界的先进的、高级的生产要素都往美国聚集，尤其是各类高级人才都往美国跑。由此决定了美国是当今世界上吸引外资最多的发达国家，也是吸收各类高级技术人才最多的国家。如何通过开放，把国内统一市场做大做强，然后对优质生产要素形成虹吸效应，用国外的先进技术和先进人才建设中国经济，是我们实现基本现代化中需要研究的重大课题。

建设和完善统一市场：中国经济更深层次的内部改革

“十八大”提出经济体制改革的核心问题是处理好政府和市场的关系，必须更加尊重市场规律，更好发挥政府作用。建立统一市场就是正确处理政府与市场关系的具体行动和主要措施，因而它体现的是中国经济更深层次的内部改革。其中的道理很简单：市场取向改革的目标，是要建立市场起基础性作用的资源配置机制。如果政府不放权、不减权、不限权，尤其是不减少权力和限制权力，那么被权力分割、扭曲的残缺市场怎么发挥它在资源配置中的基础性作用？

从阻碍统一市场建立的因素来看，最重要的，说到底还是政府行政权力对市场活动的不当介入，即对市场的“越位、缺位和错位”，不该管的也去管，该管的不去管，已管的不会管。在转轨经济中，在所有可能影响市场运行格局和效率的因素中（包括竞争与垄断、政府管制、文化习俗等），只有政府的行政权力才有可能长期地、有力地、大幅度地扭曲、撕裂、分割和限制市场。因此，就形成统一市场、清除市场壁垒、公平竞争发展环境、提高资源配置效率的目标来说，首先需要政府自身的改革，尤其是要协调和平衡好产业政策与竞争政策之间的关系。

这是因为，从理论上看，产业政策是政府为了扶持或限制某些特定产业而制定的财税、信贷、外汇乃至土地、人才等一系列政策，因而产业政策是发展取向的；竞争政策则是现代市场经济中的根本大法，是有关市场竞争与垄断关系的基本规则，因此竞争政策是平等化取向的。前者充分发挥了政府的发展功能，加速推进了政府意欲的产业发展，但是天然存在着容易造成不公平竞争，割裂统一市场的基础等缺陷；与此不同的是，后者则限制了政府的发展功能，尤其是限制了行政垄断和国有企业的市场势力。竞争政策优先需要有效地抑制政府“有形之手”对市场的不适当的、过度的干预，因而可能会延长发展中国家发展的时间。从实践上看，在中国目前的经济发展阶段上，与成熟的西方经济不同的是，发展取向的产业政策占据了政策的主导地位，而对统一市场的形成和运行具有举足轻重作用的竞争政策则退居其次。在这种条件下，如何来确立竞争政策优先的政策地位，如何以竞争政策来主导统一市场的建设？这是一个艰难的两难选择。

阐述协调和平衡产业政策与竞争政策之间的关系，是一个值得研究的大题目。转型升级作为下一个阶段中国推进改革发展的首要任务，不仅仅是指要实现经济结构的战略性调整和发展方式的转变，更重要的是要有体制机制的转型。后者是前者的基础和保障，作为市场化改革的一个最重要的具体任务，就是要推进经济从"发展竞争"，逐步转向"自由竞争"和"平等竞争"。因此，确立竞争政策在整个政策体系中的优先地位，是中国经济进行更深层次内部改革的重要体现。

第二章　全球价值链提升与中国发展方式转变

第一节　在全球价值链中提升中国外向型经济战略

改革开放以来，特别是1992年以来，国际代工是推动长三角、珠三角等东部地区外向型经济发展的主要动力，其主要特征是以引进外资进行加工贸易，或是积极主动地接受发达国家企业的外包订单。在这一发展格局下，跨国公司主导着产品内国际分工中增值率较高的价值环节，FDI企业是承接国际订单的主体。本土企业的发展空间受到严重挤压，或者处于全球价值链的低端而被迫依附于跨国公司或海外进出口商。因此，中国未来外向型经济的发展，是要超越国际代工者的角色，实现产业链向高端攀升。

对中国外向型经济战略问题的研究，长期以来，一个主要的视角是林毅夫等人所强调的比较优势理论（1999）。他们认为，中国是初级要素特别是劳动力资源丰富而资本要素稀缺的国家。当开放战略把自己定位于专业化生产初级要素产品时，所具有的比较优势会使其产出增加并使其出口具有竞争力；同时会使缺少比较优势的资本品进口增加。这样，国际贸易的规模就成为内生变量。对本国比较优势偏离度越小，其产出就越有国际竞争力，出口就越多；同时不具有比较优势的资本品产业产出会减少，相应地对其进口会增加。但是，由于有竞争力的出口会带来更多的收入，使得该国有条件实现这种进口。这一理论基本上反映了过去中国东部地区贸易量迅速增长的历史轨迹。但是，该理论对中国未来外向型经济结构和战略的调整，存在着较大的不稳定性。

问题之一是：当一国把自己定位于专业化生产劳动密集型产品时，并不能够排斥其他初级要素密集的经济体也作为竞争者加入的竞争。当某些可能具有更强竞争优势的劳动密集型经济体进入全球化市场（如印度、越南等），而地区的商务成本不断上升、产业升级因种种原因出现滞后时，再继续把竞争优势集聚于原来的初级要素，可能非但难以实现出口收入的持续增加，反而会陷入"贫困化增长"① 的不良格局。

问题之二是：案例研究证明，以不适当的方式把自己定位于专业化生产劳动密集型产品，很容易在全球价值链网络中被走"高端道路"的先进国家的先进企业俘获，很容易在市场势力不均衡的这种网络中，被长期锁定在产业链低端走"低端道路"，其产业升级的任何实质性的努力，都会遭到来自高端企业的阻击，因而只能长期维持粗放型增长模式。

另一些学者运用格雷菲等人（Gereffi et al.，1994，2005）的 GVC 理论，把外向型经济战略的调整与升级问题，放在 GVC 中本地企业升级的框架内论述（张辉，2005）。这种微观视角的分析，要比林毅夫等人的宏观分析更为具体。GVC 理论认为，通过价值链中的动态学习和创新机制，可以逐步改进中国在产品内国际分工的地位。按照格雷菲的看法，GVC 有生产者驱动和购买者驱动两种类型，GVC 中本地企业的升级，与 GVC 的形式和这种形式下的治理模式有密切的关系。

一般而言，在购买者驱动的价值链中，全球性大买家出于竞争和自身利益的考虑，会鼓励下游各个层次的供应商和分包商加快工艺升级和

---

① 贫困化增长是指，在贸易量和经济增长的同时，价格却持续下降、人均实际收入难以提高的状况。

产品升级。产业升级的次序将会遵循“工艺升级→产品升级→功能升级→链的升级”的线索，同时 OEM → ODM → OBM 的转换，被视为产业升级的主要路径（Gereffi，1999；Humphrey & Schmitz，2002）。应该指出的是，目前这种升级途径仍然局限于个案的研究，总体来说只是 GVC 理论中的一个研究假设，实际的传导机制究竟是什么，为什么会出现这种次序的“自动传递”效应，理论上并不清楚。而理解这个问题，却是目前处于 GVC 低端的中国本土产业外向化升级的关键问题。

上述理论总的倾向是，对欠发达国家外向型经济战略的调整与产业升级问题持乐观的态度，而实际情景则可能要严重得多。如 2006 年 1 月日本的《选择》月刊曾刊登过一篇题为《中国国家昌盛而民族工业走向衰亡》的文章，对以长三角、珠三角地区为代表的中国贸易和增长战略提出了严厉的批评。文章指出，与当年依靠独自的技术和独自的商品打天下的蓬勃发展时期的日本相比，今天的中国企业从实力到经营者的志向显然都不同。中国企业只关注使用外国技术，依靠低成本生产产品，而不是全力开发关系打造企业形象的独自技术。中国企业也说自己“在开发独自技术”，但其中大部分都是模仿外资的技术，由此导致的残酷的价格竞争，很难说将来不会引起中国制造业的全面衰退。

笔者认为，当年日本企业的发展环境与当今的中国有本质的不同。在经济全球化的今天，中国不可能复制日本通过关闭国内市场来鼓励企业自主创新的模式。排除日刊文章的具体动机不说，我们确实应该客观冷静地反思一下我们长期利用初级要素进行出口导向的外向型经济发展战略。毋庸置疑，中国经济二十年来加速发展的动因，来自于以初级要素进行出口导向的外向型经济的推进，其发展中的问题也由此而产生。因此，解决问题的出发点，也应该回到对现有外向型经济战略的调整上来。这就是说，中国在经济开放中所出现的问题是结构性矛盾，它应该在进一步开放的全球竞争体系中逐步加以解决。这是全面解决中国经济结构矛盾的根本出路。任何回归封闭经济的“自力更生、自主创新”模式的想法和看法，都不足以真正解决中国复杂的发展问题，而只会带来经济发展的严重倒退。

嵌入全球价值链出现了新的“依附经济”趋势

1992年以来，中国在以吸收外资进行出口导向的外向型经济发展中，对外贸易增长率持续地领先于国民经济增长率十几个百分点，特别是东部的长三角地区，在1993年至2005年，有两个极其引人注目的比率：一是对外贸易进出口额／GDP（称为贸易依赖度），平均达到55%，超过全国平均水平约10个百分点，是世界最高水平的地区之一；二是每年的FDI／GDP（称为外资依赖度），平均达到6.4%，超过全国平均水平2个百分点，每年累计吸收的FDI／GDP比率也是世界最高水平的地区之一。具体可以见下表：

表2.1：1993—2005年中国外向型经济发展状况（单位：%）

	全国平均数	全国历年最大数	全国历年最小数	长三角地区平均数	长三角地区历年最大数	长三角地区历年最小数
1. 加工贸易型进出口／进出口贸易总额	48.967	55.057	42.213	59.0191	68.468	53.599
其中：加工贸易型进口／进口	42.764	50.188	36.5936	55.100	74.33	44.906
加工贸易型出口／出口	54.599	59.973	47.359	62.734	66.416	55.154
2. 对外贸易进出口／GDP	45.188	69.814	32.557	54.853	103.240	25.66
3. 加工贸易型进出口／GDP	22.028	33.24	13.743	32.937	58.152	21.655
4. 每年FDI／GDP	4.386	6.23	2.669	6.368	7.981	4.834
5. 加工贸易增值率	42.633	60.215	16.658	50.547	66.601	24.535

注：因资料限制，在利用上海的资料计算表中1、2、3项指标时，分子分母的数据都是选用以上海作为口岸进出口的数据。实际上，2000—2005年，以上海作为产地计算的加工贸易出口占出口比重，要比以上海作为口岸计算的该比例高10个百分点

左右。

另外在计算上海加工贸易增值率时，也是以上海作为口岸的加工贸易进出口数据为基础，但是“上海对外贸易进出口 / GDP”比率中的进出口额，是采用以上海作为产地和目的地的进出口额。

资料来源：由作者的博士生亚强根据国家公布的统计资料计算，特此感谢。

解读这两个比率，除了可以得出以长三角地区为代表的中国经济开放度相当高这一结论外，还可以发现，中国外向型经济的发展在嵌入GVC的过程中，出现了具有“依附经济”特征的发展趋势，这主要表现在：

第一是对加工贸易的高度依赖。以最为典型的长三角地区为例，1993年至2005年，该地区加工贸易占对外贸易的比率平均已经达到59%，超过全国平均水平9个百分点；而在进口中，加工贸易型进口占55%，超过全国平均水平12个多百分点；在出口中，加工贸易型出口占63%，超过全国平均水平8个多百分点。[①] 虽然从事加工贸易本身并没有价值判断上的优劣问题，但是加工贸易增值率的高低，却可大致判断技术引进质量和对产业结构提升的力度。自20世纪90年代初以来，该地区的增值率变动徘徊在24.5%至66.6%之间，虽然高于全国平均水平，但有下降趋势。再以具有较强出口优势的江苏省机电产品加工贸易的增值率变化为例，2000年为55.92%，2001年为62.78%，2002年为36.36%，2003年为28.76%，2004年为23.12%，2005年1—9月为29.5%；而全国机电产品加工贸易增值率2000年为87.98%，2001年为96.60%，2002年为74.27%，2003年为72.72%，2004年为51.35%。江苏省比全国平均增值率低20个百分点以上，近三年增值率还不及全国50%。由此反映了加工贸易处于简单加工和组装的发展阶段，对国内中

① 加工贸易增值率是指加工贸易出口值与进口值之比减去1，它反映了生产加工环节的附加值程度。若加工贸易的链条较长，即所需零部件和原材料由国内生产供给，或加工过程中技术含量较高，则该增值系数较高，反之则低。

上游产业的带动作用小。随着劳动力成本上升，以加工贸易为主的产业发展将难以持续。

第二是对引进外资的高度依赖。长三角地区加工贸易急速增长的背后，是FDI企业的主导作用。如上海市2004年FDI企业出口494.94亿美元，占全市出口总额的比重为67.3%。江苏省2003年外商投资企业出口超过400亿美元，占出口总额的比重为69.6%。由于目前长三角和珠三角地区从事加工贸易的主体主要是FDI企业，而本土企业还缺乏直接大规模接受国外订单的资格，因此这是在1993年至2005年，长三角地区加工贸易型进出口占进出口比重、加工贸易型出口占出口比重，高于全国平均水平的约8到10个百分点的直接原因。

第三是对国外原材料工业和装备工业进口的高度依赖。长三角地区的企业，特别是近些年出口比重高的企业，其进口的比重异常地高。其中的主要原因，一是加工贸易主体特别是FDI企业对原材料进口依赖大。传统加工贸易最突出的特点就是“两头在外”和“大进大出”，因此传统加工贸易的大规模发展，必然要大量进口原料，这给中国国内相关原料工业的发展带来严重的负面影响，使原材料工业的发展受到阻碍；二是为了迎合出口订单和国内竞争的需要，必须不断进行产品升级和工艺升级，在国内装备工业发展水平不足的情况下，就需要不断引进欧美先进国家的大型生产设备和流水线。表现尤为突出的是，外商投资企业进口的比重，要大大高于全国同期水平，如上表所示，加工贸易型进口占进口比重，长三角地区要高于全国同期12个多百分点，其中江苏省外商投资企业的进口比重，高居两省一市之首，在2002年甚至超过了80%。

第四是对国际大买家的高度依赖。目前，长三角地区的企业，除了少数主要以国内市场为导向的企业已经形成了区域性品牌，或极少数沿着“生产者驱动”的GVC在高端进行自主创新外，绝大部分本土性劳动密集型企业都是通过加入“购买者驱动”的GVC，在低附加价值的环节进行国际代工。其表现为，主要的客户订单来源于处于价值链下游的欧美的品牌商，或由其主导的二、三级经销商，市场营销的网络、管道、品牌以及产品和服务的规范和技术标准，都为这些从事非实体生产活动的厂商所控制，通过资源的大量消耗和占用，仅仅收取微薄的加工费。

最后是有可能发展为“依赖型经济”的趋势。普雷维什（1959）的依赖型经济理论指出，在传统的国际劳动分工下，世界经济被分成“大的工业中心”和“为大的工业中心生产粮食和原材料”的“外围”。从历史上说，技术进步的传播一直是不平等的，这是世界各国收入增长差异的基础，也是据此划分成“中心”和“外围”的基础，因而这两个体系之间的关系在势力上是不对称的。[①] 在当今经济全球化时代，中国所面临的问题虽然与普雷维什当时所描述的拉美经济有许多不同之处，[②] 但是在高级生产要素投入过少，从而在决定产业国际竞争力的根本即技术进步方面依赖于先进国家，使整个经济运行难以摆脱发达国家的控制这一点上，长三角地区与普雷维什所说的并无本质的差异。

因此，可以毫不夸张地说，在经济全球化过程中，以长三角地区为代表的中国外向型经济发展出现了新的具有“依附”特征的发展趋势。“中心”和“外围”的依赖关系，在 GVC 中变成了“发包”与“承包”的关系，变成了“创造”与“制造”的关系，变成了“高端”与“低端”的关系，变成了“控制”与“被控制”的关系，变成了“老板”与“打工者”的关系。

初级要素导向的外向型经济易引发大规模衰退

以初级要素专业化为特征的传统加工贸易，已成为中国与发达国家贸易摩擦的重要原因之一。传统加工贸易以国际市场的扩张为前提，如

---

① Raul Prebisch, 1959, ‘Commercial Policy in the underdeveloped Countries’, *American Economic Review,* Vol.XLIX, p.251.

② 如在普雷维什时代，先进国家是生产工业品，而拉美则为其生产粮食和原材料，当今先进国家已经把许多工业制成品用外包方式转移到相对后进国家生产，自己则主要从事非实体性活动。再如当今的全球经济联系不再表现为“中心—外围”关系，而是表现为利用 GVC 把发展中国家纳入其循环体系。

果世界经济发展缓慢，国际市场的扩展空间也将变小，争夺国际市场的竞争也就愈加激烈。过去十多年来，中国加工贸易产品出口量高价低，在国际市场攻城略地，使中国的出口贸易成为众矢之的，纷纷采取措施对华反倾销。1995 年 1 月 1 日至 2004 年 6 月 30 日，中国出口产品被其他 WTO 成员提起 386 起反倾销调查，占全世界反倾销总数的 15.21%；同期，中国出口产品被采取反倾销措施 272 起，占总数的 17.36%，占发起数的 70.47%。[①] 由于应诉不力等复杂原因，凡涉及被反倾销调查或被采取反倾销措施的中国出口产业，几乎都失去了原有的市场。

从理论上看，专注于初级要素专业化生产能够取得持续的竞争优势，这一结论必须在假设世界市场无竞争对手大量进入的前提下才能得出，或者必须假设本国生产要素的升级至少赶在竞争对手进入之前。如果这两个假设在现实中不成立，或者在升级过程中遭遇到处于价值链高端的企业的阻击，其结论可能就是相反的。这就是长期以初级要素专业化加入全球市场，生产者的结局可能会遭遇产业大规模衰退的原因所在。在世界市场容量增长有限的情况下，就会与出口目的地国家发生严重的贸易摩擦，或者一旦同类的更具有比较优势的出口竞争者急剧进入，将会导致某些单个经济体的贸易量下降，生产者和出口商就会遭受报酬持续下降的损失（Kaplinsky & Morris，2006）。

近年来，长三角地区许多以高度专业化和价格竞争为利器的产业集群进入低谷和调整期的惨痛经历，就是非常好的案例和教训。作为中国经济的重心，长三角这一地区的发展有其鲜明的个性，即具有专业化分工协作的集群经济。如据浙江省经贸委调查，2003 年，浙江全省工业总产值在 10 亿元以上的制造业产业集群有 149 个，工业总产值合计 1 万亿人民币，约占全省制造业总量的 50%。这些星罗棋布的产业群，已经成为浙江开拓国内外市场的生产基地，是“浙江制造”一直保持全国领先水平的主要原因之一。但当产业集群被中国和世界其他地区竞相仿

① 李富：《加工贸易的拉美化陷阱》，2006 年 9 月 20 日下载于 http://finance.sina.com.cn。

效的时候，产业结构单一所造成的区域性抗市场风险能力就会减弱，一荣俱荣，一损俱损。

这项调查显示，产业集群内的企业普遍存在设备闲置的现象，上游的产品价格在不断上升，下游的价格则上升有限，企业不生产要失去客户与市场，要开工就往往是亏本生产。调查还显示，像纺织、塑料等产业集群，企业亏损面大，特别是纯化纤的织造企业出现10%的亏损。[①] 其原因在于，在这样的产业集群里，一旦低价优势成为主要或唯一的竞争武器，必然会遭遇两大阻力：一是低价竞争对外部市场来说，在某种程度上是一种不公平竞争，于是反倾销开始了，欧美对中国纺织品采取“特保”“设限”措施，其表面原因就在这里；二是集群内部滋生的低价竞争阻力，企业因利润空间越来越小，为求生存，有的企业就降低质量，甚至出现假冒伪劣，结果自己砸自己的牌子，使集群难以为继。温州曾经红火的灯具业就这样几近消亡。

拉美国家在过去外向型经济发展中，特别是在制造业出口中出现的惨痛情况，也值得我们反思。巴西“中国谷”的鞋类制造产业集群的经历就很有代表性。在过去的二十多年中，这些鞋类生产商都把自己建设成女鞋供应基地，出口量大约占到全球同类出口的12%。在20世纪70年代期间，最初的销售和出口增长非常迅速。与美国市场的“联系”，是由少数供应美国巨型连锁商店的大买家负责的。随着中国加入全球市场，这些美国大买家却把其供应链管理移向了中国大陆，在那里建立了更具竞争能力的基地，并且甩开了它们的巴西生产商。结果，在整个80年代期间，巴西“中国谷”的鞋类制造产业集群发生了巨大的衰退，其中企业的平均工资水平下降了将近40%（Kaplinsky & Morris，2006）。在这个案例中，鞋类生产部门和地区面临的问题是与浙江企业相似的：它们都在价值链的特殊环节中专业化于竞争过于激烈的皮革和鞋类生产，而产品的设计、营销和品牌等的高创造价值环节都留在了美国。

① “浙江集群经济的‘二次革命’”，2006年9月23日下载于http://www.xinhuanet.com。

历史上专业化于初级产品(矿产品、农业等)的国家,相对于制造业来说都发生过贸易下降的情况。自20世纪80年代中国进入全球市场以来,我们看到了一个有力的证据是,世界上的其他发展中国家的制造业出口业绩出现了显著的下降趋势(Kaplinsky & Morris,2006)。因此,中国现在过度专注于劳动密集型的制造产品出口,而不注重在生产能力迅速增长和积累能力得到加强的同时,大力推进以高级要素嵌入价值链为中心的产业升级政策,在今后很难保证不被其他国家赶超,并因此重蹈历史的老路。波特(1990)说过一句名言:"当一个国家把竞争优势建立在初级生产要素时,它通常是浮动不稳的,一旦新的国家踏上发展相同的阶梯,也就是该国竞争优势结束之时。"这一国家竞争理论正在中国尤其是长三角地区应验。

全球价值链中出口导向产业升级的困境

对于GVC中的中国出口导向型产业升级问题的研究,是外向型经济战略调整的最重要内容之一。我们从近年来关于GVC中本土企业升级的案例研究中发现,在由被俘获关系所反映的价值链中,中国本土企业经历了快速的工艺和产品升级。① 其中的主要原因是:一方面,在被俘获关系的价值链中,处于全球价值链顶端的国际大买家(购买者)的规范性流程和近于苛刻的要求,为不熟悉国际市场运作的中国本土企业提供了难得的学习和锻炼机会,因而为工艺升级和产品升级提供了一条快速的路径;另一方面,GVC中的低端企业的工艺升级和产品升级,与拥有设计、品牌和营销等核心能力的企业,在国际产品内分工的利益上,相互之间并没有本质性冲突,相反,鼓励、督促、帮助和支持低端企业进行工艺升级和产品升级,还有利于高端买家或者OEM的发包者强化产品

① GVC中的交易形式有公平市场交易型、被俘获型、均衡型、准纵向一体化型和纵向一体化型,具体区分详见汉弗莱和施密茨(Humphrey & Schmitz,2002);下文将论述,当它们沿着价值链试图上升到功能升级阶段时,经历却各不相同,其中绝大部分企业升级的战略不能算成功。

差别化的能力，有效地预防供应商市场的失灵，因而有利于处于价值链顶端的发包企业强化市场竞争能力。这个经验来自于很多的部门，包括服装、鞋类、家具和电子产业等。

被全球大买家“抓住”的中国本土代工企业，在价值链的低端经历了快速的学习，表现为工艺升级和产品升级的周期不断缩短。目前，它们早已走过进口零部件的装配生产的阶段，处于大规模的整机生产能力提升阶段。下一步产业升级的一个重要目标，就是要瞄准功能升级的目标，逐步形成自己的设计能力乃至拥有自己的品牌。走功能升级的高端道路，中国本土企业只有少数成功的证据（在长三角地区，只能说极少数企业在品牌和全球营销管道建设上取得了初步的并不稳定的成功），绝大部分企业的能力仍然局限于生产功能的投资与建设，以大规模、低成本、低价格取胜。

从理论上看，GVC 中的本土代工企业实现功能升级的障碍主要有两种：一是买方的市场势力，二是功能升级对资源的需求。GVC 中买方势力的来源，主要表现为对日益增长的非生产活动（即品牌、营销、产品开发、设计和对从属企业关系的协调）的掌控能力。领导性企业（即全球性买家）聚焦和投资于这些活动，并把其作为核心能力对待。毋庸置疑，这些企业不会与其供应商分享这些能力，在某些情况下还会阻止这些供应商获得这种新的能力。而实现功能升级对资源的需求障碍，则主要表现为当中国的企业试图开发自己的品牌，或者试图在美国和欧洲市场建立自己的营销渠道时，由于受到资金积累能力和运作能力的限制，很难持续地坚持下去。

施密茨（Schmitz，2000）集中巴西、中国的生产商和美国的买家这三个方面，对皮鞋价值链的升级进行过分析。他指出，价值链的特殊环节的联系形式会影响企业升级的程度。以巴西为例，大量的美国买家都鼓励和提倡巴西厂商深化其再生产方面的专业化分工。但是，如果这些制造商开发其设计能力并销售它们自己生产的鞋，美国买家就会奋力反对,因为这些美国买家把设计和营销能力看成是在价值链中自己竞争优势和获取租金的来源。

中国浙江的临海市是中国模具业的集聚地,集中了上千家模具企业。当初,日本企业将其纳入了全球产业链,并在生产过程中进行一定的技术转移。如今,当临海市决定进军高端市场时,却遭到日本企业的"围追堵截",对其进行设计封锁、技术封锁,甚至市场封锁。这样的故事,在长三角地区比比皆是。

因此,虽然加入GVC为欠发达国家的企业提供了一个有效的产业升级平台,但是目前这种升级主要还是局限于工艺和产品方面的,并没有深入到功能升级这个高端领域。相反的是,实践提供的案例证明,中国长三角地区处于GVC低端的企业,为了紧紧地追随发达国家新出现的政府规制和企业推出的各种标准,为了通过工艺和产品的升级增强出口竞争力,被迫采取"动态引进技术"战略,设备更新频繁,沉淀成本和引进设备的成本都十分高昂。这也是长三角地区为什么出口比重高、同时进口国外设备比重也高的真实原因之一。

格拉默(Gramer,1999)据此提出了全球化条件下产业升级的悲观主义"宿命论":由于局限于自身的比较优势,落后国家被迫处于GVC的初级产品生产活动,但这些活动全部由经合组织国家的跨国公司的行为、结构和制度所决定,被长期锁定在发展的"低端道路"上,并在收益分配方面受到残酷的剥削。实际上,在产业升级问题上的悲观主义是不可取的。加入GVC发展外向型经济,本身并没有什么对错问题,问题在于用什么方式加入。中国外向型经济战略的调整,必须首先突破把未来的竞争优势继续建立在初级生产要素上的传统观念,主要应该改变加入GVC的方式,从走"低端道路"转向走"高端道路",改变路径依赖。为此,我们将在下一节进一步从理论上深入探讨GVC背景下发展中国家本土企业俘获型网络的相关问题,以期为中国企业的转型升级寻求出路。

第二节　发展中国家俘获型网络的形成、突破与对策[①]

通过吸收外来投资，发展当地配套企业及企业网络，以代工方式切入GVC，被视为是发展中国家在新的全球化格局下实现工业化道路的有效战略。然而，借助于这种基于全球价值链代工体系的工业化发展道路，虽然有助于发展中国家实现起飞或低端阶段的工业化进程，但是在发展中国家进行到高端工业化进程中，却广泛地出现了被“俘获”现象（Schmitz，2004），准确地讲，就是发展中国家参与GVC的本土企业或网络，在实现由低附加值的价值链环节向高附加值价值链环节攀升过程中，特别是在历经功能升级或链的升级（Inter-sectoral Upgrading）时，遇到发达国家的国际大买家（购买者驱动）或跨国公司（生产者驱动）的双重阻击和控制，进而被限制于低附加值、微利化的价值链低端生产制造环节。因此，研究GVC背景下发展中国家本土企业俘获型网络的形成与转化问题，以及这种俘获型网络内在阻碍效应的来源和应对策略，是中国外向型经济战略调整所面临的一个重大课题。

全球生产体系与俘获型网络的形成

1. GVC治理形式与本土企业网络升级模式

汉弗莱与施密茨（Humphrey & Schmitz，2004）提出了GVC的四种治理形式：市场导向型、均衡网络型、俘获网络型与层级型，用以解释全球价值链片断化、分离化形态下，以国家（地区）为单元的生产体系的对接方式和治理形式。卡普林斯基和莫里斯（Kaplinsky & Morris，2001）通过对发达国家和发展中国家的实践分析，归纳出了GVC条件下，为发达国家代工或外包的发展中国家本土企业或企业网络的四种序贯式升级模式，即工艺升级→产品升级→功能升级→链的升级的自动实现过程。这里，我们暂且将前者称为HS理论，后者称为KM理论。HS和

① 本节由刘志彪与张杰合作完成。

KM 理论从不同角度为我们深入理解发展中国家在 GVC 背景下的工业发展路径，提供了有力的分析工具。然而，仅仅从 HS 理论或 KM 理论的分离视角，来简单考察发展中国家在 GVC 背景下本土企业及网络升级能力的获得与可持续发展，有可能使得发展中国家在指导经济可持续建设的实践中普遍走入误区：一种是对参与 GVC 作用的过分乐观，认为发展中国家只要参与了由发达国家所主导的全球价值链分工体系，通过对发达国家企业技术、管理、组织能力及社会制度体系的学习和追赶，会自动实现本土企业的升级进程。如格雷菲（1999）就乐观地指出，发展中国家本土企业在购买者驱动生产链中，存在如下的快速升级模式和“自动”实现机制：进口零配件进行装配→整个生产过程的自主进行→设计自己的产品→在地区或全球市场上销售自主品牌产品；另一种是对参与 GVC 作用的过分悲观，认为在多数被国际大买家或跨国公司驱动和控制下的发展中国家生产体系，被发达国家压制于全球价值链低端环节，很难进行高端化的企业升级，更不存在“自动”实现机制。如施密茨（2004）及后来的格雷菲（2001）都否认存在这种“自动”实现机制。针对以上分歧，我们认为，有必要将 HS 理论和 KM 理论整合成一个新框架，探讨 GVC 背景下发达国家的跨国企业或大买家与发展中国家本土企业网络的现实对接形式和互动关系，借此寻找出俘获型网络对发展中国家本土企业升级的内在障碍因素和切合现实的转化路径。这是正确认识这一重大问题的必要前提。

根据 HS 和 KM 理论的相关定义，综合发展中国家的实践，图 2.1 给出了作为代工配套地的发展中国家本土企业或网络参与 GVC 的升级形式与价值链治理模式的对接组合图。我们归纳出以下四种对接形式的组合方式集合（“<—>”表示对接关系，{} 表示能够自主选择的升级方式集合）：

（1）市场型治理 <—>{ 工艺升级；产品升级；功能升级；链的升级 }。市场型的价值链治理是指，GVC 条件下发达国家与发展中国家之间分

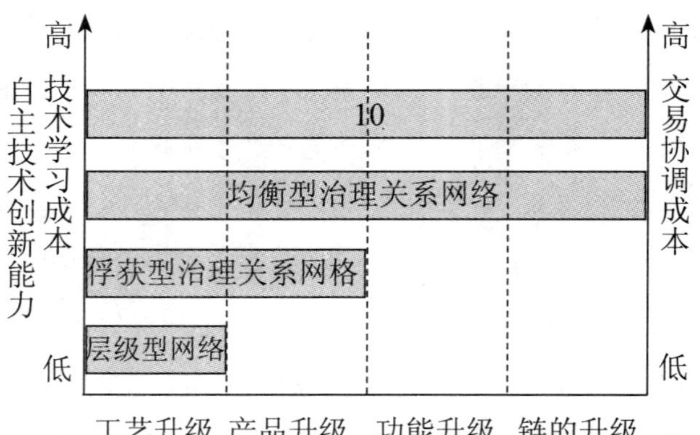

图2.1　配套地本土企业升级与价值链治理形式组合

工交易关系是基于市场契约的保持距离型。在发达国家与发展中国家价值链分工体系形成初期,或者发展中国家拥有核心技术和竞争优势的产品中,存在着这种市场型的价值链治理模式。市场型价值链治理模式产生的原因在于,发展中国家获得某种产品技术势力、市场势力或者某种生产要素的独特禀赋性。从理论上看,市场型价值链治理下的发展中国家本土企业或企业网络,只要具备相对于发达国家企业有竞争力的技术创新能力、强大国际市场开发与高投入的营销通道构建能力,其就能够实现工艺升级、产品升级、功能升级或链的升级的任一环节,或者完整的攀升进程。

(2)均衡型治理 <—>{ 工艺升级;产品升级;功能升级;链的升级 }。均衡型价值链治理模式是指,在 GVC 条件下,发达国家的买家或跨国企业与参与价值链分工协作体系的发展中国家本土企业或网络之间,不存在相互控制关系,完全是一种能力互补、技术充分交流、市场共享的双边合作关系。其发生条件源自发展中国家的本土企业或网络,在价值链的任一环节上具备了与发达国家大买家相抗衡的市场势力或跨国企业相抗衡的技术势力。这既可以是来源于发展中国家本土企业的核心技术掌控能力与自主创新研发能力,也可以是来自于不可被替代强大生产体系的成本规模型市场垄断势力。均衡网络型价值链治理模式下的发展中国家本土企业或网络，一般也能够自主选择进行工艺升级、产品升级、功能升级或链的升级中的任一环节，或者是完整升级过程。

（3）俘获型治理 <—>{ 工艺升级；产品升级 }。俘获型网络价值链治理模式是指，在 GVC 条件下，发达国家的大买家或跨国企业作为价值链中的主导者，设计各种包括技术、质量、交货、库存及价格等参数，来控制发展中国家以代工者身份参与其价值链体系的本土企业或网络的技术赶超和价值链攀升进程，特别是在发展中国家的本土企业或网络完成了工艺创新、产品创新后，继续进行功能升级或链的升级的进程中，会受到发达国家大买家和跨国公司的严重阻击与控制，进而迫使发展中国家的本土企业失去功能升级型的价值链攀升活动空间与发展能力。俘获型价值链治理模式中，发展中国家的本土企业或网络，在发达国家的大买家或跨国公司技术监控与扶持下，能够进行相当程度的工艺升级与产品升级过程，但在依赖发达国家的大买家或跨国公司的市场进入通道与核心技术情形下，功能升级或链的升级很难发生。

（4）层级型治理 <—>{ 工艺升级 }。层级型价值链治理模式是指，在 GVC 背景下，发达国家的母公司出于开拓发展中国家市场或降低生产成本获取国际市场竞争优势的目的，利用 FDI 形式在发展中国家建立子公司，母公司以垂直一体化层级型方式实施对子公司的控制和运作。掌控各种核心研发能力的母公司，通过内部技术转移方式扶持子公司的生产能力和竞争优势，当地本土企业的竞争力越强，则母公司的技术转移强度越大，总体来看，为了快速响应市场与生产的本土特征，子公司在工艺升级方面具备一定的自主空间，但为了防止对发展中国家本土企业的技术溢出和技术模仿，母公司一般将产品升级、功能升级等高端能力掌控在自己手中。

显然，从图 2.1 中还可观察出，从发达国家的国际大买家或跨国公司与发展中国家的本土代工企业或网络的协调成本（交易成本）角度来看，存在市场型治理 > 均衡网络型治理 > 俘获型网络治理 > 层级型治理；从发展中国家本土企业的技术学习成本角度来看，存在市场型治理 > 均衡网络型治理 > 俘获型网络治理 > 层级型治理；进一步从对发展中国家本土企业的自主创新能力要求角度来看，也存在市场型治理 > 均衡网络型治理 > 俘获型网络治理 > 层级型治理。

2. GVC 背景下发展中国家俘获型网络的形成

从发达国家视角来看，俘获网络型治理 <—>{ 工艺升级；产品升级 } 和层级型治理 <—>{ 工艺升级 } 对接形式最有利于维护其既得利益的攫取。从发展中国家的立场来看，市场型治理 <—>{ 工艺升级；产品升级；功能升级；链的升级 } 和均衡网络型治理 <—>{ 工艺升级；产品升级；功能升级；链的升级 } 最有利于其综合利益的获得，同时，这也要求发展中国家本土企业具备相当的自主研发创新能力和较高的技术学习成本。这就在发达国家和发展中国家全球价值链分工体系中产生了两难行为冲突，出现了升级与反升级、控制与反控制的种种博弈和较量。

由于发达国家的大买家在产品终端市场上对销售渠道的控制，以及质量、品牌、技术研发的累积性优势，跨国公司在 GVC 核心环节的持续技术垄断能力、自主研发能力与销售终端控制能力的先位优势，迫使俘获网络型治理 <—>{ 工艺升级；产品升级 } 和层级型治理 <—>{ 工艺升级 } 对接形式，成为现实 GVC 条件下发达国家和发展中国家全球价值链对接中的常态。特别对于以代工方式切入 GVC 的发展中国家本土企业或网络，俘获网络型治理 <—>{ 工艺升级；产品升级 } 对接形式，就成为其在现有国际贸易格局下不得不接受的客观现实。俘获型的价值链治理问题，背后所隐藏的参与 GVC 的发展中国家本土企业被俘获关系的形成、自主创新与可持续升级问题，因此也就突显出来了。

3. GVC 条件下发展中国家俘获型网络的升级模式与困境

促使发展中国家本土企业或网络以代工形式切入 GVC 分工体系，其关键联结者就是国际大买家和跨国公司，而在此条件下就形成了作为外包承担者的发展中国家本土企业的被俘获关系。然而，在这种由国际大买家或跨国公司所主宰的俘获型网络中，发展中国家的本土企业并不是不存在任何的升级空间，相反，在工艺升级和产品升级两个阶段，存在着快速升级空间（Gereffi，1999）。

以国际代工方式切入GVC的发展中国家本土企业或网络，为什么能够存在快速工艺和产品升级空间？原因在于：（1）产品价格与成本控制要求。发达国家的国际大买家或跨国公司之所以能够建构这种俘获型关系的关键要素有两个，一是对全球市场特别是发达国家市场终端渠道，以及价值链关键环节核心技术的牢牢把握，二是发展中国家的特定低级要素禀赋所决定的低生产成本制造能力。发达国家的国际大买家与跨国公司依赖自身在全球市场所拥有的不对称市场渠道控制势力和品牌积累势力，在短期不可被替代情形下，对生产成本竞争优势的获得成为其核心竞争优势。这就激励了发展中国家之间或内部不同代工生产者，以发展低成本制造能力来获取代工机会的竞争动机。通过新生产设备与生产工艺持续动态引入，追求投入产出效率提高和生产成本的降低，来获得发达国家国际大买家或跨国公司的青睐。这些行为与国际大买家或跨国公司的内在利益相一致，会获得诸如生产设备转让、生产工艺指导和辅助技术支持等。（2）产品非价格竞争因素突现。随着发达国家消费市场对产品质量、环保、安全要求的提高，促使发展中国家的代工生产者，必须通过工艺和产品创新不断提高产品性能和档次，以满足发达国家对消费品近乎苛刻的质量、环保快速变化的要求。另一方面，产品的即时供货能力、柔性生产能力和大规模定制能力，成为发展中国家之间代工生产体系的竞争核心，也要求发展中国家代工生产体系具备在低成本竞争环境下的快速工艺升级能力。（3）产品差异化要求。越来越多国际大买家和跨国公司为了适应全球市场多元化的消费需求，追求产品差异化的竞争能力。这相应要求发展中国家的代工生产体系具备持续产品创新能力，以满足它们的采购需求。

但是，一旦发展中国家代工生产体系进入功能或链的升级高端阶段，试图建立自己的核心技术研发能力、品牌和销售终端时，这就对国际大买家或跨国公司的买方垄断势力和既得利益形成挑战。它们就会利用各种手段来阻碍和控制发展中国家代工生产体系的升级进程，从而迫使发展中国家代工生产体系“锁定”于GVC中的低端环节。这些手段有：(1)通过更为严格的产品进口质量、安全、环保进入壁垒及快速变化的产品升级换代要求，来迫使发展中国家的代工者持续地进行设备“淘汰”，向发达国家引进更为先进的生产设备。这种手段既可限制发展中国家的装备制造业发展空间，抑制发展中国家的自主创新基础能力发展空间，又迫使发展中国家的代工者始终处于大规模固定资产动态更新投资时期，代工所创造的利润又以购买发达国家高附加值生产设备的形式被“回收”，最终将发展中国家的代工企业控制于“代工→微利化→自主创新能力缺失”的循环路径。(2)利用发展中国家不同国家之间和国家内部不同代工者之间的可替代性，造成代工者之间的竞争性，再利用代工所形成的专用性生产投资锁定特征，通过持续压低采购价来压榨处于价值链上游环节发展中国家代工者的利润空间。(3)利用发达国家的创新累积先位优势，牢牢占据GVC中的非生产性高端环节，如研发、销售渠道、品牌，强化对发展中国家代工者的市场不对称地位和买方垄断势力。近年来，发达国家又转向采用强知识产权保护和专利池策略，来控制发展中国家代工者的模仿性技术学习追赶，抑制发展中国家代工者自主创新能力的形成。

均衡型网络的形成与竞争优势的获得

与GVC下发达国家与发展中国家之间，由于外包与代工对接所形成的俘获型网络关系不同，一些发展中国家实践经验表明，凭借国内市场发育而成，然后进入区域或全球市场的价值链分工生产体系（与GVC相对应，我们称其为National Value Chain，简称NVC）中的本土企业或网络，表现出很强的功能与链的升级能力（Schmitz，2004）。这些基于NVC的发展中国家本土企业或网络一般经历这样的过程：首先专注于国内市场的开拓与竞争，在取得国内市场某个行业或产品价值链的高端环节竞争优势后，建立起自己设计、品牌和全国销售渠道。然后，逐步进入周边国家或者具有相似需求特征的发展中国家市场，建立起以自己为主导的区域价值链分工体系（Area Value Chain，简称AVC）。最后打入发达国家市场，建立起与发达国家的国际大买家或跨国公司以均衡型网络关系对接，而非俘获型关系，甚至是完全由自己主导的全球价值链分工体系。也有发展中国家的本土企业无须经历AVC中间环节，直接表现为NVC → GVC形式。历经NVC → AVC → GVC或者NVC → GVC动态转移过程的本土企业或网络，通常都能完成工艺升级→产品升级→功能升级→链的升级整体过程，特别是在功能升级和链的升级高端阶段表现出很强的自主权。

1. 发展中国家发展具有竞争优势NVC的内在条件

大多数发展中国家本土企业的发展会经历生产要素驱动、投资驱动和创新驱动的依次递进阶段，以此对应着本土企业的工艺升级、产品升级、功能升级与链的升级不同过程。这种对应关系实际上是发展中国家由于经济、技术、制度发展能力累积阶段不同，要素由低级形态向高级形态演进过程所体现出的。低级与高级要素的区别就在于，前者可以是如劳动力、土地、自然资源，或者是一些可模仿复制、低进入壁垒的生产工艺、产品设计与技术开发能力；后者则是一些难以简单模仿复制、高进入壁垒的技术研发与创新，或者是对制度条件较为敏感的现代生产性服务业，如金融、营销、物流及风险资本体系等。使用低级要素的产品竞争力表现为价格竞争，使用高级要素的产品竞争力表现为非价格竞争。基于价值链分工的生产体系所拥有的竞争力，是产品或产业价值链中具有基础技术创新能力的核心企业、能够构建国内品牌和销售网络渠道的终端集成企业，以及围绕终端集成企业或核心企业的多层次配套企业结合所体现出的综合竞争实力。其中，具有基础技术创新能力的核心企业，对高级要素依赖程度最高，决定了 NVC 的技术势力竞争优势；具备构建国内品牌和销售网络渠道能力的终端集成企业，对高级要素依赖程度较高，决定了 NVC 的市场势力竞争优势；而围绕终端集成企业或核心企业的多层次配套企业，对高级要素依赖程度最低，它决定了 NVC 的成本势力与柔性势力竞争优势。依据所依赖要素条件不同，产品价值链不仅“天然”地呈现低附加值、高附加值和价值链决定环节的多种组合，而且，不同国家之间由于经济发展阶段差异所形成的要素发展能力不同，会造成不同产品或同一产品内价值链各个生产环节在国与国之间的比较优势和综合竞争势力不同，这就是 GVC 分工体系得以形成的现实基础。

发展中国家一般是处于低级要素依赖，或者说驱动的比较优势起点，因此，以代工形式切入在高级要素方面全面占优的发达国家所主宰的全球价值链分工体系，对于大多数发展中国家本土企业来说，是无需高昂高级要素积累和技术创新能力投入就能够获取收益的“捷径”。但是，如果发展中国家只是依赖于低级要素驱动来参与 GVC，而不是致力于发展自身的高级要素条件，必然只能切入到低附加值的装配和初级产品生产环节，也就必然处于创新驱动阶段发达国家的俘获型网络控制之中，从而陷入工艺创新→产品创新 × 功能升级→链的升级困境。因此，发展中国家本土企业如果没有在 NVC 条件下培育出高级要素驱动能力前提下就急于切入 GVC，被发达国家的国际大买家或跨国公司所俘获的结局几乎是注定的。

NVC 的形成可以看成是产品或产业价值链不同生产环节在一国国家边界内展开的分工体系。这里存在一个悖论，对于发达国家来说，不仅拥有高级要素条件，还拥有低级要素条件，只不过低级要素相对高级要素缺乏比较优势，所以，对于发达国家来说，NVC 在国家边界内的展开并不会造成其核心竞争优势的损失，充其量只不过会减少小部分利润而已。但是，对于发展中国家来说，NVC 是否能够在其国家边界内展开就成为一个复杂问题。这是因为,相对于发达国家,许多发展中国家正处于要素驱动向投资驱动,或者是投资驱动向创新驱动的转变过程中,这就表明发展中国家自身边界内并未拥有特定高级要素条件,即使拥有某些高级要素条件,与发达国家相比也处于竞争劣势。因此,对于那些技术创新含量高、所需投资大的新兴产品或产业来说,发展中国家依靠自己本土企业无法构建具有国际竞争力的NVC。那么,这就将发展中国家限制于只能生产那些不使用高级要素的传统或初级产品。由于发展中国家在经济起飞阶段国民平均收入低所造成的国内市场容量狭小,实施出口导向型国家战略就成为其现实约束条件下的必然选择。在发达国家的国际大买家与跨国公司控制着发达国家市场或全球市场销售终端的垄断势力既成事实下,发展中国家所组建的NVC生产体系,就难以摆脱发达国家的贸易剥削,以及买家所设定的俘获型升级结构封锁。以上逻辑表明,发展中国家能否在发展初期摆脱对国外市场的过度依赖,依靠本土市场所提供的空间来培育高级要素发展能力,就成为能否发展具有国际竞争力NVC的核心要素。

日本经济的成功应该是实施这种战略的一个最好例证。通过限制国外产品进入,日本成功地在经济起飞阶段创造了一个足够容量的国内市场空间,为其在国内边界构建一些新兴产品(如汽车、电器、电子等)的NVC创造了基础条件。首先组织基于国内市场的价值链分工体系,然后迅速培养起价值链中的关键控制者,形成主导企业控制型的"中卫体系"价值链分工形态,利用技术引进与学习、吸收再创新,逐步培育出相关产业的高级要素条件,最后在特定产业中逐步实现生产要素驱动→投资驱动→创新驱动转化过程。初始阶段国内产品市场的保护策略,或者说是国内市场空间的"人为"创造,是其发展初期NVC得以生存与发展的必要条件。如果发展初期日本不是实行国内市场的封闭策略,迫使本土企业普遍采取低级要素驱动的传统产品或初级产品出口导向战略,就必然会形成GVC条件下的俘获型关系,无法培育出本土企业在价值链上向高端环节的攀升能力。

与之相反，中国台湾地区的发展现状是另一个例证。由于自身市场空间狭小，台湾地区在发展初期就采取出口导向“依附型”发展战略，在GVC制造加工环节形成了全球的“代工王国”。近年来，面对研发（被提高授权费或提高关键零组件价格）与市场（被压低代工价格）两端力量的持续挤压，出现了“代工=微利化”的“代工困境”。如中国台湾的广达、仁宝、伟创、华硕、英业达五大笔记本电脑生产商的全球市场份额，2005年已达80%以上，但是五家厂商毛利润却从2001年的12.7%，一路下滑到2005年的5%。台湾地区的代工体系虽然完成了OEM → ODM的身份转变，但是在ODM → OBM（对应着功能与链的升级阶段）转化进程中普遍出现困境，这被形象描述为OEM → ODM → OBM。台湾学者翟宛文深刻地指出，台湾厂商在缺乏本土市场条件局限之下，根本无处借力培育自己的企业品牌，未来应该将大中华市场定位为培养自有品牌的场所。

2. 发展中国家NVC → AVC → GVC或NVC → GVC演进驱动力与均衡型网络关系的形成

发展中国家基于国内市场空间所建构的NVC，目的不仅仅在于培育具有国内竞争力的本土企业价值链体系，而是在全球化经济不可逆转的趋势下，利用国内市场的时空差和高级要素成长机会，最终发展出在GVC背景下具有全球技术势力和市场势力的关键价值链环节或生产体系。从这种演进过程的驱动力或者说推进者来看，集中体现于NVC中具有市场势力的终端集成或具有技术势力的核心价值链环节。NVC中具备自主创新能力的核心企业所形成的本土市场技术垄断力量，转化到GVC背景下，就可表现为本土企业与国际竞争对手（如跨国公司）的技术势力；NVC中具有产业转换与升级过程控制权利的终端集成企业，转化到GVC背景下，就可表现为本土企业在与供应商或国际大买家协调时所体现出来的市场势力。其中的逻辑是，本土企业只有在NVC条件下获取了价值链的控制和领导地位以及高端升级能力，才能在GVC条件下在本土市场内和全球市场两个层面与外国企业展开竞争，最终才有可能获得与发达国家跨国企业和国际大买家的全球价值链分工体系中的均衡性关系，甚至于主导地位。我们将此过程描述为“决胜于国内，决战于国外”。

NVC条件下，价值链系统整体层面竞争能力的培育与获得，必须依附在NVC中的终端集成或技术关键环节的主导企业。在专利、标准、技术研发、品牌或营销渠道等方面具有控制能力的主导企业作为NVC分工体系的中心，各种供应商小企业或家庭作坊作为多层外包、分包协作体系，形成具有柔性能力的生产体系。在技术链上投入最多、具有核心研发能力或商业化能力的主导企业，在价值链中占据着高端环节，能够利用其在价值链中的控制地位来实现创新投入和沉没成本的充分补偿。一方面，主导企业能够利用其控制地位获取创新活动所创造的整体集群收益中的最大份额；另一方面，通过对外包、分包供应商的等级评估淘汰赛竞争制度，并提供设计、制造技术的“指导”型支持协作，来尽可能地要求供应商持续地降低生产成本，最大限度地为可持续高投入创新活动投入进行补偿，这就从根本上解决了产业创新体系中源于技术链和价值链的内在不对称所引发的创新动力缺失两难冲突。在需求因素快速动态变化和技术变化路径不确定复杂化的趋势下，追求技术持续领先地位的企业，面临着内部组织复杂化、规模化所带来的创新行为“惰性”，与外部竞争压力所要求的创新灵活化与商业化行动优势之间的两难抉择，企业内部的规模化降低了对引导产品开发的外界技术和市场因素的敏感和反应能力；而多层级官僚型内部组织结构的僵化，也阻碍了跨部门的合作和技术融合。主导企业领导型的价值链分工体系，较好地解决了这个两难冲突，主导企业可将非关键生产环节外包给多层供应商体系，解决了企业内部规模化对核心创新活动过程的负面影响效应，使得主导企业得以集中所有有效资源聚焦于捕捉外部创新机会进行研发等高级要素培育活动，同时，加强与供应商、顾客、公共部门、大学研发机构乃至竞争者的合作互动，聚焦于标准的掌控和界面连接规则制定；非关键创新活动可通过外包供应商的“黑箱设计”方式来合作分担完成。主导企业只需提出功能接口指标，其余的研发、设计、制造环节皆由外包供应商独立完成。这种价值链的主导与协作模式，极大减轻了NVC中主导与关键环节核心企业的创新成本和创新时间，使得企业主导下的NVC更具有创新柔性和效率，更能自适应外部竞争环境的急剧变化。

由俘获型网络向均衡型网络转化的策略选择

中国已在工业基础设施、自有市场空间和大规模制造能力方面建立起关键“在位优势”，这使它成为世界上最有竞争力的全球制造代工服务平台（Gereffi et al.，2004）。但是，这种在中国区域经济发展和地方政府竞争推动交互作用下形成的出口导向型代工战略，并没有给中国带来产业或企业或国家层面的自主创新能力和竞争力，相反，却形成GVC背景下发达国家的国际大买家和跨国公司所俘获控制下低附加值产品或中间产品的生产基地和高新产品的销售市场，从而被广泛限制于包括传统产品和新兴产品的价值链低端环节。从中国现实情形出发，探索中国代工企业由俘获型网络向均衡型网络转化的突破路径及相应的策略选择，是题中应有之义。

1. 主要障碍

（1）国内市场的利用。中国作为发展中大国的“大”不仅体现在人口规模和地理学意义上的人口众多或区域辽阔，更体现在经济意义上的本土市场容量和具有现实购买力的接力棒式多层次消费者需求结构，这对于培育NVC中终端集成与核心环节主导企业的竞争力，摆脱发展初期直接面对GVC背景下发达国家的不对称竞争，发展高级要素条件，起着关键作用。微观企业生产新产品或产品质量、性能改进的研发投入，必须通过市场消费者的最终购买行为实现。因此，消费者购买力和收入分配结构所决定的需求偏好，就决定了微观企业研发投入成本的可补偿性，这被称为“需求所引致的创新”。随着中产阶级兴起，我国消费结构正由“哑铃型”向“橄榄型”转变，由此会逐步形成低、中、高层次搭配、接力棒式市场需求结构空间。这给中国新兴产品NVC的构建，以及NVC中高创新投入的核心环节和高品牌、营销渠道投入的终端集成环节企业的发展，提供了一个关键内生空间。大量FDI和跨国公司进入中国市场，在新兴产品或传统产品价值链的高端环节抢夺中国本土市场，实际上会扼杀中国本土企业作为NVC中主导企业的发展空间，掐断NVC中中国本土企业由俘获型网络向均衡型网络的转化路径。如何适度地保护中国本土市场，有效发挥有效市场需求对NVC升级和本土主导企业创新的引致功能，已成为能否扭转GVC背景下中国代工企业由俘获型向均衡型网络转化的关键。

（2）主导企业与主企业领导型NVC培育。中国不能形成具有全球竞争力的NVC分工体系，以及GVC背景下本土企业网络的高端升级能力，与缺乏NVC高端环节中具有技术势力与市场势力的主导本土企业紧密相关。现阶段中国的NVC分工体系多表现为“小企业群生型”形态，即以横向分工（同质产品+专业市场）与简单生产链纵向分工为主要形式，呈现产业结构同质化、企业规模偏小化和分工协作人格化特征。由于地理区位聚集所带来的创新、市场、人才以及更重要的“隐性知识”的高流动性，带来了集群竞争优势的外溢效应和低模仿壁垒，这可能诱发产业过度进入与低成本恶性竞争，由此造成单个企业规模太小，无法积累足够“熊彼特式”创新垄断利润进行产品设计、技术更新和品牌建设，最终形成企业创新动力的“集体行动逻辑”陷阱。因此，构建NVC中具有技术路线、设计模式、技术整合方式、技术标准，以及与此相应的工艺流程方面具有自我研发能力和产业控制能力的主导企业，一方面能够对价值链外的其他核心企业产生竞争效应、示范效应及合作效应，也能对价值链内其他非核心企业或上下游协作企业形成技术溢出和技术转移扩散效应；另一方面，通过掌控价值链中的关键技术高端环节和价值收益高端环节，形成技术创新投入和收益补偿有效循环机制，进而构建NVC持续的技术创新能力和价值链升级竞争能力，最终实现创新成果在企业、行业、区域之间全面转移扩散，提高产业整体技术层次，缩短产业创新周期，实现“创新—转移扩散—再创新”的良性NVC竞争力循环上升轨道。

2. 策略选择

（1）势力抵消策略。在生产者驱动型的GVC中，掌握技术研发核心能力的发达国家的跨国公司，通过全球市场网络布局来组织商品或服务的销售、外包和FDI等新兴产业前后向联系，占据着价值链中高端环节和关键控制能力的跨国公司，会通过高强度、快速的研发活动，通过创新来推动市场需求，构建自己在GVC中的技术势力及其所衍生出的收益分配垄断势力。因此，在生产者驱动GVC中构建中国本土企业NVC的势力抵消点，应着眼于激励和扶持关键产业中价值链关键环节的本土企业的技术创新势力的提升，可通过税收、研发补贴与国家采购等市场化政策进行扶持，如华为模式。在购买者驱动型GVC中，发达国家的大型零售商、品牌商和代理商利用对国际销售渠道终端的控制所形成的市场势力，来控制产品价值链的利益分配。在购买者驱动GVC中，大部分价值的增值部分并不如生产者驱动GVC中那样流向了高技术创新的生产领域，而是流向了市场销售和品牌化等流通环节。因此，购买者驱动GVC背景下构建中国本土企业NVC的势力抵消点，应着眼于改变中国代工企业由于规模普遍偏小、价值链定位雷同、低成本竞争所造成的市场势力不足，引导完全竞争性的NVC向寡头垄断或垄断竞争性的NVC结构转变，培育NVC中具有垄断势力的终端集成主导企业，鼓励在国内市场获得竞争优势的终端集成企业实施自创品牌和走出去战略，逐步在发展中国家乃至发达国家建立自己的销售渠道，如海尔模式。

（2）反“梯子理论”策略。“梯子理论”是近年来发达国家针对发展中国家的技术学习和追赶所提出的一种技术保护和领先战略。其形象比喻是，只要处于技术创新梯子高处的发达国家能够敲断自己身下梯子的几段隔板，那么处于梯子低位的发展中国家将永远追不上发达国家的技术发展水平，从而不会对发达国家构成竞争。这种能够敲断梯子隔板的方式，就是构建符合发达国家利益的全球化知识产权保护战略和专利丛林策略。对于中国这样急需技术学习和技术引进的发展中大国来说，作为全球最大代工基地的中国代工者，由俘获型网络向均衡型网络的转化路径因此会受到严重阻滞。结合我们前面的分析，我们认为，作为少数拥有足够本土市场空间和多层化消费需求结构的发展中大国来说，实施合理市场保护策略，凭借自有市场的空间容量对本土企业 NVC 发展和升级的内在拉动力，既无需像日本那样完全封闭市场，也无需像中国台湾地区那样无法借力本土市场，再结合适度"市场换技术"策略，可以在发达国家日益强化的全球知识产权保护战略中，寻找出实现中国代工者由俘获型网络向均衡型网络的转化空间。

（3）"市场创造技术"与"市场换技术"策略的平衡。利用引进 FDI 模式的"市场换技术"战略有没有提高中国本土企业的自主创新能力，是一个备受争论的话题。但是，仅仅通过让出市场，而忽视本土市场需求中的规模效应与价格效应对中国本土企业创新动力引致功能的发挥，事实上会严重制约 NVC 中中国本土企业的自主创新能力和价值链高端攀升能力。因此，实施"市场创造技术"与"市场换技术"两种战略的适度平衡，寻找恰当的转换点，应该是提高中国代工者由俘获型网络向均衡型网络转化的政策着力点所在。

（4）"决胜于国内，决战于国外"策略。日本经济发展就是 NVC → AVC → GVC 或 NVC → GVC 动态转移过程的成功衔接，与"决胜于国内，决战于国外"策略的运用。通过对 NVC 中关键环节的竞争和不同 NVC 之间的竞争，依赖于国内市场竞争最后胜出的 NVC 或 NVC 中的主导企业，通常具备了产业发展的主导权、较强市场控制能力、自主研发能力与品牌能力，这样也就获得了到全球市场参与竞争的基础能力。如果不经过国内市场磨炼过早地进入全球市场参与发达国家的竞争，最后的结果注定是沦落为发达国家跨国公司或者国际大买家的“掌中之物”；相反，经历过国内市场的残酷斯杀历练出来的本土主导企业或者主企业领导型 NVC，才有可能在 GVC 背景下形成与发达国家的跨国公司与国际大买家势力对等、利益互享的均衡网络型价值链分工体系。这才是发展中国家最终的强国之路。

第三节　重构国家价值链：转变中国制造业发展方式

众所周知，2008 年以来的全球金融危机，其实是对中国过去发展方式的冲击和考验，说明中国长期依靠高投入、高消耗、高排放实现高增长的传统制造业发展方式已经走到尽头，继续维持在价值链低端和“微笑曲线”底部的出口导向和粗放发展方式，不仅难以持续，而且也会造成各种严重的结构“失衡”，尤其是难以纠正中国与世界经济之间所发生的严重不均衡，而且由此导致在可能严重阻碍中国人民的福祉进一步提升的同时，遭遇到世界其他国家尤其是发达国家的更加严重的抵制。

中国扬弃过去实施的单一的出口导向，转而选择扩大内需的战略，在现实中面临着一个有重大争议的两难选择：一方面，继续维持在“GVC 底部”进行出口导向的发展方式，具有明显的不可持续性，因此攀升 GVC 高端的产业升级就势在必然；另一方面，如果我们现在就摆脱主要由跨国公司所主导和控制的 GVC 分工体系，试图进行独立的大规模的产业升级，或者丢掉外需去开发内需，可能并不符合现阶段中国制造企业发展的现实基础，也有可能因为判断失误而丧失世界给中国提供的新一轮的发展机遇。这个两难选择问题表现为中国在与世界“再平衡”的过程中，将面临严峻的“短期增长与长期发展”的矛盾，实质上是发展方式转型升级的时机把握、路径选择和具体政策的协调问题。

在发展政策选择的研究中，我们注意到了这样一种重要的现象：那些融入 GVC 底部的后进经济体，很难在发达国家主导的 GVC 下实现价值链攀升和产业升级；相反，那些起初定位于 GVC 低端后来却转型为构建根植于 NVC 体系的后进国家和地区的企业，却比较顺利地实现了以价值链攀升为特征的产业升级，形成了一定的国际竞争力。在这方面，比较典型的例子是亚洲“四小龙”的国际品牌的创建过程。据此我们认为，在 GVC 的基础上构建相对独立的 NVC，可能是后进国家破解“增长与升级”两难选择问题的微观层面上的突破口，也可能是实现以价值链攀升为特征的产业升级并最终取得国际竞争优势的必要路径。

鉴于此，本节在分析中国制造业外向型发展方式必须转型的基础上，提出了中国在下一个发展阶段上，要在微观经济层面上充分重视中国企业从被“俘获”和“压榨”的 GVC 中突围的问题，加快构建以内需为基础的 NVC 的网络体系和治理结构。

全球价值链下的高粗放性和弱主动性发展方式

中国在过去三十多年的外向型经济发展中，融入的是被“俘获”的 GVC 治理结构。来自发达国家大买家的订单及其变化的需求，不仅像一个中枢神经指挥系统一样牢牢地控制着中国制造的命运，而且其表面合理的代工租金收益具有十分严重的“温水煮青蛙”效应，对中国制造企业产业升级进程产生强烈的“负向激励”作用。总之，它不仅是中国经济发展方式高粗放性的主要原因之一，而且在很大程度上弱化了中国经济独立自主发展的主动性。这一事实简要地表现在以下几个方面：

第一，它使中国制造在国际市场上难以发展出著名品牌，难以开发出具有战略控制意义的国际营销渠道和营商网络，更难以具备行业关键核心技术，在国际分工体系中经常受到国外产业的纵向压榨和横向挤压，处于制造加工环节的中国的代工企业，普遍面对研发和设计（被提高授权费或提高关键零组件价格）与市场网络、品牌、营销（被压低代工价格）两个高端力量的持续控制，造成生产／加工／装配／制造环节的低附加值特征，出现了“代工＝微利化”的代工困境。更为严重的是，中国制造被一些人认为与低端、低质、低价联系在了一起，没有像20世纪60年代的日本制造和70年代香港、台湾和韩国制造那样，及时摆脱这种不雅联系，这不仅直接影响了中国制造在世界上的市场形象，而且限制了中国制造在国际市场上的发展空间。

第二，以低级要素嵌入GVC来发展外向型经济，抑制了企业对产业升级空间的自主选择。从事国际代工的企业，很容易被国际大买家锁定在产业链的低端，从而进入代工的路径依赖，即当这些企业开始转向GVC中的研发、设计、品牌、营销等高端功能时，走以现代生产性服务业驱动发展的高端道路时，只有少数企业能获得成功。绝大部分中国企业仍然局限于生产功能的建设，以大规模、低成本、低价格取胜。走出产业链的低端，向产业链高端攀升，是未来中国经济转换发展方式的非常现实的问题。

第三，中国东部地区企业定位于GVC中的低端环节，不仅限制了东部地区现代服务业的发展和城市功能的提升，也压制了中西部地区的发展空间，是形成改革开放以来中国东、中、西发展差距日益扩大的主要原因之一。中国东部地区定位于GVC的低端，使中西部的廉价劳动力和自然资源源源不断地流向东部，从而一方面中西部地区沦为低端要素的供应地，另一方面被东部地区压制在外向化发展的“隔离”地带，成为困扰中国经济持续增长和社会全面进步的重大问题。

第四，以国际代工为特征的外向型经济发展方式，为了满足国外市场消费者的苛刻要求，以及外国政府对产品质量和环境的严格规制要求，在国内设备与国外设备具有较大技术落差的前提下，往往需要动态地引进国外先进设备进行生产。这种发展格局会使研发水平比较落后的中国在设备引进方面付出巨大的周期性成本，更为重要的是，它打乱了中国东、中、西三大地带的产业布局和分工，使中国原本配置在中西部地区的重装备工业不仅丧失了技术追赶的机会，而且失去了据以进行产业升级的市场份额。

第五，为了解决国际代工企业在制造业与现代服务业上的“脑体分离”问题，摆脱单一的“世界加工厂”的尴尬地位，中国在工业化和结构优化调整的过程中，由于先进的、高级要素型的知识资本和技术资本投入不足，只能通过引进外资的高端生产性服务业来吸收高端的外资制造业，这又限制了本国的高端生产性服务业的发展余地和选择空间。只有发展起本国的高端生产性服务业，才能够在经济开放中使自己的国民经济体系独立化，而不使经济运行受制于外国资本。

第六，以低级要素发展外向型经济的方式，不容易形成国际竞争中的差别化定位，相反极易形成以价格竞争为主的低端生产能力过剩格局。过去我们在国内消费力低下的条件下，把国内过剩的能力通过廉价商品消化在了欧美国家的市场。它的后果是：既消耗了中国的资源和环境，造福了发达国家民众，但人家并不领情，反过来还遭到人家的嫉恨，说是中国产品挤占了人家的市场，导致了人家工作岗位的转移和消失，毁坏了人家的经济基础和正常运转体系。更有甚者，像保罗·克鲁格曼这样的超级学者，还屡次抨击中国说，是中国对美国的出口导致了美国的资产泡沫和全球金融危机 。

实践已经证明，在全球化背景下，依靠低级生产要素嵌入 GVC 进行出口导向的发展方式，是不会有长久的国际竞争力的。今后中国要在 GVC 上建立起强大又持续的国际竞争优势，就必须改变把开放战略的着眼点和竞争优势建立在初级的、一般性生产要素的发展方式，大力创造、吸收和利用高级生产要素和专业性生产要素，由此成为中国攀升 GVC、发展开放型经济的新的战略性选择。

今后中国制造业的升级，在微观上必须经历包括工艺流程升级、产品升级、功能升级、链的升级以及集群升级等在内的多个过程。在高度融入国际分工体系、以低端要素嵌入 GVC 的新形势下，中国出口导向型制造业虽然能够较快实现工艺流程升级和产品升级，但是面临着功能升级、链的升级以及集群升级等中、高层次的产业升级困境。鉴于功能升级是中国制造面临的最迫切问题，为此我们一方面可以通过构建RVC、NVC等从战略上进行突破；另一方面则需要借鉴国际经验，加快生产性服务业发展，增强生产性服务功能，通过高级生产要素的投入，实现中国制造业发展向高端路线的转型。

突围被“俘获”的GVC：构建基于NVC的产业转型升级机制

从“制造大国”转变为“制造强国”，中国必须在微观层面高度重视从被“俘获”的GVC中突围的战略问题。在融入GVC的基础上，中国尤其要重视重新构建基于内需的NVC的战略问题，也就是要把依赖于别人的“外围”关系改造为以我为“中心”的控制关系，由在GVC中的“承包、接包”关系变成“发包”关系，由“低端”关系变成“高端”关系，由“打工者”的关系变成“老板”的关系，由“制造”变成“创造”的关系。显然，这是一场关系到中国经济尤其是制造业发展方式转变的革命性变革。

重新构造基于内需和现代产业体系的NVC，并不意味着我们提倡实施计划经济时期的封闭战略，也不是要走什么出口导向逆变为进口替代的老路，而是要基于内需重新整合中国企业赖以生存和发展的产业关联和循环体系，重新塑造NVC的治理结构，重新调整位于不同区域的中国产业之间的关系结构，为中国制造业升级和经济的可持续发展奠定坚实的发展平台。在融入GVC的基础上重新构建NVC战略，不是要放弃已有的国际市场需求和份额，而是要由依赖国外市场转化为以国内外市场并重的协调发展道路，作出这一结论的主要依据是：

首先，中国外向型经济快速发展最少也有二十年以上的时间，很多地区尤其是东部沿海地区的基础设施、设备资产和制度机制等，甚至干部配备、思想理念等都是为出口导向战略设计的，企业对国际市场的运作也是驾轻就熟，市场的突然转向必然会危及资产运作的效率。

其次，国内市场虽然庞大，其发展潜力也十分诱人，但是在现在的社会发展和民生发展水平上，要通过增加普通民众的收入水平和改善收入分配结构来化解中国巨大的生产能力，使其真正能够起到发展方式和结构转换的支撑作用，还有待时日。在这个以时间换空间的渐进过程中，以国内外市场并重协调地构建新的价值链治理，就显得尤其重要。

第三，从操作上来说，更为重要的是依托国内市场做品牌，然后一步一步地做成世界品牌，与满足当前的出口导向的需求之间是没有多少矛盾的。它与一方面接受国际大买家的订单，另一方面又用别人的设计和技术与别人在外国市场进行直接争夺的做法不同，可能并不会立即触犯发达国家大买家的根本利益，因而可能不会立即遭到来自国际大买家的围追堵截和坚决抵制。而且，实施这一战略的相对成本，也是国内实力弱小的企业可以接受的，其相对熟悉的市场和文化背景，也决定了这一战略的可实施性。

过去研究 GVC 中的治理结构与产业转型升级的国内外文献，绝大部分都对发展中国家加入 GVC 后的产业升级前景持有悲观的态度。这主要是由于学者们仅仅把发展中国家的产业集群与被俘获的价值链对应起来进行研究的结果。因为，如果我们一开始就假设在市场势力极其不对称的封闭系统中研究价值分配和治理，那么我们就不可能从逻辑上跳出“被俘获”的悲惨命运。其实事实并非如此。发展中国家尤其是中国的产业集群中的企业，参与的虽然是市场势力极其不对称的 GVC，但是其整个市场运作系统并不是封闭的而是高度动态开放的，即它们既有在过去几十年中不断从 GVC 底部进行学习、“当学徒工和操作工”的经验，又有在多元化的市场中营销的经验，具有同时在多条治理性质不同的价值链中运作的事实体验。

在当今中国的产业集群发展格局中，处于特定产业集群中的企业往往面临着激烈的市场竞争，这种集群内部和集群之间的竞争，以及出于回避风险的需要和实施多元化市场战略的需要，使一个企业同时跨越在几种治理类型和性质不同的价值链中，运作在一个多样化的市场体系中。如广东、江浙地区的很多产业集群中的企业，它们既融入由美国跨国公司所主导的以被俘获为特征的GVC，也加入由欧洲跨国企业主导的松散型价值链，有的还同时自主地对东南亚、南美洲和非洲出口独立的品牌，它们在国内市场也有大量的并不依赖于中介代理的直接销售。

在后两种情况下，它们实际上依据的是市场导向的价值链治理体系，这也是笔者要分析的重点问题。笔者认为，在不同类型和性质的价值链中，集群中的企业可以发挥所谓的"杠杆能力"，即把在某条价值链中学习到的东西，运用到另外一条价值链的某种升级活动中，从而实现低成本的产业升级。因此我们认为，忽视了当今产业集群中许多企业跨越几种价值链治理的现实，即企业既融入GVC又同时有可能加入NVC和RVC的现象，就很容易得出发展中国家企业既无法摆脱国际大买家的控制，又升级无望的悲观结论。

NVC基于国内市场需求发育而成，由本国企业掌握产品价值链的核心环节，在本国市场获得品牌和销售终端渠道，以及自主研发创新能力的产品链高端竞争力，然后进入区域或全球市场的价值链分工生产体系。我们之所以说在NVC条件下企业可能会拥有完整升级能力以及国际竞争力，其背后的原因在于：

（1）本国市场的容量特别是高端市场的容量，是决定该国企业创新能力能否培育而成的最根本因素。无论是企业的产品设计与研发，还是其生产制造和商业化环节，创新活动得以实施的最根本、最有效的激励因素，是创新成本与收益的权衡比较。只有经济体中存在足够规模的收入处于增长阶段的消费者需求，以及对高价格的创新产品有购买支付能力的意愿需求时，企业的高级要素投入才能得以最终转化为创新活动的收益。这被称之为"需求引致的创新"。

（2）对成长中的中国经济来说，处于产业价值链高端的"链主"的构建，也要依赖于高速增长的市场来支撑。目前处于"链主"地位的发达国家跨国公司，不仅仅具有对核心技术的控制力，而且具有对终端市场的控制力，由此实现其对高端环节活动投入的补偿，以及对利益分配的控制力和主导权。毫无疑问的是，支撑这种“链主”地位的力量在于“链主”的规模优势，而规模优势无非是通过企业内生成长和外生成长两条道路形成。前者由于是企业通过内部积累一点一滴地成长，因而在其具有稳健性优势的同时，也具有发展速度慢的风险；后者主要通过资本市场的收购兼并形成，因此企业发展速度快但运行风险大。根据美国经济学史家、1982年诺贝尔经济学奖得主斯蒂格勒对企业发展史的考察，认为在当今美国，没有一个大公司不是通过兼并成长起来的，靠企业自身积累扩张早已成“陈年旧历”。由此我们可以清晰地看到，基于市场成长性的收购兼并活动是塑造NVC中“链主”地位的主要手段和途径。

（3）从竞争手段来看，发达国家日益依靠对市场进入壁垒的打造来获取其竞争优势，主要表现为由价格竞争转向以构建知识产权保护和专利池体系为核心的市场进入标准体系制定权的竞争。一方面，发展中国家依托于内需所构建的以专利为基础的市场进入标准体系，既可以强化本国企业所具有的高级要素竞争优势，又可以专利授权收费方式来构造针对国外竞争者的进入壁垒，抑制模仿者的技术赶超能力，确保本国企业所投入的研发活动费用得到充分补偿。另一方面，利用本国企业所拥有的专利标准体系，可以作为一种进入别国市场、绕开对方市场标准壁垒的交换“筹码”。

NVC条件下中国企业产业升级的主要困难，可能在以下几个方面：

（1）缺乏升级的主要和关键的资源，如本国企业可能难以独立聚集起升级所需要的持续的资本（如持续的广告投放的资金能力）和人力资源（如高水平的国内技术研发设计和熟悉市场运作的高级管理人员）。

（2）在国内市场开放过早、开放幅度过大的情况下，本国升级企业可能面对强大的外国竞争对手的市场争夺，从而有可能发生挤出效应。

（3）国内市场消费者的挑剔程度可能不如国际市场，因而企业的升级换代压力不如国际大买家的要求苛刻。在这种情况下，阻止国外进入的政策努力，会演变为保护落后的竞争者，反而有可能事与愿违。

（4）本国企业缺少企业重组的资本市场机制，难以培育出像国际大买家那样的规模实力雄厚的跨国公司。在这种情况下，NVC 就缺乏足够的延伸性和关联性，进入链中的企业也会处于不稳定的状态。

最后应特别指出的是，在 GVC 条件下，当中国随着劳动力成本、土地价格等要素成本上升时，作为发包方的发达国家，出于运输成本等交易成本因素的考虑，会将外包订单转移到其他要素成本更低廉的发展中国家，而不会向中国内陆不发达地区转移和辐射。这显然不利于中国内部的平衡发展，同时，造成发展中国家之间在价值链底部的发展竞争格局；相反，在 NVC 条件下，出于文化因素和市场熟悉程度等因素的考虑，一般首先会实现产品链在自己国家内部的布局和转移，随着劳动力成本和土地价格的上升，NVC 中的劳动密集型生产环节会向经济欠发达地区转移和辐射，从而缩小国家内部的发展不平衡。

构建 NVC 的中国“链主”与制造业转型升级的方式

1. 构建 NVC 的中国“链主”的两种可能载体

（1）产业集群中的专业化市场。考虑到中国企业的生产制造组织以及参与全球贸易的客体对象是以产业集群作为载体的客观事实，笔者认为，产业集群形式是中国制造业构建基于 NVC 的中国“链主”最为重要的载体。产业集群的兴起与发展，与集群中专业化市场的存在和推动作用密不可分。专业化市场已成为联结中国生产者供给体系与消费者需求体系的最重要的市场交易平台。专业化市场最为显著的特征，就是具有“双边市场效应”——既是生产厂商“卖”的市场交易平台，同时又是采购和销售商“买”的市场交易平台。这种双边交易平台利用声誉机制和集体惩罚机制，有效降低了买卖双方的交易成本，抑制了可能造成类似“柠檬市场”的机会主义行为和道德风险，实现了规模经济、范围经济和专业化分工经济三种优势因素的充分融合。

从交易主体来看，专业化市场所联结的是可能拥有自主品牌的本国生产厂商与专业化的国内外批发零售商，而不是直接面对消费者。与GVC条件下中国企业只作为跨国公司的代工者的角色不同，这种交易载体一方面具有卖方市场的“可选择性”和“可切换性”特征，生产商可以在国内外不同采购商之间进行切换，而不会仅仅将市场局限于特定的国际大买家或跨国公司。另一方面，这种载体中的生产供应商，不仅是具有生产制造能力的低端供应商，而更有可能是创造出品牌和具有设计研发能力的高端供应商。这是因为，产业集群中客观存在的专业化市场载体，可以为企业向价值链高端攀升提供可能的多样化市场选择和发展空间。

（2）产品链分工网络中的领导型企业。在这种网络中，某些掌握着品牌和销售终端渠道、具有研发设计能力的领导型企业，位于产品链“金字塔”形分工网络的顶端地位，且拥有对网络内的其他企业的领导和控制权，这种性质的企业也就是我们所说的NVC中的“链主”。产品链分工网络中的领导型企业，将产品链中非核心、可标准化的生产环节外包给与其有协作和控制关系的独立企业，组合成一个具有“弹性”和“协作效率”的生产分工网络体系。这是一种可称之为“单边市场平台载体”的网络。因为在该网络中，一方面，领导型企业必须直接面对消费者，必须通过品牌、网络、营销体系和终端渠道的构建，来向最终消费者传递产品特征信息，而且，它们还必须具有对最终消费者的需求偏好变化做出快速调整的能力。另一方面，在领导型企业与零配件供应商之间，并不是一种单纯的市场交易关系，而是融入了权威服从关系的商品交易契约。这主要表现在：外包的零配件差异性越大，关系型交易的特征就越强；外包的零配件标准化程度越高，商品交易契约的性质就越强。由此形成由不同企业所组成的多层次产品链分工协作体系：越是处于紧密协作层的外包协作企业，与领导型企业进行隐性知识交流、技术交流的可能性越大，其创新研发能力也就越强；反之亦然。可见，在NVC条件下，只有中国制造企业承担了价值链中的领导者，这样的NVC才具有产业主动性升级的机制和能力。这个结论等于这样一个简单的命题：构建NVC条件下的领导型企业，等同于中国必须通过竞争和大规模的资产重组，塑造出本国跨国企业或者中国的具有领导力量的巨型公司。很显然，这不仅需要有内需支持，而且也需要一个有作为的强势政府的不懈努力。

2. 基于专业化市场的NVC构建与升级

专业化市场具有“天然”适应中国国内市场消费者需求特征的内在匹配性。中国现阶段的收入不平等，造成了国内需求市场存在一个巨大的低端市场需求空间，这就为以劳动密集型产业为主要内容和特征的专业化市场的兴起提供了发展空间。大量中国本土企业依靠专业化市场形成了区域集聚层面上的产业集群，形成了专业化且具有国际竞争力的生产网络体系。

随着专业化市场的区域品牌效应向全球市场的扩散，大量国外采购商“蜂拥”加入到这些市场的采购商队伍中来，同时，外资企业作为领导型企业，也逐步渗入到以专业化市场为依托的产业集群生产体系中来，形成了专业化市场及产业集群与GVC的对接，由此产生了参与GVC的“低端锁定”问题。但是，由于在专业化市场双边交易平台条件下，中国本土企业的市场并不是唯一依赖于国外采购商，很多企业在国内市场中也占据了相当大的市场份额。专业化市场中的中国制造企业，具有在国外市场与国内市场之间进行功能“切换”而不仅是被“锁定”的发展空间。随着经济的持续发展，国内中等收入阶层的兴起，而且，这个市场拥有层次丰富的、具有“接力棒”特征的需求空间结构，这就为中国制造业构建NVC提供了一个基于高速成长的内需市场的支撑。

专业化市场作为构建NVC平台的特殊之处在于，它是一种可以嵌入“政府功能”作用的市场交易平台，为在具有中国特色下的NVC构建和升级，提供了一种具有政策操作意义的实现方式。具体来看，政府可以提供的“功能模块”包括：

一是通过对知识产权保护制度的强化，来限制套利—模仿—“杀价”恶性竞争行为的发生，规范专业化市场及产业集群中的交易和竞争秩序，激励企业创新研发和 NVC 中领导型企业的脱颖而出。在类似于封闭社会圈的专业化市场中，知识产权保护的执行成本相对要小，这就为政府干预和引导功能的导入，提供了一个绝好的实施操作平台。

二是政府可以通过制定和强制执行进入专业化市场产品的品牌、质量、环保、安全、劳保等进入壁垒标准，引导企业提高产品质量和产品的升级换代，并且促进专业化市场由竞争向寡头转变；政府可通过引入专业化分工的产品设计、产品检测、咨询、融资、物流等具有公共创新平台性质的高端生产服务型企业，强化专业化市场和产业集群的升级能力。

3. 基于领导型企业的 NVC 构建与升级

领导型企业自身的能力及其与外包企业的协调能力，共同构成了 NVC 的竞争力。在领导型企业的 NVC 构建和升级中，市场是其中最重要的决定力量。对于其网络治理关系而言，领导型企业同与其密切协作的中小企业之间，形成了金字塔结构的分工网络群落，领导型企业处于金字塔顶端，起着支配性或主导性作用，而众多中小企业则为其提供配套服务。企业之间的关系主要是产品链上下游的分工合作关系。不同层次之间的企业具有一定依赖性，在升级过程中，具有控制力和主导力量的领导型企业发挥着重要作用。

在关键技术链上投入最多、具有核心研发能力的领导型企业，能够利用其在价值链中的控制地位，来实现创新投入和沉没成本的充分补偿。一方面，领导型企业能够利用其控制地位，获取创新活动所带来的利益中的最大份额；另一方面，通过对外包供应商的评估、淘汰等竞争制度的设计及技术指导等，可要求供应商不断地降低生产成本，从而侵占其多层外包商的部分生产利润。这就从根本上解决了，创新体系中源自外溢效应所引起的创新动力缺失的两难冲突。

在领导型企业网络内，处于控制地位的领导型企业，实质上处于制度设计和“竞合”规则制定和维护的中心地位。从深层次来看，价值链或技术链上的合作预期利益的存在，形成了柔性关系型网络治理机制，使得外在缺失的知识产权制度，转化为价值链上具有“自我强化机制”的知识共享和知识共创制度。领导型企业的创新信息，成为其多层外包企业的公共创新行为，所产生的整体创新收益也是由领导型企业所控制，通过领导型企业的品牌和销售终端渠道来最终实现，赋予了领导型企业对整个网络创新收益分配的掌控权。

领导型企业具备了获得全球价值链上较高层次外包业务的竞争能力，众多中小企业在承接外包订单的生产时接受其调配和间接管理，这就有可能在价值链内形成一个竞争有序或者合作大于竞争的分工组织结构。在这种情形下，领导型企业网络中处于分工协作地位的中小企业，可跟随领导型企业共同实现技术升级与产品升级，而领导型企业可以借助其在 NVC 中的控制地位，在推进国内市场品牌战略和国外市场技术学习及规模经济两种具有互补性质的发展战略过程中，充分利用国内市场和国外市场的互补作用实现 NVC 的升级。

综上所述，在出口导向型发展转向依托于内需的发展方式下，NVC 的构建对中国制造企业的转型升级具有极其重要的战略意义。在现实中，中国制造企业仍然“热衷”于融入 GVC 的出口导向发展，而对构建基于本国市场的 NVC 持观望和谨慎的态度。其中的原因，可能与收入分配结构、制度因素和地方政府行为等变量之间有密切的关系。为此，我们所提出的政策建议就是：

第一，努力培育中国的中等收入阶层，支持本国企业在国内市场实现转型升级。依托本国中等收入阶层的文化和市场，培育本国的世界品牌，是世界品牌在发展过程中尤其是初始阶段的基本特征。现阶段中国持续扩大的收入不平等和“哑铃型”的需求结构，难以对品牌形成规模庞大的需求空间，在这种市场环境中无法培养出 NVC 中关键环节的领导型企业。更为重要的是，在开放经济条件下，中国本国市场中有限的高端需求市场，面临外资企业或跨国公司高质量、高性能品牌产品的竞争替代。这种情形下，企业就会丧失依托本国市场来培育 NVC 中领导型企业的空间，从而使得中国企业构建完整 NVC 的内在动力缺失，转而选择低成本竞争的出口战略就成为其最优理性行为。

第二，要千方百计地降低本国企业构建 NVC 的制度成本。由于中国社会信用体系的普遍缺位，相对于国内市场销售，出口国外市场具有预付货款、付款及时、设备供应、学习效应、批量大且市场稳定等优势，这就激励了企业转向选择国外市场。另外，在国内知识产权保护制度或执行机制缺位的制度环境下，大量同行企业采用挖关键技术人员或者“逆向工程”的模仿和复制行为，以低价格甚至恶性“杀价”方式与研发企业进行竞争。这两个方面的制度因素已成为阻碍中国企业构建 NVC 以及由 GVC 向 NVC 转化的重要因素之一。

第三，规范地方政府竞争行为的导向。地方政府以 GDP 增长作为“政绩晋升”的竞争手段，直接形成区域市场的进入壁垒，提高了市场整合成本，严重阻碍了中国制造企业利用本国市场空间来构建 NVC 的发展空间。还有，各地区的地方政府出于晋升政绩指标竞争，对招商引资的外资或本国企业实施各种“隐形”补贴，人为扭曲了企业的生产要素投入成本差异与投入比例。这些政府行为很大程度上降低了中国制造企业凭借贴牌代工方式的出口成本，也就挤压了中国制造企业构建 NVC 的激励空间。

最后，需要指出的是，中国劳动力的禀赋优势在相当长时期内还会存在，发展加工贸易、大力推进各种形式的国际外包（例如服务外包），仍然是中国融入经济全球化的重要的、具体的、必须长期坚持的政策内容。因此，如何取得 NVC 和 GVC 的平衡和协调发展，有待于我们今后对之做进一步的深入研究。

第四节　从全球价值链转向全球创新链

中国进入了以增速平台降低、结构再平衡、增长动力转变等特征在内的新常态发展过渡时期后，由于增长动力的重塑成为最为紧迫的任务，因此意味着向结构调整和机制转型要动力、要速度，将成为向新常态过渡的时期中经济政策的目标和主要取向。考虑到服务业尤其是现代服务业对"调结构、转方式、惠民生"等政策目标具有诸多特殊的重要功能，同时又因为过去中国外向型经济红利主要是从制造业获取，与此对应的服务部门始终是以本地化和封闭化形态发展，因此，未来服务业在全球化规则的导向下，其发展的空间极其辽阔、潜力巨大，服务业必将成为中国经济结构调整和转型升级的新动力和主引擎。

2008 年世界金融危机后，对劳动密集型制造业产品需求的降低，以及欧美国家以制造业复兴为目标的"再工业化战略"的实施，中国人口红利的消失和要素成本的大幅度飙升，等等，都是中国以制造业全球化为特征的增长进程遭遇严重困扰的重要原因。可持续的经济增长迫切需要在第一轮制造业全球化的基础上，及时寻找、启动和利用第二轮全球化的动力。这一产业替换动力毫无疑问地来自于目前还处于体制高度束缚、具有巨大发展潜力的现代服务业身上。

基于上述认识，本节分析了经济全球化中推进增长的产业动力问题。我们描述了从基于 GVC 下的制造业全球化，转向基于全球创新链（Global Innovation Chains, GIC）的服务业全球化问题，以及在此过程中的产业发展引擎重塑的路径和策略。

1.0 版经济全球化：增长动力衰减与经济失衡

中国经济增长的奇迹，尤其是 1992 年浦东开发开放和 2000 年中国加入 WTO 之后，从产业发展的角度看，主要是发生在具有比较优势的劳动密集型制造业领域，发生在低端制造业加入 GVC 进行国际代工的过程中。这个结论不难从近二十年来我国制造品进出口贸易的大幅度增长,以及制造业对我国经济增长的贡献率等一系列指标中得出。

我们把基于 GVC 的制造业增长模式,描述为 1.0 版经济全球化。这个阶段的经济全球化有几个基本的特征:利用廉价的生产要素进行国际代工;吸收 FDI 发展加工贸易;主要从事 GVC 低端加工、制造、生产、装配;推行出口导向的外向型发展战略和政策;等等。应该清醒地看到,在进入新常态发展阶段之后,过去中国在 1.0 版经济全球化下攻城略地、无坚不摧的制造业附加值贸易活动,已经到了难以为继、必须转换发展引擎的关键时刻。这主要是因为:

第一,在 1.0 版经济全球化下,以外需为主的制造业低附加值贸易活动,无法应对要素成本持续的、大幅度的上升趋势,容易出现持久的经济下行和衰退。众所周知,过去中国劳动密集型产业所具有的比较优势是我们的竞争利器,但是现在它正面临着要素成本大幅度上升的巨大压力,低价竞争的市场优势正逐步趋于消失,不断地让位于其他发展中国家。之所以出现这一情况,是因为长期以来,中国的竞争优势平台没有随着发展进程逐渐提升,即劳动生产率的提升幅度没有不断地超越要素成本的上升幅度,由此企业不能消化掉要素成本上升的压力,从而导致产业竞争力衰减。

第二,在 1.0 版经济全球化下,以外需为主的制造业低附加值贸易活动,可能会抑制中国经济进入创新驱动发展的可能性。创新活动以及所伴随的技术进步,是提升生产率的主要途径,也是消化和吸收要素成本上升压力的主要方法。但是,依托于制造业国际代工的增长方式,却只能依靠低成本优势竞争,难以演化出创新驱动的发展格局。因为,中国过去制造业的低附加值贸易活动,做的是发达国家早已研发好、设计好的外包订单,自己成为别人的零部件供应商,收取微薄的加工费用。虽然这在发展的早期是必须付出的学习成本,但其副作用也很大。主要是它从起点就让中国企业失去了自主创新的欲望和动力。而且,一旦进入这一体系,很容易被跨国企业"俘获"和长期锁定在 GVC 的低端难以摆脱,为未来产业转型升级自我设置了障碍。另一方面,中国的自主创新必须基于自身庞大的内需,只有依靠自己的内需,才有可能培育出具有自主知识产权的创新成果。而基于外需进行国际代工,无论是在经济学的逻辑上,还是在世界各国的实践中,都证明是一条走不通的产业升级道路。中国经济发展战略如果指向转型升级,必须把利用国内低端要素进行国际代工的外向型发展模式,转变为基于国内外市场需求的自主创新模式,否则就不可能转轨为创新驱动型国家。

第三,在 1.0 版经济全球化下,以外需为主的制造业低附加值贸易活动,受制于外需萎缩和发达国家"再工业化"战略的牵制,因而难以有大的作为。这些年除了国内生产要素成本大幅度上升、人口红利逐步消失外,中国在 1.0 版经济全球化中也受到了来自外部条件恶化的严重阻遏。尤其是 2008 年世界金融危机后,发达国家对劳动密集型制造业产品的需求大幅度降低,美国为首的西方国家又纷纷调整其全球化战略取向,推行以制造业回归复兴、"制造业出口倍增计划"等为目标的"再工业化"战略,推行各种抛开 WTO 原则、以提高要价或排斥中国加入为目的贸易投资协定(如 TTIP、TTP 等),这些都使中国以低端制造业出口为导向的战略难以为继。

1.0 版经济全球化,正在使中国的经济运行进入持续的下降和衰减的通道。这与中国在 GVC 中的制造业发展方式和发展环境有直接的关系。其中与国情相关的特殊之处主要有两点,必须给予强调:

第一,1.0 版经济全球化之所以发生增长动力衰减,与中国国际收支政策以及与此有关的泡沫经济兴起有直接的关系。这涉及有关中国制成品出口、外汇储备、货币发行,以及对制造业发展环境的影响等一系列复杂的宏观经济问题。简要来说,一方面,在 1.0 版经济全球化中,国家吸收了大量的 FDI,制成品贸易出现了巨大盈余,由此外汇储备目前已经高达 4 万亿美元的规模。这些外汇因国际收支政策失衡,以及外汇实际使用中的各种内外部问题，外汇并没有逻辑地用于进口国内产业发展、基础设施投资和人民生活所需要的各种商品和服务上，而是绝大部分都投资了美国国债和其他有价证券。这相当于处于发展中阶段的中国，把紧缺的资源和要素让渡给了外国使用。另一方面，因外汇占款的需要，央行按市场汇率被动地投放了相应数量的人民币。这些人民币要在国内市场流通。在持续二十多年的贸易盈余中，即使按照大约1比7的平均汇价，中央银行也至少投放了近30万亿规模的人民币！在通常情况下，这些投放的巨额人民币不可能被某个实体产业所吸纳，而最有可能为虚拟经济体系所吸纳。在中国资本市场长期不振的前提下，这些投放的人民币相当一部分都进入了过去没有被商品化的房地产领域，由此推动了中国房地产市场的崛起，以及其交易价格的一路飙升。它是后来中国房地产泡沫兴起的基础。以房地产为主体的资产价格连续翻番，像一个无底的黑洞，不断地强力吸收社会的主要资源，不断地拉高市场的利率水平。由此不仅抑制了民众消费的空间，抑制了扩大内需战略的实施效果，也是使制造企业陷入困境的主要原因之一。

第二，1.0版经济全球化之所以发生增长动力衰减，与中国制造业增长的融资模式，以及与此有关的泡沫经济兴起有直接的联系。而这又涉及中国依据于地产融资的增长模式、土地财政，以及对制造业发展环境的影响等一系列复杂的宏观经济问题。中国制造业出口的世界奇迹，是在金融长期抑制的体制下发生的，是在分税制事实上不利于发挥地方政府发展功能的前提下进行的。地方政府为吸引制造业FDI所需要的配套资金，往往通过出让土地、以土地作为抵押物融资的方式来实现。地方政府往往利用对土地一级市场的垄断权力，一方面在推高土地价格中获取更多的非税收入和银行贷款，另一方面又在推高房价中进一步推高土地出让价格，从而取得更多的发展资本和发展利益。这种依赖于土地财政的制造业发展模式，在制造泡沫经济的同时，不仅反过来提升了制造业发展的实际生产成本和机会成本，也抑制了服务业增长，如很多服务企业根本就无法在房价高企、租金昂贵的城市中生存。

在1.0版经济全球化中，出现了许多严重的经济失衡，它们也是产业发展动力衰减的重要环境因素或者直接原因。比较大的结构失衡主要是两个：一是国内经济与国际经济之间的失衡；二是实体经济与虚拟经济之间的失衡。

就第一个失衡问题来说，这些年来，随着国家扩大内需战略的实施，中国持续的、庞大的经常账户顺差得到了一定程度的纠正，其占GDP的比率已连续多年低于3%，外部失衡问题得到了一定的缓解，问题的重点现在转向了内部失衡。这主要表现为：一是产能与需求失衡，导致严重产能过剩；二是资本收入与劳动收入之间失衡，导致内需被抑制和严重社会矛盾；三是投资、消费、出口三者之间失衡。很明显，这些失衡都是收入分配恶化的直接结果。而收入分配的恶化，又与在1.0版经济全球化下，制造业外向化过度发展的格局有直接的关系。这是因为：一是处于“微笑曲线”底部的中国制造业，缺少与大买家进行讨价还价的市场势力和必要资源，因而只能获取微薄的加工费收入。二是制造业需要密集的资本投入，在收入分配上自然偏向于资本所有者。在资本所有者为外资的条件下，利润的大头都自动地流向了发达国家。三是过度发展的低端制造业，必然导致产能过剩和压价竞争格局，恶化劳动者地位，并不利于其收入提升。

再看第二个失衡问题。目前中国经济运行中存在着五个重大的风险因素，即增长减速、产能过剩、地方债务、房价波动、货币泛滥等，这些风险无一不与实体经济与虚拟经济之间严重失衡现象有密切的联系，有些还是其直接的结果。这种严重非均衡现象，可以归结为“实体经济不实，虚拟经济太虚”。

其中，“实体经济不实”主要表现在两个方面：一是存在着严重的产能过剩现象，尤其以新能源为代表的战略性新兴产业和以造船、钢铁、平板玻璃、水泥等为代表的传统制造业为甚；二是要素成本上升速度太快，直接导致实体企业严重亏损、破产倒闭，大批企业家因为不看好实业甚至放弃实业，很多转向从事泡沫经济行业。

“虚拟经济太虚”则主要表现为“四高”：一是利率高。不断上升的利率已达制造业可以承受的极限。一方面实体企业贷不到款，或无贷款意愿，另一方面商业银行也不敢把款贷给产能过剩、利润微薄的实体企业。二是汇率高。人民币汇率的持续大幅度升值，直接导致了出口企业的大面积亏损倒闭。同时高利率诱惑国外热钱借道流入国内市场套利，推动了国内资产价格的严重虚高，同时反过来影响实体企业生存。三是资产价格高。后果前已有述，主要是拉高基础货币供给和利率，是使制造企业陷入困境的主要原因之一。四是债务率高。企业和地方政府目前的负债，严重的不是债务水平，而是债务的结构，即中国地方政府主要是对商业银行负债，负债的实物构成中很多是回报率倒挂的公共基础设施项目，负债的抵押物主要是价格虚高的土地资产，因此这种负债结构极有可能诱发系统性、大面积的金融危机。

下文我们将要说明，大力发展服务业、提高服务业的外向化发展水平和国际竞争力，将会显著缓解中国经济的内部失衡，推动实体经济与虚拟经济之间的平衡协调发展，使失速的经济恢复动力。

服务部门崛起：推动中国2.0版经济全球化的新力量

2.0版经济全球化，一个主要内涵是要在过去制造业发展的基础上，主要依托于制造业的转型升级和战略性新兴产业的发展，加速推进以现代服务业为核心的全球化发展。这一内生化增长模式是中国经济增长的新动力，是调整经济结构和转变发展方式的主线。

从实践上看，目前中国已进入现代服务业高速发展的轨道。这为我们做出上述战略性判断提供了充分的事实依据。近十年来，中国服务业增速与制造业增速的差距，虽然鲜有前者超过后者的情况出现，但是两者间的增速之差在逐渐收敛。2012年第二产业在GDP中占比45.3%，第三产业占44.6%，历史上首次使差距缩小在一个百分点之内。2013年GDP为56.88万亿，同比增长7.07%，其中第二产业和第三产业分别占比为43.9%和46.1%，第三产业占比首次超越第二产业。2014年上半年，第三产业的增速首次超过第二产业。这些就使服务业在GDP所占比重处于“稳步增长”状态。

中国服务业发展跑出了加速度，主要是由以下三个具体的因素在起作用：

其一，2008年世界金融危机以来，服务业尤其是消费性服务业显示出了具有强大的熨平经济周期波动的作用。在这次世界金融危机中，受到影响比较大的是全球制造业需求，因为制造业产业关联度高，需求价格弹性相对大，因此金融危机会深刻地、大幅度地影响作为全球制造业大国的中国经济。相反，服务业尤其是消费性服务业的需求价格弹性小，市场需求相对稳定，一般不受经济波动的巨大影响。当服务业占据经济总量的份额不断上升时，在经济发生波动时，因为服务业就业容量大且具有稳定经济的功能，因此可以吸收从其他部门中释放出来的劳动力，从而缓解经济增速下降的负面冲击，自然而然地成为反经济周期波动的重要力量 。

其二，现阶段中国的有效内需主要由服务业构成，一般制造业产品都处于严重的产能过剩状态，“去库存”化还需要相当长的时间。现在产能不足的部门，几乎都是服务部门，如优质的医疗、教育、养老、住宅等服务，尤其缺乏产业升级所迫切需要的高级知识技能密集型服务，即所谓的高级生产者服务。因种种原因，中国制造业对高级生产者服务投入的不足，是导致中国产业升级进程缓慢的主要决定性变量。中国扩大内需政策的发力，主要是扩大了市场主体对服务业尤其是传统服务业的需求。未来随着国家创新驱动战略的有效实施，对服务业的需求尤其是高级生产者服务的需求会剧增，其增长空间要比传统制造业大得多。

其三，在外部需求萎缩的条件下，一方面某些天然具有本地化需求属性的服务业部门得到了迅速的扩张，同时由于服务业跨国转移和贸易也是当前经济全球化新的显著特征，服务业的全球化发展有效推动了服务业的比重上升。表现为：一是跨国公司在全球范围内组织生产活动，需要获得全球化的贸易、金融、通讯、物流、运输等服务，这些服务业也出现了向发展中国家转移的浪潮；二是以信息网络技术在世界服务业中的应用，使服务业摆脱了“本地化”需求特征，其“可贸易性”越来越强，从而为服务贸易、服务外包等发展打下了扎实的基础。尤其是国家这些年采取了许多措施，大力支持各种面向全球市场的高技术、高附加值服务外包，使这一新兴的“绿色产业”逐步成为中国产业升级的新支撑、外贸增长的新亮点、现代服务业发展的新引擎和扩大就业的新渠道。

服务业内生化增长以及全球化发展趋势，不仅是中国经济新的增长动力，是促进经济结构战略性调整和矫正经济失衡的主要政策抓手，而且可以为世界提供发展机会，为别的国家创造就业岗位。就解决经济结构失衡问题来说：

第一，可以极大地缓解国内经济失衡。体现在：一是服务业比重高，一般就能相对地缓解国民收入初次分配的失衡状况。因为服务业中无论是劳动密集型的传统产业，还是技术知识密集的现代服务业，在收入分配上都天然地偏向于劳动者。这与资本密集型的制造业有很大的不同。中国在制造业快速发展且占比具有绝对优势的时期，服务业发展不足的一个显著后果是，居民部门的收入增速持续地低于 GDP 的增速。二是能充分发挥服务业的就业蓄水池功能，同时发挥制造业的提升生产率、创造国民经济效益的功能。从农业、制造业的结构调整中转移出来的劳动力，都会自然地进入服务业。过去我们把工业当作就业蓄水池的政策是有误的，工业其实是创造国民经济效益的部门。工业的技术进步和劳动生产率上升，会不断地把排斥出来的劳动力推送到服务部门。三是把资源重点投向服务业，有助于结构调整和提高投资效率。目前中国短缺的产业不是一般制造业，也不是“铁公基”等基础设施，而是与民生幸福有关的优质教育、基本住宅、医疗卫生、养老服务等。放松政府对服务业的不必要的行政管制，将产生巨大的扩张内需的投资机会，从而提高全社会的投资回报率。四是大力发展服务业有助于扩大消费。对制造品的消费比较充分，而对优质服务品的消费不足，是目前中国经济结构存在的主要问题之一。大力发展服务业有助于解决优质服务品的供求矛盾，促进居民消费水平、消费结构升级。

第二，可以极大地缓解实体经济与虚拟经济之间的失衡。目前解决此失衡问题有两种不同的思路，它们与是否大力发展还是坚决抑制以金融为核心的现代服务业之间有直接的关系：一是通过对金融活动的严厉管制，以及抑制市场主体的金融活动来适应实体经济的要求，如对利率进行严厉管制来应对实体经济融资成本上升势头，严格禁止金融和非金融机构的创新行为以防止风险，等等。这其实是“削足适履”。二是通过创新增加高质量的金融资产供给，平抑因金融资产的长期短缺而导致的虚拟经济过火的势头。这是可行的“阴阳平衡”战略。

当前要反对的是主张通过抑制金融活动来均衡实体经济与虚拟经济之间矛盾的所谓改革思路。这不是改革而是倒退。从虚拟经济“过火”的角度看，根本的原因不是中国的金融业发展过度了，而是因为中国金融服务业不够发达，金融市场不够健全，金融工具和金融产品稀少，投资者投资渠道单一。这些因素决定了中国是一个优质资产长期短缺的国家。现在中国早已从商品短缺的状态，全面进入了优质资产短缺的新阶段。这种短缺表现为现代服务业供给的短缺，由此对中国经济发展的影响是十分巨大且长远的，主要表现为以下几个方面：

一是优质金融资产的长期短缺，直接导致资产价格泡沫化。只有短缺才会导致价格狂飙。如因为优质资产短缺，上市公司会成为重要的“壳资源”，股价就会高估，房地产、艺术品等也不再是居住的房子和欣赏的对象，而是可以炒作的资产。在这种情况下，只有资本市场大发展，让更多的优质企业和资产进入资本市场，才有可能满足人们对优质资产的需求，居民投资渠道才能更多，才能彻底解决资产泡沫问题。

二是产能过剩行业不能重组为优秀企业旗下的优质资产，劣质资产不能淘汰，优质企业不能通过并购途径壮大，那么就意味着长期累积的产业结构矛盾无法通过市场机制进行调整。西方国家的工业化进程迄今为止最少已经出现过六次以上较大规模的收购兼并浪潮，它是发达国家产业结构偏差的清除机制，也是优质资产向优秀企业集中的主要途径。而中国工业化到现在已经进入了中后期，却没有出现过一次像样的兼并收购高潮，故投资活动所累积的偏差越来越大，偏向的产业结构将成为干扰发展方式向集约化转型的主要力量。

三是优质金融资产的长期短缺，直接表现为中国缺乏稳定的长期资金。目前中国基础设施领域主要依靠商业银行的短期贷款长期化使用，商业银行中长期贷款占比接近 60%，这在任何国家都是一个已经很危险的信号，蕴藏了巨大的风险。其实，中国是一个资金并不短缺的国家，但是我们不缺的是短期资金，非常缺乏稳定的长期资金。下一步中国推进新型城镇化战略，就需要大量长期稳定的建设资金，尤其是股权性资金。因此，改革中增加长期投资资金的供应，特别是增加股权性资金供应，就应该成为一个重要的政策取向和战略议题。

四是优质金融资产的长期短缺，是中国货币始终面临超发压力的主要来源，是中国经济发展长期处于粗放化格局的直接原因。因为中国的存量资产无法通过市场筛选出优质金融资产，不仅存量资产无法盘活，增量资产也无法优化，由此直接导致经济体系存在着一方面不断吸收新增资源和流动性，另一方面又不断地沉淀资源和货币的现象。这一矛盾长期得不到有效解决，累积到一定程度，就表现为实体经济与虚拟经济之间的严重非均衡，从而有可能首先引发商业银行支付危机并引起严重的经济危机。

所以，大力发展现代服务业，增加高质量的金融资产供给，是缓解金融资产短缺的主要途径，它不会给经济金融运行带来风险，只会化解现在严重的潜在风险。真正给经济带来风险的，是放任资产短缺引发严重泡沫经济的行为，是假借金融创新，把低质量的金融资产经过包装装进金融市场的虚假创新行为。为此我们应该从中国经济运行的困境、转型升级的基本要求，以及中国处于资产短缺新阶段这三个角度，来深刻理解十八届三中全会提出来的完善金融市场体系、现代服务业开放发展的思想和要求。这才是全面解决实体经济与虚拟经济之间非均衡问题的要害、关键和方向。

需要强调指出的是，从1.0版向2.0版经济全球化转型，并不是说我们只要发展服务业，而不要发展制造业了。制造业是服务业的生身父母和发展的基础，离开了制造业的发展，只会造成服务产出的产能过剩，并形成新的经济泡沫和导致经济危机。以制造业为基础发展现代服务业，服务业才能具有扎实的市场需求基础，才能利用现代服务业改造传统制造业。

同时必须强调，制造业发展不能仅仅是规模的扩张，也不能只强调高端化的客户升级。仅强调规模扩张会造成进一步的严重产能过剩。仅仅强调高端化升级是把产业升级引入不归的歧途。因为，如果制造业升级不是瞄准全球40亿人口的中低收入者的大众市场，而是去做1亿高收入人口的小众市场，一方面我们将过早地与发达国家进行正面的较量和竞争，凭中国企业现有的技术实力、管理实力、资本实力等，我们不一定有胜算的把握；另一方面，丢掉我们的市场竞争优势，去做我们没有比较优势的事情，也不符合经济学理性。因此，转向2.0版的经济全球化，一是制造业升级要更多地体现为生产率的提升，根本目标是通过生产率上升抵消综合成本上升趋势，与竞争对手比试低成本效率；二是在生产率上升的基础上，以性价比优势占据世界中低端收入者市场，并以此为主要的产业升级目标；三是要把一部分由于生产率提升而转移出来的劳动力，经过国家引导的职业培训后进入各类服务业，利用成本优势发展质优价廉的服务业，同时与发达国家企业竞争，发展服务贸易，承接服务外包业务，抢占世界服务市场的制高点。

从理论上看，以制造业生产率提高为目标进行产业升级，会对服务业发展（具体来说是服务业占比）产生两个方面的效应：一方面它会通过提高劳动者收入水平，从而对服务需求提高产生积极的正向作用，即通过收入效应提升服务业的比重；另一方面，由于生产率高的制造业出口比例高，因此又会通过制造品的出口效应，增加制造品的出口比重，同时抑制服务业占比的提升。因此，制造业生产率的提高对服务业占比提升的综合效应，我们并不能事先给予确定，而要看这两个效应在一定时期内的孰强孰弱。在目前中国现实的经济运行中，问题主要表现为制造业生产率的上升幅度不能抵消生产要素成本的不断上升势头。这一趋势抑制制造品的出口效应，同时收入的超前化增长使本地化的服务业消费和内需得以扩大，反而使服务业占比得到了迅速的上升。但是，这一趋势对中国服务业进入全球的竞争力有负面的影响。因此问题的关键还是要提升制造产业生产率。

针对中国已经进入现代服务业高速发展期的趋势，目前一些理论和政策对此存在误判。如某些理论将服务业高速发展与金融危机内在地联系起来，认为金融危机是由于本国“去工业化”后服务业的高度繁荣所引起的。此观点对面临经济结构战略性调整任务的中国危害甚大。金融危机的发生机制，一是与搞制造业还是搞服务业没有任何关系，制造业的严重产能过剩也会发生金融危机；二是与金融资本的趋利本性无关，只要是资本，一定是趋利的，不趋利就变成了慈善事业。总的来说，金融危机的发生机制，主要与国家的经济体制和机制的不良设计和失控的运行有直接的因果关系。

那种把实体经济等同于制造业、把服务业等同于虚拟经济的政策取向和做法，就是上述认识的具体体现。在现阶段，把制造业界定为实体经济，认为反危机政策就是要全力发展制造业，同时认为服务业是虚拟经济必须抑制的观点，是十分有害的。制造产品和服务产出都能满足人们的不同需求，它们之间的区分只是有形与无形，而非实体与虚拟。实体经济与泡沫经济的区分，要看这个部门的“杠杆率”运用水平，经验证明，杠杆率大于20倍，一般就是泡沫经济，即使是生姜、大蒜等产品，也会变成泡沫经济。因此，服务业不一定就是虚拟经济，同样，制造业利用的“杠杆率”过高，产能发展过度，也会发生经济危机。另外，需要指出的是，如果这种观点把资源错误地引导到已经严重过剩的制造业，将会导致下一轮严重的经济风险。因此，我们不要因为强调制造业重要，就走向轻薄服务业。我们应该反对的是服务业过度金融化。中国新一轮的稳增长政策如果把资源重新砸向产能过剩的制造行业，会引发巨大的经济风险。其实，如果把资源投向同样具有实体经济性质的现代服务业，更能实现稳增长、调结构与促民生相结合。

从加入GVC到嵌入GIC：推进2.0版经济全球化的基本路径

2.0版经济全球化的另一个主要内涵，是要在加入GVC的基础上，逐步全面地转向嵌入GIC，实现要素驱动和投资驱动向创新驱动的轨道发展。这是中国产业从简单的、低附加值的实体活动，向以制造业为基础的“非实体性的现代服务业活动”转型升级的迫切需要，也是中国实现新一轮全球化战略的现实路径选择。

GIC是指企业在全球范围内搜索可利用的知识资源、关注资源使用权并且具备高度开放性的价值网络创新模式。过去的技术创新，大多发生在企业创新网络、区域创新网络和国家创新网络中。随着技术创新变得更加复杂，越来越多的企业在信息、通讯、交通等技术支持下，开始突破区域和国家界限，积极地寻求外部资源为己所用。由于企业间人员频繁的跨国流动所导致的技术知识的流动，以及用户、供应商、大学或科研机构人员对创新活动的深层次参与，使创新从企业内部的部门间协作，扩展到外部甚至国家之间的不同主体间的网络合作。

粗略来看，加入GVC与嵌入GIC，虽然都是采取的全球化视野和开放的态度，而且前者是后者的基础和起点，后者是前者战略的转型升级，但是在战略内涵上两者之间有着显著的差异。主要表现在：

第一，目标不同。加入GVC进行国际代工，是为了最大限度地基于中国的比较优势，加速形成中国制造业的生产能力和出口能力；而嵌入GIC是为了最大限度地建立与世界的各种正式和非正式联系，在全球范围内搜寻和利用知识资源和先进生产要素。新一轮全球化趋势，就是要“高水平引进来，大规模走出去”。其中，高水平引进来，就是要有效地引进和利用全球科学知识资源，构建全球创新网络平台；大规模走出去，也是为了在走出去中就地利用国外的知识、人才和技术。总之，使企业快速而低成本地完成复杂性创新、实现国家的战略意图。

第二，决定因素不同。加入GVC进行国际代工，是中国经济数量扩张的战略取向决定的，具体来说就是要通过开放取得更大规模的GDP、制造业附加值、进出口贸易、财政收入等增长；而向GIC升级，是中国经济提质增效、创新驱动战略所决定的。过去，通过增加内部研发投入获得技术优势，就可以在市场上获得超额利润。在新的全球化创新轨道中，关注对外部资源的有效利用，才能获得技术绝对优势的可能性。同时，更多的技术知识要求跨领域、多专业综合，也增加了企业囊括创新所需全部人才的难度。

第三，产业内容不同。加入GVC进行国际代工，产业发展内容主要是处于GVC底部的加工、装配、生产型的制造业成长；而向GIC升级，就是要从GVC底部向处于两个高端的经济活动攀升，即向研发、设计和网络、营销、品牌、市场等“非实体性活动”即现代服务业升级。

第四，集聚经济活动的力量不同。加入GVC进行国际代工，需要的是低成本的比较优势，以廉价的生产要素和制造成本作为吸收FDI和全球订单的“洼地”，一旦低廉价格的优势不再，原本集聚的经济活动会随之转移、散去；而向GIC升级，生产要素价格的低廉性被交易成本是否低廉所取代，交易成本是否低廉更加重要。能不能最大限度地降低交易费用、优化吸收创新要素的平台和环境，能不能创造全球人才云集的高地，才是竞争取胜的关键。

第五，需求推动的方向不同。加入 GVC 进行国际代工，利用的是外国对本国制造品的需求，即依托的是外需；而向 GIC 升级，利用的是中国对外国先进生产要素的需求，即依托的是内需。美国等内需强大的国家的实践证明，内需规模越大，对其利用越有效，转向创新驱动发展的条件就越充分。

第六，行为主体间的关系不同。加入 GVC 进行国际代工，中国企业的交流关系主要是外包订单的发包者，这些发包者要么是连接终极市场需求的大买家（处于采购者地位的跨国企业），要么是掌握核心技术的生产商。发包者是价值链的治理者，自己始终处于竞争性零部件供应商的地位，其创新一般也是模仿性的技术学习。而向 GIC 升级，行为主体（企业、大学、科研院所、政府组织、非营利机构及其个人等）之间虽然表现为相互间的长期正式或非正式合作与交流关系，但是创新目标却是由中国企业设置、创新过程由中国企业控制、创新成果的产权由中国企业掌握，因此它是自主知识产权的创新。

第七，后果不同。加入 GVC 进行国际代工，降低了中国企业进入世界市场的风险，降低了其能力不足和资源瓶颈的学习成本，拓展了中国企业的学习能力，使其可以在加工制造的基础上，逐步玩转其他能力，如网络、营销、设计等，创造了震惊世界的贸易和增长奇迹。而向 GIC 升级，为技术相对落后的发展中国家企业提供了一条快速提升创新能力的途径。企业嵌入 GIC，可以低投入、低风险地利用全球最新的知识资源，充分发挥后发优势。GIC 融合内外资源，进行原始创新、集成创新和引进消化吸收再创新，也必将提升企业的自主创新能力，从而实现从“中国制造”向“中国创造”的转变。

过去中国在 GVC 下发展出口导向的外向型经济，创新也是发展的基本动力。但是，这种创新大部分是模仿式的、平面式的，高强度投资为其主要特征。而进入新常态下的 2.0 版的经济全球化路径选择，政府抓经济发展工作的重点、抓手、突破口，就是及时地转向实施创新驱动战略；创新驱动的重点、抓手、突破口就是科技与人才工作；科技与人才工作的重点、抓手、突破口就是科技创业。科技创业，就是让科技资源通过一定的途径，经过一定的时期，转化为一个新的资源，或者是创造新财富的过程。它不是简单的搞投资项目，也不是大学和科研院所的研发活动，但是最终的落脚点却是要通过创业成为一个企业，进而逐步发展成为一个产业。显然，把科技创业作为链接中国科教资源优势与创新驱动战略之间的行动变量，对于嵌入 GIC 战略来说，具有重要的理论和实践意义。

中国过去的快速发展主要靠人口数量的优势，而取得人口红利主要靠勤劳；现在人口红利逐步消失，而人才资源优势凸现，但取得人才红利必须靠智慧。转向创新驱动的发展方式，不仅意味着推动增长的引擎必须转向，而且意味着它同时会带动以下三个方面的转型。一是产业结构的转型，不仅要求战略性新兴产业成为主导产业，更要求现代服务业成为支柱产业。二是企业结构的转型，使科技企业成为主体。三是技术进步模式的转型，最早的是国际代工型的技术进步，后来是技术模仿型，现在要转向自主创新型技术进步。一句话，就是要通过科技创业和人才来发展经济，而不是简单地通过扩大投资、通过资源和环境损耗来发展。

不同的经济发展方式和模式有不同的发展理念和发展路径。过去我们在 GVC 下发展出口导向型经济，往往是通过建设各种产业园区（如经济技术开发区、出口加工制造业园区、高新技术园区等）的载体平台来发展出口型制造业。主要办法是以低廉的要素成本，建设良好的基础设施加上优惠政策吸收外国资本。这种发展经济的办法，与“十三五”计划时期中国在创新经济中强调科技创业，是完全不同的两种战略思路和路径。主要表现为：第一，在目标上，前者是在中国制造，而后者是由中国创造；第二，在性质上，前者是依赖型经济，而后者是开放的自主经济；第三，在动力上，前者是 FDI 主导型的外生驱动力，而后者是本土企业创新驱动的内生动力；第四，在要素上，前者是引进资本、机器设备、技术为焦点,而后者是以人力资本投资和人才制度创新为焦点;第五,在抓手上,前者重点是对出口导向的开发区建设,而后者则是以科技创业、建设创新平台和综合创新环境为主;第六,在政策上,前者主要是针对物质资本的引进实施包括土地利用、税收、信贷等在内的各种优惠政策,而后者则是针对人力资本创新,进行物质和精神、文化的鼓励和诱导;第七,在后果上,前者一般只能取得较低的附加值,而后者必然获得高附加值。

应该指出的是,在新一轮全球化浪潮下,嵌入 GIC 的创新型经济与加入 GVC 的外向型经济之间并不冲突,它们之间是高度依存的。创新经济不是一种简单的出口导向型经济,而是一种高水平的开放型经济。我们一方面要利用中国庞大的内需、基础的创新促进平台等,形成吸收国内外先进生产要素的竞争优势;另一方面趁着资本大规模地走出去,可以利用“逆向发包”原理,就地吸收发达国家的知识、技术和人才,让这些先进的生产要素进入中国并为中国发展创新驱动型经济做贡献。

综上所述,中国经济从旧常态、非常态进入正常态、新常态,最重要的问题是产业增长动力机制的重塑。从 GVC 转向 GIC,意味着中国产业发展动力从依赖于要素低价优势、依赖于制造业出口导向和高强度投资驱动,转向主动参与国际分工的产业重构、培育新的比较优势。具体来说,这包括两个方面:一是要依托于对传统制造业的升级和战略性新兴产业的发展,推进以现代服务业开放化发展为核心的经济全球化;二是要通过扩大内需战略的实施,依托于内需发展创新驱动型经济。在主动嵌入 GIC 的过程中,中国可以用其庞大的内需吸力和资本大规模走出去的机会,虹吸全球更优质的先进生产要素,可以得到更多的全球智慧和资源为我所用。

从 GVC 转向 GIC,推进单纯的出口导向型经济转向开放化的创新驱动型经济,对政府的工作即政府所提供的公共服务提出了新的要求。政府经济工作的重点、抓手、突破口,是依托于内需吸收全球的科技资源和优秀人才,而这又关键取决于如何发展科技创业。政府在促进科技创业中的主要功能，主要应该是优化科技创新创业的环境。这集中体现在建设优质的载体平台和提供卓越的服务两个方面。一是在推动科技创业创新的载体、平台建设方面，主要是要打造集特有功能、特殊政策、特色运作于一体的创业创新领头区域，培育创新型产业的核心孵化基地，把现有工业园、科技园的生产功能基地，向人才基地、创业基地、创新基地转型。同时要搞好科技创业园区各种硬件的基础设施建设。在此基础上，要注重鼓励发展包括创业辅导、融资服务、市场开拓等在内的生产性服务体系，提高创新创业企业的成活率、成功率。二是在科技服务功能上，政府要注意在市场失灵的领域和范围内，更好地发挥政府的调节作用。如投融资、信息交流、中介服务、政府投入等方面建立健全的服务体系，优先促进研发中介、创业孵化、知识产权、风险投资、人力资源服务等现代生产性服务业的发展壮大。

从 GVC 转向 GIC，推进单纯的出口导向型经济转向开放化的创新驱动型经济，对中国发展现代服务业的核心——现代生产性服务业提出了新的要求。从制造业国际代工转向依托于 GIC 发展现代生产性服务业，首先需要政策决策者建立一些崭新的发展理念，这些理念与过去在 GVC 下发展制造业有很大的不同，但是对于建立和完善现代生产性服务业的发展机制却起着关键的作用，必须予以强调。例如，在 GVC 中发展制造业强调的是有形的实物产品，而转向 GIC 发展现代服务业，就需要有无形产品高于有形产品、软件控制硬件的现代发展理念。再如，前者在理论上需要的是物质资本概念的支持，在实践中只需要承认物质资本的决策支配权和剩余索取权，而后者则必须深化和拓展对资本的认识，把人力资本概念引入产业发展政策中：一是要尊重科技人员的智力劳动，允许人力资本与物质资本一样可以作价入股，以此激励科技人员的创新积极性；二是要允许对人力资本进行适度的折旧，以补偿其高强度的智力资本投资和消耗。又如，在体制上，要放松管制打破垄断，尤其要打破对服务业的行政垄断，鼓励服务企业之间展开效率竞争，等等。

第三章　以生产性服务业主导中国产业升级

第一节　生产性服务业的内涵与拓展

国际经验表明，发达的服务业是一个国家和地区现代化的集中表现，也是现代经济增长的基本动力来源。当今世界上最先进的工业化国家，在服务业发展上有两个引人注目的70%的指标：一是在其国内生产总值中，服务业的增加值要占到70%或70%以上；二是在其全部就业人数中，服务业就业人数要占到70%或70%以上。例如，据经济学家的估计，早在1985年，全部加拿大工人只有30%受雇于商品制造业，其他人则从事服务业的工作。按照1946年至1985年服务业的增长趋势做简单的线性外推预测，到2025年，几乎所有的加拿大人都将从事服务业的工作。有人将这种现象称之为“经济服务化”，并把其结果视为“经济大决战”。产业结构升级的另一个特征是，第二次世界大战之后的年代，发达国家经济的实际增长，几乎全部都是来自生产性服务或者中间投入服务。20世纪80年代中后期到现在，生产性服务业产出占全部服务部门产出的一半以上。①

① 赫伯特·G.格鲁伯和迈克尔·A.沃克：《服务业的增长：原因与影响》，第4—6页，上海三联书店，1993年。

发达国家服务业特别是生产性服务业的持续增长，大多数都被物化在数量不断增加的、用于最终消费或者国际贸易的商品和服务当中，在很大程度上反映了经济增长过程中知识资本和人力资本的巨大推动作用，反映了市场容量的扩大和社会专业化程度的不断提高。探讨这一趋势对中国的产业转型升级具有重大的战略意义。

生产性服务业：内容和基本特征

服务业是一个内容庞大的非同质性产业，它和物质生产部门一样，其产品可以分为中间投入品和最终产品，像金融服务、工程技术服务、法律服务、广告服务、管理咨询服务、批发仓储运输服务、信息服务、教育培训服务等等，大都属于生产投入品。因为它们并非直接为人们消费服务，而是为生产或者为企业服务。因此，所谓生产性服务，是指那些为进一步生产或者最终消费而提供服务的中间投入；而像零售、理发、医疗、出租车这些服务业则是最终产品，它们所提供的服务不需要进行进一步的加工，可以直接用于消费。

对服务业的分类最初是由经济学家布朗宁和辛格尔曼于1975年提出来的。现在世界各国通行的分类方法是把服务生产部门分成以下四类：(1) 分销服务：运输与储藏、交通、批发与零售交易；(2) 消费性服务：接待与食品服务、私人服务、娱乐与消遣服务、杂项服务；(3) 生产性服务：对企业管理的服务、金融、保险与房地产；(4) 社会公共性服务或政府服务。在实际的统计工作中，由于第一项“分销服务”的内容大部分都属于作为中间投入的生产性服务，所以生产性服务的规模，是用第三产业的附加价值减去消费性服务的附加价值，再减去政府提供的服务价值后的余额。

从发达国家国内生产总值的统计资料看，第二次世界大战之后在其服务产出结构中，虽然服务业规模不断增加，但是社会公共性服务或政府服务的相对规模却在不断地下降，消费性服务的比例基本保持不变，上升幅度最大的是生产性服务。如据加拿大经济学家的估计，在1961年至1986年间，生产性服务业大约占加拿大国内生产总值的35%，或者占全部服务部门的二分之一；二十五年间生产性服务占国内生产总值的份额增加了20%，而其他两类服务（政府服务和消费性服务）的份额几乎保持不变。[①]

生产性服务业的发展对现代经济增长的重要性，大部分来自它对企业市场竞争优势和活力的影响。这种影响表现在：一方面，拥有日益增多的专业化厂商和各类专家，是现代生产性服务部门的一个重要特征。生产性服务部门大部分以人力资本和知识资本作为主要的投入品，其产出中含有大量的人力资本和知识资本的服务。另一方面，在市场经济条件下，生产性服务业厂商是一种主要的媒介物，通过这些媒介物，社会所拥有的人力资本和知识资本得以释放出来，并且源源不断地通过价格机制供给于商品生产的实物经济过程。因此，生产性服务部门乃是把日益专业化的人力资本和知识资本引进商品生产部门的飞轮，它在相当程度上构成了这些资本进入生产过程的渠道。

发达国家经济增长中生产性服务业占主导地位，以及其生产性服务业中呈现知识密集的产业特征，可以用来解释国际经济学中著名的“里昂惕夫之谜”。按照赫克歇尔—俄林的理论，不同国家生产要素禀赋上的差异，是国际贸易的发动机。那些在资本上相对丰裕的国家，将主要致力于生产和销售使用资本比较多的商品；那些在劳动力上相对丰裕的国家，将主要致力于生产和销售使用劳动力比较多的商品。资本丰裕的国家将用其资本密集产品与劳动力丰裕国家的劳动密集产品进行交换。但非常不幸的是，由这种理论所确定的基本形式，在解释美国等发达国家的情况时一直是不成功的。里昂惕夫在考察美国与其他所有国家的典型贸易时发现，美国出口的是劳动密集型产品，进口的是资本密集型

① 赫伯特·G. 格鲁伯和迈克尔·A. 沃克：《服务业的增长：原因与影响》，第220页，上海三联书店，1993年。

产品。这种情况刚好与赫克歇尔—俄林的理论对贸易流的预测相反。[①]

笔者认为，过去经济学家称之为劳动的这种生产要素，是一种非常不同质的投入要素的混合物。实际上劳动力既包括在装配线上工作的蓝领工人，也包括那些从事开发新产品和新工艺的经过高度培训的研究开发人员和创新工程师，以及为创新服务的各类大量的生产性服务业人员。发达国家由于生产性服务业占主导地位，这种生产性服务业中又内含着极其丰富的知识资本和人力资本，所以在其他情况不变的前提下，那些拥有丰富的知识资本和人力资本的国家，将趋向于出口内含高度熟练劳动的知识产品，它们体现了更高的附加价值和比较利益，而那些知识资本和人力资本匮缺的国家，就只能出口低技术的劳动密集型产品或者物质资本密集型产品。

从产业政策的角度看，发展服务业主要是要鼓励发展为生产服务的现代服务业。以生产性服务业为主导的现代服务业的发展，必然带来投资环境的改善和经济发展的飞跃。在某种程度上说，发展服务业特别是发展为生产服务的服务业，就等价于改善投资环境的努力。一个基本的判断是，构成投资环境评价的基本要素，几乎无一不与服务业的发展水平和发展程度有关。如实证研究表明，高科技产业的发展水平与城市的等级有关。城市规模越大，功能越齐全，水平越高，发展高科技产业就越有条件。这是因为，大城市往往具有发达生产性服务业，它们是支撑高科技产业发展的基本条件。随着高技术产业的扩张，投资往往被吸引到全国性的主导城市，因为那里更容易得到熟练的劳动力、快捷的信息和良好的商业服务，诸如贸易壁垒、技术转移、市场准入和知识产权等法律和政治问题的解决，对高科技产业的健康发展尤其重要。[②]

---

① Stephen Martin，*Industrial Economics: Economic Analysis and Public Policy*（2th edn.），1994，Prentice-Hall，Inc.，pp.384—385.

② Ann Markusen，'Interaction between Regional and Industrial Policies：Evidence from Four Countries'，*Annual Conference on Development Economics,* 1994，p.242，Proceedings of The World Bank.

决定生产性服务业发展的主要因素

第二次世界大战之后，发达国家生产性服务业之所以得到迅猛的发展，与其服务的对象主要是企业有直接的关系。众所周知，发达国家的工业化主要是通过大型企业和企业集团完成的。在为这些企业服务的过程中，一方面，商品生产企业规模的扩张，自动地产生对生产性服务的需求扩大；另一方面，生产性服务又把其内含知识资本和人力资本作为投入品，不断地传输到商品生产部门，成为推动商品部门生产发展的主要动力。综合来看主要有以下几方面：

1. 专业化分工。生产性服务是在企业内部产生还是依靠市场购买？一般来说，选择依靠市场购买的专业化分工方式可以提高生产效率。但人们发现，分工越细交换的次数越多，市场交易成本也就越高，就会将分工提高效率的利益抵消了。所以，专业化分工发达的程度与交易费用的大小有关：交易费用大，专业化分工发达的程度就低；反之就高。第二次世界大战后，发达国家走过的道路是不断完善市场规则，降低交易费用，从而使专业化分工得到发展，在此过程中商品生产部门（第一和第二产业）的产值减少，第三产业即服务业特别是生产性服务业的产出增加。反观中国，由于商业信用差，交易费用极高，同时“肥水不流外人田”和“自力更生”的小农封建意识太浓，所以许多企业的生产性服务活动基本上选择在企业内部自我完成，其产值、人员也内含在企业的商品产值和商品生产过程中。由于广大的专业化分工局限在狭隘的企业内部，生产性服务的市场容量虽然很大，但是被人为地切割成无数利益独立的碎片，所以生产性服务业活动难以用独立于商品生产企业的方式，以市场联系实现大规模的组织化生产。

2. 商品生产经营过程中竞争的加剧。微观经济学的基本论点是，即使分工程度不变，依靠竞争和价格信号的作用，可以优化资源配置的效率。然而，提高配置效率是有成本的，竞争、价格信号从产生到传递到发生作用，都有相应的成本。这部分成本就是第三产业的收入。在发达的市场经济之内，由于配置效率提高，第一与第二产业的比重下降，服务业的比重上升。经济学家茅于轼先生形象地说，消费者餐桌上的一元钱的肉，肉的直投生产成本不到三分之一，其余都是流转费用。生产成本之所以能降低，是因为多花了成本在流转上面。由于市场的作用，这样的成本结构使得总成本为最低。[①]这种理论分析的政策含义，就是要大力发展作为中间投入的服务业。

3. 知识的物化和商品生产的标准化。在当代经济增长中，生产性服务业所提供的产出，大多数都被物化在数量不断增加的、用于最终消费或者国际贸易的商品和服务当中。知识不物化就无法形成现实的生产力。知识的物化必须通过机器设备等硬件来实现，通过机器化生产实现商品的标准化和系列化。现代复杂的机器设备内含了人类积累的丰富的知识财富，它一方面是人类知识财富的物质承担者和载体，另一方面又可以用机器生产更高级的机器，实现人类知识的叠加和放大效应。由于知识的生产及其物化的过程，在专业化分工的经济体系中是由现代生产性服务部门承担的，所以向商品生产部门投入源源不断的各种形式的知识资本和人力资本，就成了这个部门的基本职能。

4. 生产的迂回化以及知识资本的作用。现代经济发展表现为生产过程的迂回化，以及智力资本在其中的巨大作用。生产性服务业是把智力资本引进商品生产部门的媒介和飞轮。举例来说，我们用最简单的工具可以生产出各种道路，但是它一定是粗糙的低质量的道路；如果要生产出高速公路，就一定要用高级的设备，如推土机、压路机和测量设备等。为了生产这些高级的设备，我们不得不在各个生产环节投入大量的科学技术知识。这样对用简单的工具建设道路的劳动而言，生产高级的推土机、压路机和测量设备等活动，就是“迂回化”的。生产过程越是迂回化，产业链就越长，附加价值就越大，知识资本和人力资本投入也越大，各种作为中间投入的生产性服务也越重要。

① 茅于轼：《谁妨碍了我们致富》，广东经济出版社，1999年。

在中国以往的经济发展政策中，为了追求快速的经济增长，人们往往偏好于商品生产部门，特别是制造业部门。究其原因虽然复杂，但是与人们认为制造业具有更高的生产率有关。其实，生产率的进步在工业部门比服务部门高，这一支撑经济增长和产业结构变化的理论假设，在实证研究中并未被充分地证明。如根据1975年至1984年的统计资料，加拿大制造业的生产率每年平均增长1.5%，但服务业中的贸易、交通与公用事业的年平均生产率增长2.8%。[①] 相反，服务业在推动工业生产率的进步中起到了至关重大的作用。

这种关系从长期来看更为显著，因为工业生产率得以进步的市场体系都寓于服务业中，更得益于服务业中有效的医疗保健、文化科技教育因素，各种有助于工业内部联系的服务因素，如运输、电信、商业、银行、保险等，构成了工业企业组织正常运行的逻辑基础。因此，工业部门生产率上升较快，只不过是说明了产业部门间劳动分工程度的重要性，它是工业生产率上升的决定性因素，而不能断言工业生产率进步更快。由此可知，解释服务业的发展，对理解现代经济增长和产业结构变化是非常重要的一环。

对于生产性服务业在现代社会经济中迅速膨胀的现象，笔者的看法是，现代生产性服务业增长的趋势，是劳动分工演进的必然结果，即随着专业化劳动分工的发展，引起了交易费用的指数化扩张和知识生产部门的扩大，因此可以断言的是，现代生产性服务业的增长基本上表现为，提高交易活动效率的部门增长和有关人力资本部门的增长。[②]

服务业中主要有三类部门。第一类是消费性服务的部门；第二类是为提高交易活动效率的部门，包括国内外贸易、金融、保险、通信、运输、房地产及政府部门等；第三类是与人力资本、知识资本价值生产有关的

---

① 赫伯特·G. 格鲁伯和迈克尔·A. 沃克：《服务业的增长：原因与影响》，第143页，上海三联书店，1993年。

② 刘志彪：《产业经济学》，第108—110页，南京大学出版社，1996年。

产业部门，包括科学、文化、教育和卫生保健等。撇开第一类部门不论，我们主要看后两个的发展机制。从交易费用经济学的角度看，社会劳动分工的深化和泛化，必然导致生产者之间所交换的商品数目和规模的扩大，为此也会带来各种交易费用的直线上升。

这种交易费用具体表现为生产性服务业和政府服务业的巨大增长，无论是这些部门的就业人数还是增加值规模，都是如此。只要劳动分工的边际收益大于交易费用增长的边际损失，劳动分工的进一步细化就能促进生产率的增加。从历史分析来看，在工业发展早期，贸易和运输的就业人数和产值份额十分有限，其中相当大部分还是兼职的工人或农民承担的。在工业生产处于标准化的大量生产和大量销售阶段，不仅引起了交通运输、通信、公用事业等服务规模急剧扩大，形成了大量的辅助性服务的就业岗位，而且至少在以下几个方面诱导了服务业的增长：(1) 大规模制造业的兴起，诱导了企业组织形式（如股份公司）和金融市场的创新；(2) 在大批量标准化生产和廉价商品消费增长中，批零贸易、金融、保险、不动产等就业领域急剧增加；(3) 企业规模的扩大引起了企业中所有权与控制权的分离，大批专业管理人员进入企业的管理层，促进了相关企业服务业的兴起，如会计、法律、广告、工程咨询、研究开发、人力资源培训等；(4) 劳动分工愈复杂，企业规模愈大，交易活动愈频繁，供求平衡机制愈脆弱，金融活动稳定性愈重要，对交易活动的管理和仲裁愈必要，政府干预就愈重要。历史发展证明，政府机构的扩张和政府服务人员的增加，很大程度上决定于社会劳动分工复杂程度的增加。

综上可知，为提高交易活动效率的服务部门的增长，是制度创新的结果和节约社会中交易费用的要求。与人力资本、知识资本价值生产有关的服务部门的增长，则与现代经济中物质生产的水平基本取决于人力资本和知识资本的投入有关。经济增长过程，从最初依赖于自然资源、劳动力，到依赖于物质资本，最后归结为依赖于人力和知识资本，勾勒出现代经济增长方式的转移和工业化的基本阶段。现代经济发展的源头是如何更有效率地利用人类的知识之源即大脑，所有的制度创新都可归之于如何更有效地利用知识这个本质问题。

经济学家的研究证实，在国民收入中由资本所创造的份额大约从45%降低为25%，而劳动的份额至75%。[①]据美国经济学家乔根森和弗劳曼尼的估计，1929年至1990年美国国民收入中，雇员报酬在国民收入中所占份额已由1929年的60.7%，上升为1990年的73.4%，这时期国民收入增长52.17倍，而雇员报酬则增长了63.4倍。这一计算中还没有包括资本所有者自身的人力资本收入，以及劳动者身上的知识资本价值迅速增长的“非同质性”趋势。[②]

由此可以推断，社会经济的进一步发展，劳动分工程度的进一步演进，将使有关的知识资本和人力资本产业成为一个经济系统中核心的产业，社会就业的分布和产值的分布，将进一步从其他交易领域转向该产业。科学发明、技术创新、制度变革，将加速调整产业结构和推进经济进一步成长。

知识经济条件下生产性服务业的拓展

获得经济增长动力和建立自行调整机制，是中国新一轮结构调整的目标。中国目前国内生产总值已经突破10万亿美元大关，人均国内生产总值的水平根据国际经验也正处于结构变动的最剧烈时期。从宏观经济的角度看，国民经济新的增长动力来自何处？知识经济的到来，经济的全球化趋势，以信息技术、生命科学为主导的新经济发展，以及过剩经济的运行环境，都将有可能成为新的增长动力源，并彻底改变中国的经济结构和社会的生产方式。

从微观经济运行角度看，在知识经济时代，企业的利润增长不是简

---

① 西奥多·W.舒尔茨：《论人力资本投资》，第160—183页，北京经济学院出版社，1990年。

② 赫泊特·G.格鲁伯和迈克尔·A.沃克：《服务业的增长：原因与影响》，第22页，上海三联书店，1993年。

单地依靠生产规模和产量，而是靠获得、创造、利用和积蓄高质量的知识的能力，靠不断地发掘需要以及找到问题与解决办法之间的联系。知识经济时代无数工商企业成功的案例说明，那些在竞争中能够获得超额价值的杰出企业，其竞争优势大多来自专业化的生产性服务，即解决问题所需要的专业研究、工程和设计服务、识别问题所需要的专业销售和咨询服务，以及把上述两方面连接起来的专门化战略、金融和管理服务。

对于像中国这样一个发展中的大国经济来说，大力发展生产性服务业所组织的知识的创造和知识的经营事业，还是其赶超先进国家最有效的手段和途径。因为创新可以产生极高的附加价值，促使产品价值链发生连续突变和飞跃，使国家经济的增长呈几何级数递增。为达到这一目标，我们要千方百计地利用人力资源丰富的优势，建立能够充分发挥千百万知识分子创造性和积极性的体制；同时，企业要充分利用外部人力资源，要和其他行业的企业共同进行研究开发，实现知识共享和学科交叉；要和大学、科研单位加强合作，走产学研一体化的道路，加快独创性设想和新技术向商品的转化；要有风险投资向风险挑战的意识，要利用高科技成果进行改造和创新；要善于利用专门性的服务和咨询公司等等。就大力发展生产性服务业这一主题来说，主要有三方面问题值得考虑：

第一，要在理论和政策方面真正重视生产性服务业。过去的经济学说，从亚当·斯密开始，甚至到20世纪40年代的费希尔、克拉克等人，都对服务业存有偏见。远的不说，近的如费希尔、克拉克虽然提出了关于三次产业的分类方法，但仍然把服务称为“第三”，暗含了服务的重要性低人一等。

尽管经济学家一再呼吁服务劳动的重要性，要以社会劳动创造价值的观念把商品生产和服务生产等量齐观，但在过去的经济生活中，由于物资财富的匮乏，造成了我们的经济理论和政策只重视商品生产部门，甚至认为服务业不但不生产物质，相反还从物质生产部门分享一部分产品，提供服务被看成是非生产性地使用劳动，所以采取限制其发展的不良政策。[①]

随着中国改革开放的深入，人们逐步认识到，服务业的滞后发展不仅使自己的生活感到不便，而且还会降低生活的质量，同时服务业也能创造就业机会，于是经济政策有了重大转变，从限制变为鼓励。这是观念上的重大进步。但承认服务业的必要性，至今似乎局限于生产最终产品的服务业，即直接提供人们消费服务的行业。据赫伯特·G. 格鲁伯、迈克尔·A. 沃克的考察，即使是在加拿大这种发达国家，在 20 世纪 80 年代初期也有相当多的人认为，商品制造业的产出比服务业的产出更为优越，或者把一般服务活动和种类有限的服务生产等同起来，或者认为发展服务业就是“相互给人洗刷”。对于中间投入的服务业至今仍认为是多余的，他们按市场原则赚了钱似乎也是分享了别人的成果。

从总体上讲，中国作为中间投入的服务业是非常欠发达的，有大量通过服务的作用而节约社会成本的机会没有被恰当地利用。例如，蔬菜的城市销售和农村收购价相差甚大。大家常把这种现象归咎于中间环节加价太多，事实上正是因为从事中间环节的人太少，稀缺导致高价，中间商才能多赚钱。只有流通环节展开充分的竞争，费用才能下降，效率才能提高。经济学家茅于轼曾经比较过中国和美国的蔬菜批发业，发现效率差别的真正原因在于中间投入服务业发达程度的差别。他描述道，美国农业的分工非常发达，东部各州吃佛罗里达州的橙子，西部各州吃加利福尼亚州的橙子，全国都吃南达科他州的土豆，都吃从中美洲各国进口的香蕉。蔬菜水果是易腐货物，远距离远输必须有紧凑的运输链连结在一起，为了最大限度地利用集装箱运输的容量和能力，各种货品的搭配运输非常复杂。中国蔬菜水果的贩运，从询价、采购、仓储、加工、包装各个环节看，效率比之美国要差得远，其原因就是从事中间投入的服务业太薄弱。

第二，要扩大对资本概念的理解。知识经济条件下的资本概念，绝

① 钱伯海：《国民经济学》，第 390—393 页，中国经济出版社，1992 年。

不单单是指传统的物质资本和土地，还应包括人力资本和知识资本。人力资本是对人类的一切投资，这种投资提高他们的生产力。在这种投资中最重要的是教育与在职培训，但还包括保健、营养，甚至道德和伦理标准一类的东西，这有助于工人的诚实可靠并培养艰苦工作的意志。知识资本则是一切科学和工程知识，它使人们能设计更高效率的机器和产品。它还包括那些有助于有效的组织企业和一般社会的知识。

理解人力资本和知识资本在生产力增长与生活水平提高中的作用，对经济政策有着巨大的影响。远的如德国的案例。在第二次世界大战中，德国的物质资本遭到大规模破坏，但是后来经济却得到迅速的恢复。对此种现象的合理解释是，该国人力资本和知识资本在经历了战争后被基本原封不动地保存下来。另一方面，为什么许多发展中国家大量投入物质资本，而产出却往往增加不多？这是因为，在这些国家，运用进口设备和高级机器所需的人力资本和知识资本太少。眼前的如美国的新经济发展实践。美国新经济之所以能够取得成功，原因有很多，优良的自然条件、适合的社会环境氛围、人才资源、基础设施、科技导向和发达的资本市场等，都是其成功的关键因素。其中最关键的要素是倡导科技人员和管理人员的创新和创业意识，不断营造高科技产业发展所需要的一流人才的集聚氛围，以及加速发展服务于高科技产业的风险投资事业和资本市场体系。

在现代经济中，人们往往只重视物质资本，不重视人力资本和知识资本。如对知识型企业在注册时的物质资本投入要求太高；一般经济政策允许对物质资本折旧，却不允许对人力资本和知识资本提取进行折旧，导致高科技企业表面上看来利润过高。实际上在这些高科技企业中，由于技术贬值的速度太快，高技术人员恰恰是最需要经常不断地更新知识和进行各种培训补偿。因此在知识经济条件下，无论是企业注册还是在资本市场上市，对高科技企业都应该放宽物质资本限制条件，必须在财务和税制上允许高科技企业提足进人成本的研究开发费用和各种培训费用。

第三，要以竞争为导向对企业进行大规模的专业化改组和改革。1982年诺贝尔经济学奖得主美国经济学家斯蒂格勒曾经围绕斯密—杨定理，运用产业生命周期假说讨论了企业内部分工与社会分工的关系。他认为在产业的新生期和衰退期，狭小的市场容量不足以独立出专业化的企业，这时候该产业内的企业主要是“全能”企业；只有该产业的市场容量发展到一定的程度，各专业化的企业才能独立出来承担各个再生产环节，企业内部分工才能转化为社会分工。[①] 笔者认为，这一理论只能适用于竞争的市场经济。在地方政府和部门政府分割市场的中国过渡经济时期，中国庞大的现实市场容量并没有逻辑地产生占优势的专业化企业，相反却是“大而全、小而全”的企业林立。这种情况一方面反映了中国经济运行中的竞争的基础不足，也在很大的程度反映了体制的弊端和有关经济主体封建小农意识的浓烈。可以这样说，这些问题靠政府的人为推动是难以彻底解决的，唯一可靠的方法是要鼓励企业以竞争为导向对自身进行大规模的专业化改组和改革。这表明中国的生产性服务业的发展还有很长的路要走。

第二节　现代生产性服务业发展的基本规律

现代生产性服务业的发展，并成为国民经济中的支柱产业，是当代发达国家近二十几年来经济结构变化和产业升级中最令人瞩目的戏剧性现象，由此引起了社会科学家的广泛关注。按照加拿大学者格鲁伯和沃克的定义，生产性服务业与直接满足最终需求的消费性服务业相对，是指“那些为其他商品和服务的生产者用作中间投入的服务”。它的基本特征有三：第一，它是对生产者的非物质服务，其无形的产出体现为“产业结构的软化”程度，一般我们把“服务投入／商品和服务总值”称

① 斯蒂格勒：《产业组织与政府管制》，第2—35页，上海三联书店，1989年。

之为“产业结构软化系数”;第二,它是中间服务而非最终服务,由于在新经济中产业链的拉长和知识投入的重要性日益突显,因而它体现为被服务企业的最重要的生产成本;第三,由于其产出中含有大量人力资本和知识资本,因此生产性服务企业是把这些现代资本引入到商品和服务生产过程的飞轮,是现代产业发展中竞争力的基本源泉。

近些年,由于生产性服务业表现出较快的增长速度、极强的就业吸纳能力,特别是其独特的经济功能,比如降低交易成本、促进新型资本深化(格鲁伯和沃克,1989)、推动专业化分工的深化与泛化,以及培育产业竞争力等,因而已经成为一个国家竞争优势的主要来源。因此,在强调科学发展观的大背景下,加快生产性服务业发展已经成为中国战略选择的最重要问题之一。先进工业化国家的生产性服务业的新发展现象,给我们提出了许多新的问题。例如,中国当前将如何通过发展现代服务业来调整经济结构,以适应国民经济和社会协调发展的要求和挑战?我们如何将现代服务业发展纳入国家视野的战略性区间?较为系统地总结发达国家生产性服务业发展中的经验和历程,把握并运用这些历程中呈现出来的基本规律,对改变中国生产性服务业的落后状况、促进其健康快速发展,从而更好地实现其支撑产业发展、提升经济国际竞争力,具有十分深远的战略意义。

生产性服务业比重上升规律

配第、克拉克、库茨涅兹等早期学者曾提出三次产业演化规律,其中的重要结论是,在经济发展到一定阶段后,第三产业所创造的国民收入所占比重和吸纳劳动力所占比重都会呈上升态势。但由于受其所处经济发展阶段的局限,他们并没有涉及在服务业内部的进一步演化规律,而“生产性服务比重上升规律”正是三次产业演化规律的拓展与深化。

服务业是一个内容庞杂、行业众多的非同质性产业,根据不同的研究目的和分类标准,可以将它分成不同的类别。目前被世界各国广为接受的是一种基于功能的分类体系。在这种分类体系下，服务业被分成四大类，即分销服务、生产性服务、消费性服务和社会公共性服务或政府服务。由于分销服务的内容大都属于生产性服务，因此从指标计算上看，生产性服务的价值就是用第三产业的价值减去消费性服务的价值，再减去政府提供的社会公共性服务价值后的余额。

统计研究发现，在服务业当中，消费性服务的比重呈上升趋势，但上升的速度非常平缓；社会公共性服务的比重则呈逐步下降趋势，而生产性服务的比重则呈明显上升态势。在最发达的经济中，如美国和日本，生产性服务是经济中一个比较大的部分，到1997年，占实际GDP的百分比分别为45.8%和27.2%，并且还一直在增长，虽然增长的速度较为缓慢，比如从1977年至1997年的二十年间，差不多只增长了5个百分点；而在中国台湾和韩国这样的新兴工业化地区或国家，生产性服务则以较快的速度在增长。比如在1977年至1997年的二十年间，它们分别增长了9个和8个百分点左右。尽管它们在经济中的份额相对于日本和美国而言还比较小，到1997年分别占到实际GDP的16.8%和21.9%。在中国香港和新加坡，生产性服务则是经济中的一个支柱产业，到1997年，占实际GDP的比重分别为50%和40.4%，且一直在快速增长。比如香港在1987年至1997年的十年间，差不多每年增长1个百分点，而新加坡在1977年至1997年间则总共增长了近7个百分点（Wong，2000）。可见，生产性服务比重上升是各国生产性服务业发展的一条普遍规律，同时这也暗示着，早期学者提出的服务业比重上升趋势，主要是由于生产性服务比重的明显上升所带来的。

分析个中原因发现，消费性服务比重的平缓上升，主要是与居民收入水平的增加难度较大，以及消费者需求从长期来看的渐进式变化有关。毕竟，消费性服务的增长与居民收入的增加是呈正相关的，而消费者需求的突变也多发生在非常时期。社会公共性服务比重的稳步下降，主要与社会公共性服务民营化趋势的日益增强，从而导致政府所提供的社会公共性服务的范围与内容日趋减少直接相关。而生产性服务比重的明显上升，则有两方面原因：一方面，社会专业化分工的不断深化与泛化，必然引发生产性服务从制造业当中逐渐外部化（或垂直分离）出来，从而实现社会化、市场化与专业化发展；另一方面，经济服务化趋势的日益显著与知识经济的日趋增强，必然会引致出对人力资本、知识资本密集的生产性服务的越来越大的市场需求。在需求导向型的市场经济条件下，需求的增长自然会引发生产性服务的发展。

若从微观机理上进一步剖析，则是由于消费者对商品和服务种类的不满足需求，触发了生产性服务业的快速发展与地位的日益突显。因为对商品和服务的多样性需求，必然导致对每一种商品和服务的需求减少。那么，生产者如何来应对消费者对商品和服务的这种低量却又多品种的需求呢？通常，它们是通过增加对专业化的、中间投入的零部件和服务的需求，以及采取新的组织结构来适应消费者需求的这一改变。因此，在需求导向型的市场经济中，消费者需求的改变才是生产性服务业快速增长并由此带来其比重日益提高的最基本原因。

生产性服务业要素依赖演变规律

生产性服务业发展是一个逐步深化的过程，同时也是所依赖的生产要素逐渐演变与升级的过程。早期的生产性服务内容比较简单，一般只需要具备简单劳动能力的人便可以胜任，比如保洁、门卫等简单劳动密集型的生产性服务；而现如今需要高技能与技巧的服务，大部分生产性服务都需要投入大量的人力资本、知识资本和技术资本。因此，其产出中包含有大量的人力资本[①]和知识资本[②]成分。

① 根据费舍尔的定义，所谓人力资本，就是指对人类的一切投资，它能提高人的生产效率。其中，最重要的内容是教育与在职培训。此外，还包括保健、营养，甚至道德和伦理标准一类的东西，因为它们有助于培养工人诚实可靠和艰苦工作的意志。

② 同样根据费舍尔的定义，知识资本就是指一切科学和工作知识，它使人们能够设计出更高效能的机器和产品。此外，还有那些有助于有效地组织企业和社会的知识。

正因为生产性服务的要素依赖从简单劳动逐步转向劳动技能与技巧，再到人力资本和知识资本，因此，生产性服务业的成长与发展过程是一种资本深化的过程。只不过这里的资本不只是物质资本，还包括更多的人力资本、知识资本这样的新型资本。就是因为其投入中包含有大量的人力资本和知识资本，所以其产出中才有更多的知识资本和人力资本含量。因而，加拿大学者格鲁伯和沃克才得出如下结论：生产性服务是把社会中日益专业化的人力资本、知识资本导入到商品和服务生产过程的飞轮，它在相当程度上构成了这些资本进入生产过程的通道。因此，它才能够提高商品和服务生产过程的运营效率、经营规模以及其他投入要素的生产率，并同时增加其产出价值。

根据经济学奥地利学派的观点，资本深化过程的典型特征就是伴随有生产的迂回性和专业化的增强。而生产性服务业的成长与发展，无疑是这一观点的现代版例证，因为它本身就是生产迂回性增强与专业化分工深入的重要内容，同时它又伴随着现代新型资本——人力资本和知识资本——的深化，而且这一深化过程本身还带有专业化增强的特征。

现代生产性服务业的人力资本、知识资本密集性特征，决定了人才对生产性服务业特别是高级生产性服务业（APS）发展的重要性。毕竟，APS 是由那些与知识的生产、传播与使用密切相关的行业所组成，因此，人才是其发展的生命线。由此便可以引申出一个十分重要的政策含义，即政府若要加快生产性服务业的发展，必须要解决人才方面的瓶颈约束。针对中国目前在此方面的客观实际，一方面，要利用国际化机遇，建立起人才引进、开发和共享的国际通道，以缓解当前关键性生产性服务人才紧缺的状况；另一方面，又要注意国内的教育培训与人才开发方面的配套，其中包括职业培训与教育等，从而不断提高从业人员的专业素养与职业技能。

生产性服务业地理集中与集聚规律

世界城市理论假设，在经济全球化背景下，世界性城市已经成为全球经济运行中的指挥和控制中心。一个世界性城市的经济结构，由该城市在世界城市体系中的功能所决定。其中一个特别重要的现象是生产性服务业的增长，它已经成为带动世界性城市经济发展的主导产业部门。这种主导性功能被大量的实证研究所证明（甄峰等，2001）。研究显示，生产性服务，特别是APS，在地理上越来越表现出集中与集聚的趋势，且集中的地点大都是大城市的某一区域。如很多发达国家的大城市中心区已成为跨国公司总部，以及银行、保险、营销、法律与管理咨询等生产性服务业高度集中的地区，成为协调全国乃至全球生产的指挥和控制中心。同时，在过去二十年中，包括银行、信托、保险、会计、法律和管理咨询、广告等市场营销在内的生产性服务业，也已成为发达国家城市发展最迅速的行业，形成了所谓的中央商务区（CBD）。这种CBD的形成，对提升城市价值和增强现代城市功能无疑具有不可替代的作用。

从理论上分析，生产性服务业集聚的动力不仅包括共享基础设施、节约运输成本等静态集聚效应，更多的还包括获取有利于技术和知识的创新、传播等动态集聚经济效应。具体来说，原因主要包括四个方面：

（1）出于关键性投入要素（人才）的可获得性和信息、知识获取、更新与交流的便捷性考虑。大中城市是科研院所云集、高中级人才最为集中、也是最为向往的地方，同时也是各种知识和信息的交汇中心。由于生产性服务是人力资本、知识资本高度密集型行业，因此，为了保证其关键性生产要素的可获得性与便捷性，在空间布局上必然会选择人才较为集中的大中城市作为其主要的落脚地。再者，生产性服务很多都是强调创新与创意的行业，因此，前沿信息的及时跟踪，以及与同行企业或关联企业间的沟通与交流，对行业发展也是至关重要的，而向城市集聚显然有助于达到这样的目的。（2）为了更为方便地接近目标客户，降低需求双方的交易成本。大中城市是公司总部较为集中的区域，也是决策权相对集中的地方。生产性服务在区位上选择大中城市，既可以极为便利地接近自己的目标客户，同时，也可以通过提供百货商场式的生产性服务而减少服务需求方的搜寻时间与成本，从而通过外部规模经济而达到降低交易费用之目的。（3）政府的事后调节与政策引导也是重要原因。虽然生产性服务的集聚起初具有相当的偶然性，但是，政府适应这种需求而进行的事后调节与政策引导，又会进一步促使其在特定区域的集聚。（4）制造业的集聚式发展也是生产性服务业集聚的重要原因，毕竟，制造业是生产性服务的重要需求对象。

集聚的生产性服务客观上也会产生一些好的效应：（1）发挥服务业生产中技术与知识的外溢效应与学习效应，以及实现相互提携效应，提升生产性服务业的整体水平与区域竞争力。（2）通过集聚企业间的激烈竞争，达到降低生产性服务生产成本的目的，从而更好地支撑相关产业的发展，并提高区域经济的整体效率与竞争力。这些效应的一个最突出的现实表现就是，在 APS 集聚的大型城市周围，以及密集分布的高速公路网两边，形成了对成本因素比较敏感的制造业的产业集聚或者产业集群。其中，高度集聚的 APS 起到了降低交易成本的功能，而大型城市集聚的 APS 周围制造业则起到了降低制造成本的作用。较低的"交易成本 + 制造成本"，强化了商品制造部门的国际竞争力，有效地促进了经济发展进程。在这方面，上海相对发达的生产性服务业所带来的长三角地区制造业的大量集聚与突出表现，是最好的例证。

鉴于此，中国国内后发地区在实施城市化战略和谋划生产性服务业发展时，应充分地引导生产性服务业集中和集聚化发展，率先开放和大力发展生产性服务业，是降低城市商务成本、发挥独占性优势、提升城市能级的重要手段。这样可以使城市功能在一开始便有一个好的起点。而发达地区也可以通过各种政策措施的引导，有意识地配置生产性服务业和制造业功能，更加强有力地支撑区域产业的发展与竞争力的提升。

生产性服务业外部化与外包规律

外包或外部化，就是指企事业单位或政府部门把原来由内部提供的生产性服务转为从外部专业市场购买，来满足其需求的过程。这一过程在产业组织理论当中也叫“垂直分离”，实质上这也是社会专业化分工深化与泛化的一个表现。究其原因，主要存在如下一些激发生产性服务外部化的因素：

1. 成本—效率因素。企业从外部专业市场购买生产性服务，往往比内部直接提供具有更低的成本、更高的效率。企业可以减少工资、福利和资本方面的支出（Tschetter，1987；Coe，1991）；促使企业组织变革、收缩活动范围，以集中于它更具效率的核心业务的需要；可以利用生产性服务业企业所具有的规模经济性来实现成本节约（Coffey & Bailly，1990）；有的还可以把相关的成本风险转移给独立的生产性服务企业；也有的是出于互补性约束的考虑（Stigler，1951），亦即企业在需要的时候缺乏在内部生产所必需的金融资源，并且／或者它们缺乏所要求的效率或者质量水平下所必需的金融资源。

2. 非金融性资源因素。外部化可能是由知识资源的缺乏所激发的，也就是说，外部化可能是企业为了获取它们自己并不拥有而生产性服务企业所拥有的专有知识或专门技术（Gillespie & Green，1987；Perry，1990）。毕竟，生产性服务的功能随其劳动中所包含知识的专业化程度而不同，有的服务，如法律、工程技术或者投资银行业都涉及到高度专业化的知识。如果企业内部并不具备足够的生产能力，那么外部化便是可行选择。这里的外部对外包企业的内部生产能力起到了一种增加或者补充的作用。

3. 需求特征。企业对不同生产性服务的需求，可能随其需要得到满足的时间结构而变化。通常认为，只有存在充足的需求以保证内部生产能力可以充分利用时，或者说，只有对该服务的需求足以降低生产成本时，企业才会由内部提供生产性服务。而当需求水平不是很大，从而无法使很大的生产能力得以充分利用，金融资源也难以有效利用时，生产性服务便会被外部化；当需求是零星的且又不可预测时，企业也会外部化其生产性服务（Coffey & Bailly，1990）。

4. 功能特征。外部化也可能是由于功能的专业化程度和技术复杂程度的提高而产生（Perry，1990）。如果对生产专业化程度和技术复杂程度较高的生产性服务的即时需求变得越来越广泛时，企业便可能会因为所需知识资源供给较为有限而难以实现内部供给，只能通过外部化来解决。显然，这也为专业化生产性服务企业的形成和生产中规模经济的利用提供了很大空间。当然，那些对企业具有重要战略意义的服务，特别是那些涉及企业特有信息的服务，通常是不大可能外部化的。不过，科恩（Cohen，1981）又指出，如果由生产性服务所提供的专业化知识能够使企业更容易地适应经济条件的不确定变化，而这些服务对于外包服务的企业来说，无疑是具有重要战略意义的，那么也会实行外部化，虽然这可能涉及到企业的特定信息。

此外，生产性服务作为一种商业实践所建立起来的时间长短，也是影响外部化的重要因素。切特尔（Tschetter，1987）发现，外包出去的生产性服务多是创新服务，提供这种服务所需要的知识资源，至少在一开始肯定是有限供给的。如果此时就被某个企业所拥有，那么，外部化便是唯一选择。而那些已经成为商业实践的旧生产性服务，企业则更可能通过花费时间来发展内部供给的能力。

5. 规制因素。把政府的规章条例日益应用于企业活动的各个层面，也增加了对生产性服务的需求，如会计、法律服务和保险。在有些情况下，政府规制可能要求一定的生产性服务，例如财务审计，由独立的企业来提供。在其他情形下，法律规制则通过上面提到的一个或者几个因素，对外部化起到了刺激作用。

生产性服务业的垄断竞争规律

生产性服务业兼具垄断和竞争行业的双重特质。一方面，生产性服务本身是一种同类但又不同质的差别化产品。虽然不同企业可以提供相同类型的生产性服务，相互间构成近似替代品，但是，服务本身的产业特性，又决定了它们不可能是完全替代品。首先，服务这种特殊产品在产业组织理论当中是一种“经验性商品”，而不是“搜寻性商品”（UNCTAD，1989），在购买之前很难辨别其质量高低；其次，生产性服务的供给本身是一种个性化生产，而不像很多工业产品那样，是一种大规模、大批量的标准化生产。它们多是针对特定客户的个性化需求而专门提供的，有的甚至直接就是“量体裁衣”式的“定制化”生产。因此，差异化是生产性服务的基本属性。正因为如此，生产性服务企业所面对的并不是完全竞争条件下的水平需求曲线，而是一条向右下方倾斜的需求曲线。也就是说，当一个企业提高其产品价格时，虽然会失去一些顾客，但绝不会失去全部顾客。这便意味着生产性服务企业像垄断行业的企业一样，对自己产品的定价具有一定的控制能力，只不过它的市场势力是相对有限的，而不像完全垄断厂商那么强大。

另一方面，除了原先一些国家垄断性的服务行业，如金融、电信等之外，生产性服务业在很多方面又非常类似于完全竞争行业。第一，生产性服务行业中有大量“小”企业在竞争。其中，每一个企业的市场份额都还没有占到支配地位，因而对市场价格的影响力十分有限，所以，各企业都把其他企业的价格视为既定；同时，企业也只需要对平均的市场价格保持敏感性，而不用特别注意每一个单个竞争对手的价格行为。此外，由于企业数量较多，因此勾结往往也是不太可能的。第二，由于同类产品的产品差异毕竟又不是根本性的，因此，企业之间仍然是可以竞争的。第三，企业进入与退出虽然存在一定的壁垒，但还是比较自由的，因此，不能获得长期的经济利润。原因是：当企业获得经济利润时，新企业就会进入该行业，从而降低价格，并最终消除经济利润；当出现经济亏损时，一些企业便会离开该行业，因而提高价格、增加利润，并最终消除经济亏损。所以，在长期均衡时，企业既不进入也不离开该行业，该行业中企业获得零经济利润。

总之，我们可以用马尔库森（Markusen，1989）生产性服务业的一般性概括来说明这个产业的属性。马尔库森指出，生产性服务业具有两个特性：它们一般都是人力资本、知识资本高度密集型的，产品呈现高度的差别化。要获得提供生产性服务所需要的各种专业知识，通常需要较大的、专业化的初期投资。而一旦投资形成之后，提供服务的边际成本也会因此而相对较小。因此，规模经济在该产业当中起着非常重要的作用。当我们把规模经济因素与企业差别化其产品的能力结合在一起考虑时，就意味着从事该类服务的企业具有一定的市场势力，也即该产业具有垄断竞争的属性。

生产性服务的垄断竞争特性决定了，它的竞争重点不仅仅局限于价格方面，还更多的在非价格方面，特别是人才方面、服务本身的设计与创意方面，以及市场营销的其他方面，等等。而要促进中国生产性服务业的健康快速发展和竞争力的提升，也必须要从关键方面着手，比如要打破国家垄断、促进竞争，要注重关键性人才的引进、培养与开发，要为其发展提供有利于创新、创意的环境与氛围，等等。唯其如此，才有可能实现中国生产性服务业的跨越式发展，从而为充分实现其经济功能、更加强有力地支撑产业发展与竞争力提升奠定坚实基础。

第三节　现代生产性服务业投入的作用机制和实现途径

格雷菲（1999）认为，加入了由发达国家所主导的GVC分工体系，发展中国家就会自动实现本土企业的价值链升级。因为，通过对发达国家企业的技术、管理能力及制度体系的学习和追赶，发展中国家的本土企业在购买者驱动的GVC中，就会尝到快速升级和“自动”实现机制的甜头：进口零配件进行装配→整个生产过程的自主进行→设计自己的产品→在地区或全球市场上销售自主品牌产品。

这种乐观的见解，受到了汉弗莱和施密茨（Humphrey & Schmitz，2004）等人的强烈批判。他们认为，在这种GVC中，发展中国家企业的升级进程被发达国家的大买家压制或者“被俘获”于GVC的低端环节，很难向价值链的高端攀升，更不存在升级过程中的所谓“自动”实现机制。格拉默（1999）更是提出了在全球化条件下产业升级的悲观主义的“宿命论”：由于局限于自身的比较优势，欠发达国家被迫处于GVC的初级产品生产活动，但这些活动全部由经合组织国家的跨国公司的行为、结构和制度所决定，被长期锁定在发展的“低端道路”上，并在收益分配方面受到了难以逆转的残酷的剥削。

这些论点一方面给像中国这类基于国际代工的出口导向的发展模式提出了警示，另一方面也提醒我们要从动态的角度研究价值链的攀升问题，逐步摆脱跨国公司通过GVC的治理机制对发展中国家本土企业的控制。实际上，在产业升级问题上的悲观主义和宿命论都是不可取的。重要的是要坚持动态主义的方法论，首先突破把未来的竞争优势持续不断地建立在初级生产要素上的传统做法，利用高级要素的投入改变对“低端道路”的路径依赖。具体来说，就是要增加对现有制造业的现代生产性服务的投入，这是出现格雷菲所说的产业升级“自动传递”次序的关键问题。

本节分析的视角将集中在GVC中现代生产性服务投入的作用机制和实现途径上。正如前文所述，笔者认为，发达国家之所以可以占据GVC的顶端，主要从事非实体性活动，从而取得非对称的全球利益分配，最重要的原因在于，其在产业结构的调整中，不断地投入现代生产性服务所内含的技术、知识和人力资本，使产业结构不断地趋向于“软化”。里夫（Reeve，2006）最近的研究发现，人力资本和教育的投资，对于经合组织国家产业结构转移有着显著和独特的影响作用。他指出，在新经济情形下，几乎所有制造业都严重依赖于资本和中等教育水平的劳动力，而另一方面，高水平教育的劳动力导致了制造产业的产品成本下降。众所周知，技术、知识和人力资本水平取决于教育这个根本，因此，发展高水平的教育（包括各种高水准的职业技术教育），是中国具有出口导向特征的产业升级的基础。

关注 GVC 中的服务业，特别是现代生产性服务业，是 GVC 问题研究中的一个极其现实和极具理论价值的问题。实际上，发达国家的经验证明，制造环节在整个产业链条中所耗用的时间和附加值都是很有限的，与其相关的服务业，例如金融、研发、设计、技术服务、物流、营销和品牌等活动，才是高附加值的环节。此外，中国沿海地区，尤其是长三角地区的企业，在加入 GVC 的过程中，呈现出既加入地方性产业集群同时又加入 GVC 的现实发展特征，即加入 GVC 是以加入地方性产业集群为支撑的。由于地方性产业集群中的制造环节也需要现代服务业来支撑，因此，关注 GVC 中的服务业，特别是其中的 APS，也是谋求地方产业集群全面升级的一个重要的研究思路。

生产性服务业对制造业的投入：攀升 GVC 的作用机理

生产性服务业作为独立的产业部门，以其强大的支撑功能成为制造业增长的牵引力和推进器，是制造业起飞的“翅膀”和“聪明的脑袋”。从理论上来说，生产性服务业的这种提高产业竞争力的效应，是与该产业的产出中含有密集的难以竞争、难以模仿以及可以持续创造价值的高级要素有关。对此格鲁伯和沃克（1989）的结论是：生产性服务业是把社会中日益专业化的人力资本、知识资本导入到商品和服务生产过程的飞轮，它在相当程度上构成了这些资本进入生产过程的通道，因此，它能够提高商品和服务生产过程的运营效率、经营规模以及其他投入要素的生产率，并同时增加其产出价值。这一结论已为各种实证研究所证实。如格里艾里等人（Guerrieri et al.，2003）以 20 世纪 90 年代经合组织国家为样本，研究了生产性服务业的国际竞争力和国际专业化的决定问题，结果发现了一个国家的制造业和生产性服务业发展之间存在着重要的联系。

尤其是现代生产性服务业中的 APS 的发展，是奠定制造业和其他服务业竞争力的基础。APS 是由那些与知识的生产、传播与使用密切相关的行业所组成，如金融保险、信息通信技术、商务服务（包括研发服务、设计服务、创意服务、工程技术服务、企业咨询服务、知识产权服务等），它对于制造业结构优化和产业链的攀升作用机理，可以从物质、行为、管理和制度四个层面进行分析：

第一，从物质投入的层面看，APS 所内含的各种无形的隐含性知识，具体体现为制造业的投入成本。[①]（1）这种投入通过软件嵌入硬件，特别是嵌入机器设备这类工作母机，提高了装备制造业产品的性能，以及用其所制造的产品的市场竞争力。在现代国际分工格局下，制造业的竞争力并不在制造过程本身，而在于制造过程所投入的 APS 的数量和质量。（2）APS 所围绕的各种产品研究与开发服务，如产前的市场与定位调研服务等，研发中的设计服务、创意服务、模具服务等，生产中的工程技术服务、设备租赁服务等，营销中的物流服务、网络品牌服务、出口服务等，都具有增强产品差别化和区分竞争对手的作用，从而强化企业的定价能力和控制市场能力。（3）制造企业在生产经营和资本经营中的各类生产性服务，如金融服务、企业管理咨询服务、法律和知识产权服务等，对于提高企业的战略清晰度、增加市场份额、收购兼并成长等，往往具有决定性的作用。

---

① 这一成本占制造业企业的比例有日益趋高的趋势。例如，据我们和江苏省发改委对苏州市工业园区、高新区和昆山开发区 60 家外商制造企业（涉及制造业中的十多个行业门类）的部分外商制造企业的随机问卷调查，发现在接受问卷调查的外商制造企业中，2001 年和 2002 年生产性服务支出占总支出的比例分别平均为 3.74% 和 3.58%，最低为 1%，最高为 5%。但值得注意的是，生产性服务支出占除原材料以外总成本费用支出的 50%—79% 之间（制造业原材料成本较大）。在生产性服务项目中，仓储运输、产品广告、工程技术服务、知识产权保护、管理咨询、邮电信息传输等支出较大。

第二，从企业行为层面看，一般来说，制造商和生产性服务提供商之间是一种“客户—供应商”关系，不仅存在着“邻近”作用，而且APS的组织结构影响制造业对这些服务的需求，同时，制造业的组织结构也影响生产性服务的供给（Marshal，1982）。因此，从服务提供商那里获得服务的成本，随着双方距离的增加而上升。例如，会议的旅行时间和联系的频率等（O’ Farrell & Hitchens，1990）。科菲和贝利（Coffey & Bailly，1991）强调，在发达国家，“中间需求服务生产是潜在的最昂贵的部分，一方面是保持与服务提供商面对面交流的成本，另一方面是服务的投入和市场成本”。这种推理意味着制造业厂商可以从与生产性服务生产的协同定位行为中获得巨大的好处。科伊（Coe，1990）指出，生产性服务厂商也可以从定位于“邻近”制造业厂商的行为而获得大量利益，因为制造业厂商为它们创建了市场。

第三，从当代企业管理模式的演变看，现代制造企业正按照产品内国际分工的原则，充分地走向“扁平化”“柔性化”和“精细化”。在这种全球产品内分工体系下，产业升级不再表现为产业的整体升级和完整的产品价值链升级，而是表现为某一产品价值链的某一功能环节、某一生产阶段、某一工艺流程、某一技术特征的升级。这一命题如果成立，那么在全球化和外包条件下，为了推进产业升级，就必须在当代企业管理模式中，努力实现某一产品价值链的某一功能环节、某一生产阶段、某一工艺流程、某一技术特征在专业化基础上的规模经济。如把自己所不擅长的或者不具备比较优势的那部分业务外包出去，从而更加聚焦于自己的核心业务，由相关的专业外包公司提供更加专业、优良的服务，这就降低了企业的成本，从而促进制造业的进一步发展。由于制造业的发展反过来又会对生产性服务业提出更高的要求，产生“推拉效用”，从而形成相互促进的发展态势，使得这些地区在知识溢出、劳动力质量和环境设施的方面将明显高于其他地区，成为制造业投资特别是外商投资的重点选择区域，最终形成双赢的局面。

第四，从良性的制度安排降低交易成本的角度看，APS 既是制造企业制度环境的最重要的一部分，又为制造企业创造新的适宜竞争的制度环境，因此 APS 体现为制造企业的制度成本和交易成本。[①] 当地方性产业集群中具备优良的生产性服务条件时，即生产性服务显示的交易成本低于制造企业内部的管理成本时，企业的部分业务就会外包出去。如信息服务业的发展，促使了互联网络步入成熟阶段，信息以及通信成本的下降，这样就减少了企业从市场上获得服务的交易成本，有利于企业的外包行为。制造业企业通过外购，不仅可以降低交易成本，克服公司内部的零件和服务生产者缺乏改进商品和服务质量的动力的问题，而且可以有效地控制风险。企业采取商务活动外包这种组织生产的方式，极大地促进了生产性服务业的发展。而且，随着生产过程的迂回化和柔性化，在生产的每一个阶段，都需要专门知识的专家来进行计划、控制、评估等工作，才能使生产有效率地进行。随着金融、咨询、法律、工程技术以及其他领域的活动日益专业化，其专业化的程度使得规模再大的制造企业也无法在其内部独自提供这些知识。科技进步促使了专业化分工，使得生产性服务业从制造业中分离出来，制造业自身的发展壮大又给生产性服务业以极大的发展空间。换句话来说，APS 对制造业的投入，相当于波特竞争理论（Porter，1998）中所说的专业化的“高级要素”，它能够大幅度地提高国家的生产率，从而成为 GVC 下提升中国制造业发展水平的关键要素。

攀升 GVC 需要寻求 APS 嵌入制造业的实现机制

改革开放以来，中国制造业的强劲出口能力，对经济增长的显著拉动作用引人注目。1980 年至 2006 年间，中国货物出口量以年平均 25.66% 的速度增长，超过世界同期货物出口平均增长速度 18.32 个百分

① 不难理解的事实是，诸如金融、法律、物流等生产性服务，均是制造企业的交易成本。

点，对 GDP 增长的贡献平均达到 27%。[①] 其中，1993 年至 2002 年的十年间，出口额从 917.6 亿美元急剧上升到 3255.7 亿美元，增长了 2.5 倍，出口占 GDP 的比重从 15.3% 上升到 26.3%，中国出口占世界出口总额的比重从 2.5% 上升到 5.1%；2003 年至 2006 年，出口额分别达到 4382 亿美元、5933 亿美元、7619 亿美元和 9689 亿美元，年平均出口增速达到 31.4%。[②] 我们认为，这种骄人的业绩的取得，主要利用的是低级要素投入的比较优势，而不是通过投入“高级要素”所体现出来的国际竞争力。

这个结论在我们最近所做的一项基于大规模调查研究基础上的实证研究中被发现[③]。我们的研究证实，在有效地控制了行业和地域因素后，产品内分工、企业规模、企业区位等传统要素，对中国本土制造企业出口有正向作用，而经典贸易理论所强调的技术创新、人力资本与资本密集度等高级要素，并未成为中国本土制造企业出口的决定性因素。在经济转型的背景下，制度因素对本土制造企业出口扩张具有重要的影响效应。这种影响可能主要体现在对小规模企业出口的激励作用方面。中国本土制造企业的出口竞争优势，主要基于集聚效应所带来的多因素融合作用。目前，中国本土制造企业总的来说被压制在或被锁定于 GVC 分工体系中的低端环节，影响了出口能力的持续提升。

这个来自于实证研究的结论充分说明，一方面，改革开放以来，中国制造业的国际竞争力，主要是通过制度改革，激励低级要素投入的生产率来实现的；另一方面，也说明波特所说的“高级要素”和“专业化”要素（资本密集度、人力资本、技术创新等因素），在中国制造业国际竞争力形成的过程中，由于缺少现实的嵌入机制，因而不能发挥应有的作用。在现实中，现代的高级要素难以嵌入中国制造业并由此形成制造企业竞争力，我们认为主要的原因是：

① 以上数据皆根据历年《中国统计年鉴》和世界贸易组织数据库资料整理计算而得。

② 参见中国商务部网站：http：//fdi.mofcom.gov.cn/article/at/200710/20071005159925.html。

③ 见刘志彪、张杰：《中国本土制造业企业出口贸易的决定——以江苏省为例的实证分析》，南京大学经济学院工作论文，2007 年。

第一，赫克歇尔—俄林新古典理论所提出的，要素禀赋差异对国家间专业化分工起决定作用的国际贸易理论，从整体上可能仍然适用于中国目前的发展阶段，中国制造业总体上仍然属于劳动密集型产业，仍然是依靠低成本劳动力要素禀赋来获取出口竞争优势。因此，利用高级要素投入提升产业竞争力的前提，需要密切结合一个国家经济发展的阶段。在经济发展的低级阶段，高级要素投入往往并不能有效地发挥比较优势和提升现实的产业竞争力，相反更有可能偏离国家的比较优势，扭曲现实的发展进程，因大量消费资源而起到消极作用。对此需要思考的是：长期局限于低级要素的投入，容易使中国企业落入比较优势的陷阱[①]。因此，问题的本质就不是要不要注重高级要素投入的问题，而是在现有的发展条件约束下，如何利用中国与发达国家之间的要素禀赋差异，既能够取得现实的贸易利益，促进经济稳定和充分就业，又能够在动态的发展中逐步改善投入结构，挣脱“比较优势陷阱”的诱惑，实现产业升级目标。这就需要寻找符合现阶段发展要求的现实可行的“高级要素”的嵌入机制。

第二，从我们对中国实践的观察看，目前中国多数本土企业并不追求依靠高级要素投入来构建高端竞争能力，而是竞相追逐以代工等方式切入到由发达国家的大买家所主导的GVC分工体系，并且基本上都切入到GVC的低端制造或加工组装环节。当参与GVC分工体系的中国企业一旦试图建立自己的核心技术能力、品牌和销售终端时，就对多数发达国家跨国公司的买方垄断势力形成挑战。作为GVC分工体系中的发包者，就会利用各种手段来阻碍中国企业构建自主创新能力，从而迫使中国企业被“锁定”或“俘获”于GVC中的低端环节。我们的实证分析发现，技术创新等因素不是中国本土企业出口的决定性因素，可能并不仅仅是

① 所谓“比较优势陷阱”是指，一国（尤其是发展中国家）完全按照比较优势，生产并出口初级产品和劳动密集型产品，则在与技术和资本密集型产品出口为主的经济发达国家的国际贸易中，虽然能获得利益，但贸易结构不稳定，总是处于不利地位。

中国本土企业的自愿行为和自主选择，而极有可能是在现实的GVC分工格局下，与发达国家企业在进行利益博弈时的迫不得已的被动选择结果。这就提出了如何在现实的GVC分工格局下，如何打破现有的决定利益博弈均衡的前提条件问题。在这个问题上，我们不能指望发达国家跨国公司的买方垄断势力会被自动解除，而只能寄希望于自身投入要素的不断创新和升级。因为，跨国公司的买方垄断势力也不是与生俱来的，而是通过持续不断的对高级要素的投资形成的。这就需要我们在制造业升级的过程中，找到能与买方垄断势力相抗衡的"高级要素"的嵌入机制。

第三，我们在实地调研中发现，中国地方性产业集群中的本土制造企业热衷于低级要素导向的出口，跟目前中国的这些制造业集群的配置方式在功能上的单一、高级要素缺少嵌入制造业的具体途径等问题有直接的关系。中国现有的制造业产业集群，绝大部分是同类产业或者零部件配套产业在某一特定空间的简单集聚，这些功能单一的制造业集群，缺少来自基于APS的智力支持功能、降低交易成本的功能和增强产品差别化的功能，仅仅以大规模和专业化提升生产能力和降低直接的制造成本为己任，它们与以高级要素为内容的APS基本上处于"身首分离"、"翅膀与躯干分离"的状态。因而在集群与集群之间，存在着以地方政府为主体、以行政边界为特征的区域间的残酷竞争；而在集群内部，则存在着至少来自下列几种力量的异常残酷的生死争斗：一是由产品同质化所驱动的企业间的残酷的价格竞争，二是由集群内部以企业间相互"挖人"为特征的（尤其是高级技术人员和管理人员的无序流动）生存竞争；三是由知识产权和隐含性知识保护不力所带来的模仿和侵权的竞争。这种激烈的竞争态势，使中国沿海地区的制造业集群不注重研发支出、不进行人力资本投资，仅仅进行高消耗的低成本竞争，在带来世界制造业为之恐慌的"中国价格"的同时，也在很大程度上诱发了某些定位于低级要素的制造业集群的整体性衰退。因此，不能找到"高级要素"的嵌入机制，中国大批功能单一的制造业集群将会在可以预见的未来，特别是其他要素禀赋比中国更为优越的发展中国家加入全球竞争后，面临大规模消失的严峻局面。

协同发展机制：基于产业集群攀升 GVC 的案例

在实践中我们观察到，目前中国沿海地区，特别是长三角地区，已经形成了某些以 APS 主导的服务业集聚区，它们以先进制造业和现代服务企业为服务对象，能够以最快的速度和最有效的高级要素投入提供复合的产品和相关服务，不仅形成了集群内部企业之间的差别化竞争格局，而且使集群内服务产业与制造产业之间形成了协同定位和协同集聚的嵌入机制。

我们实地调查的案例，是位于制造业发达的常州武进高新技术产业开发区内的“津通国际工业园”[①]，它由江苏津通投资建设有限公司开发建设，占地 100 亩，规划建设面积 90 万平方米，目前已建成近 30 万平方米的 17 座高标准工业厂房、1 座生产服务中心和 1 座生活服务中心，还有逾 10 万平方米的标准厂房及研发大楼也将正式投入使用。

“津通国际工业园”在功能上定位为“企业的集成服务商”，是以现代服务业为核心，集科研孵化中心、制造生产中心、现代服务中心为一体，以循环经济范式和花园式社区为环境特征的新型高新技术产业园区。[②] 它以“现代服务业和先进制造业的双轮驱动”为理念，为入驻企业提供集成服务的国际化产业运营平台。它为制造业配置的生产性服务主要包括：（1）科技服务，如工业设计、工程仿真、专利服务、技术设计、软件研发、测试等，园区内的国家级“国际科技合作基地”、国家级“高新技术创业服务中心”、国家级“留学人员创业园”，为符合条件的创业企业

① 可参见：http://www.jinton.com/index/asp。

② 通过实地调查我们知道，津通国际工业园的开发与建设主体是江苏津通建设有限公司，该公司董事长贡毅博士，毕业于芝加哥大学经济系工业经济专业，曾经在 GE 公司有多年的高级管理工作经验，对利用现代生产性服务业吸引和推动先进制造业的发展理念，有着深刻的理解和实际运作经验。

优先提供“种子基金”，以缩短从科技“孵化”到“产业化”之间的时间。（2）制造服务，包括人力资源、物流、国际货运代理、保税仓库、租赁、认证等，集工厂建设、设备安装和监管、工业工程、后勤服务、企业管理和物业管理于一体的综合性服务。（3）商务服务，如金融、法律、财务、税务、广告、会展等。（4）后勤服务，如餐饮、住宿、邮政、通信等。这种“津通服务体系”的现代服务要素的注入，可为园内企业提供高效率、低成本的多种其核心流程以外的其他业务。

作为中外大型企业高效营运的新型载体和中小企业快速成长的互动平台，自 2005 年 10 月开园以来，“津通国际工业园”已吸纳了世界 500 强的美国固特异轮胎、美国通用电气（GE）、美国贝尔金（BELKIN）、德国沃尔克电子（WOLCO）、日本福斯特电机（FOSTER）等二十多家制造企业入驻园区，世界 500 强的瑞士 SGS 标准认证、香港嘉里大通物流、美国 Rubber Shaw 工业设计、美国毕马威财务等二十多家国际知名的现代服务型企业也一并进入。一流的国际企业的进入，也吸引了许多海外留学创业者和一些国内实力雄厚的大企业的进入，项目首期的入驻率达到了 80%。目前该园区已经成为以常州地区为主要辐射范围、逐步将辐射半径延伸至国际制造基地的苏南地区甚至长三角地区的现代服务业集聚区，以及制造业服务流程外包的示范区。

“津通国际工业园”的运作模式受到海内外广泛关注，曾先后被联合国中小企业联合会、美国电子协会、欧盟机械制造协会等列为外商“在华投资重点推荐工业园区”，受到国家及省市各级领导的表彰鼓励，尤其得到许多技术含量高、管理水平先进的国际性企业的认同。多次到访的世界著名战略管理学家、“隐形冠军”研究之父赫尔曼·西蒙教授，对“津通国际工业园”的评价是“培养隐形冠军的福地”，也是“隐形冠军快速成长的最佳实践基地”[①]。

① “隐形冠军”又称为“单打冠军”，即指在一个行业内生产某个物品中的某个专一的组件，通过规模、技术、质量等优势，最终成为生产某组件的全球生产冠军。

“津通国际工业园”的投资与建设的初步经验，对于寻找符合中国现阶段发展要求的现实可行的“高级要素”的嵌入机制来说，具有深刻的启示：

第一，通过现代服务产业集聚来增强制造业的竞争能力，这种嵌入机制的实现形式，关键是要在地理区位上建立一个贴近服务对象的高级要素投入市场。在集群的建设和发展上，由于先进制造业和现代服务业之间不是竞争关系，而是互补性关系，更严格地说，先进制造业对高级要素的投入存在着严重的依赖性，因此我们可以用现代服务业来大力吸引先进制造业的邻近配置，以实现两者的协同定位和协同集聚。马丁（Martin，2004）的研究也证实了这一点。他们的研究表明，APS 区位是制造业区位的函数。其道理在于，它们之间是“供应商—客户”关系。制造企业从短距离的生产性服务那里获得益处，因而，基于时间的“可达性”是解释二者协同定位的重要变量。接近 APS 这一因素可以解释制造业的区位，但是，接近制造业并不是一个在统计上可以解释 APS 区位的显著因素，原因是生产性服务经常又是其他服务业生产的投入。他们的研究还表明，知识密集型制造业对接近 APS 的弹性，要小于非知识密集型制造业对接近 APS 的弹性。

第二，经验表明，FDI 不仅是促进现代服务产业与制造业之间的协同定位和协同集聚的最重要因素之一，而且由此产生的协同定位和协同集聚力量，可以使集群产生“自我强化”效应，进一步成为吸引 FDI 和国内大企业的运作载体和具有巨大“磁场”效应的平台。① 我们最近的一项关于空间集聚问题的研究发现，在长三角地区：（1）制造业和服务业的协同集聚水平越高，制造业的集聚水平越高。（2）服务业和制造业的协同集聚水平越高，服务业的集聚水平越高。因此，协同集聚促进了产

① 如长三角地区在吸引 FDI 的过程中，不仅带来了制造业的集聚，形成了“世界工厂”，而且跨国公司也逐步带来了与之配套的 APS 的集聚。二者的协同效应使该地区进一步成为吸收 FDI 的福地。

业集聚。(3) FDI 与制造业集聚和服务业集聚正相关，且在加入协同集聚水平后，其显著性有所提高。(4) 各地的服务业和制造业集聚水平受其与中心城市上海距离远近的影响，距离上海越近的地区，其制造业和服务业集聚及其协同集聚水平也越高。因此中心城市的辐射效应是很明显的。①

第三，为了把高级要素有效地嵌入到商品和服务的生产过程中，过去我们比较多的强调"产学研"联合体的作用。根据中国转型经济的背景，现在又竭力主张"产学研政"一体化的技术创新和转移机制。但是实践证明，通过"产学研政"一体化来实现技术创新和技术转移，首先要有"非技术创新机制"来支持其产业化或商业化的进程，否则一定会陷入技术创新的"欧洲悖论"(Veugelers et al.，2007)②。这就是说，产学研政联合体的技术创新模式和机制，虽然是国家技术创新体系最重要的内容和主要途径，但是如果缺少"非技术创新机制"在背后的支持，高水平创新成果就无法转化为产业的技术进步成果和企业的竞争力。我们认为，这种"非技术创新机制"表现在空间关系上，就是现代服务产业与制造业之间的协同定位和协同集聚机制。通过企业为主体的市场化运作和资源整合，以 APS 主导的服务业集聚区聚集了来自国内外产业界、科研机构、高等院校、金融界、其他中介部门、政府等目标一致的力量，有效地降低了来自技术创新的风险和不确定性。

第四，"津通国际工业园"模式的运作经验提醒我们，在 GVC 分工体系下，价值链的治理与集群升级之间的因果关系，可能不只有一条途径。过去，诸如 GVC 理论的代表人物格雷菲(1999)等，都十分强调发展中国家的企业必须通过加入"被俘获"的价值链，以及被大买家控制

① 高峰、刘志彪：《长三角地区服务业与制造业的协同集聚与增长》，南京大学经济学院工作论文，2007 年。

② "欧洲悖论"(EuropeanParadox)，即高校、研究机构的高研究水平，与它们对产业创新的低贡献水平之间存在很大差距的现象，也即"欧洲悖论"是指在研究上高额的公共支出，带来的却是很不显著的商业效益。现在许多学者认为，"商业化的失败"是导致"欧洲悖论"的最重要的原因，欧洲促进公共科研商业化的政策并不如美国一样成功。

的治理机制，来逐步实现自身产业的产品升级和工艺升级。中国的经验证明，在“被俘获”的价值链下，通过国际大买家所控制的治理机制，一般只能通过“干中学”和“学中干”等形式，实现初步的产品升级和工艺升级，而很难或者只有很少的可能可以实现功能升级（即攀升“微笑曲线”中价值量较高的两端）。这是由博弈的双方在核心能力方面的不对称和利益冲突的本质所决定的。通过现代服务产业为主导的集聚区的发展，以及它与制造业之间在空间上的协同定位和协同集聚，我们事实上不仅把价值链两端的功能给独立开发出来了，而且实现了它与现代制造业的有机融合。

本节基于 APS 与先进制造业的互动关系，描述了在全球价值链分工体系下，基于产业集群的产业升级或攀登产业链的高峰，必须高度重视作为“高级要素”投入的 APS 的问题。笔者通过实地调查研究发现，为了既充分利用中国与发达国家的要素禀赋差异取得贸易利益，又能够在动态的发展中逐步改善投入结构，挣脱“比较优势陷阱”的诱惑，需要在各地产业集群的大规模的投资和建设中，建立现代服务产业与制造业之间的协同定位和协同集聚机制，尤其是要重视以 APS 集聚吸引先进制造业的集聚，实现“现代服务业和先进制造业双轮驱动”。

中国过去依靠勤劳与廉价，赢得了在 GVC 上的一个初级台阶和切入点。随着大规模生产能力的建立，中国的产业政策就应该鼓励制造业集群的功能多元化，在确保产品质量稳定、交货可靠和成本具有竞争优势的同时，立足于集群的区域技术创新和非技术创新，使中国产业集群不仅拥有优异的生产系统，同时还有与之相匹配的技术创新系统、市场创新系统和制度、管理创新系统。在此基础上，拥有更进一步的自我学习与持续完善的修炼机制，从而在更高层面上支持并实现产业集群的升级目标。为此，我们应该更有效地支持集群内部的企业进入全球性的制造网络体系，在与跨国公司的合作与竞争过程中，不断攀升价值阶梯，抢占制造业价值链的顶端。

第四节　发展现代生产性服务业与制造业结构升级

如前文所述，在工业化的新跨越阶段，中国提出要大力发展现代生产性服务业，不是说中国的工业化发展已经到了极限要反过来纠偏，也不是说可以撇开原有的工业基础去寻求新的产业发展空间，而是适应全球产业转移的趋势、提升外向型经济层次和水平、调整优化制造业结构、转换中国经济增长方式和提高区域增长效率的战略性考虑。

目前，结构调整仍然是中国经济发展的主线，对制造业结构调整优化来说，最重要的问题最起码包括以下内容：以进一步的体制和机制改革为突破口，深化制造业内部的分工来提高制造效率；基于提高国际竞争力的目标，加大对制造业的研究开发投入和市场营销投入的强度，全面实施自主创新和自创品牌战略；提高制造业的产业集中度和集聚度，调整优化制造业布局，发展产业集群；提升外向型经济层次和水平，吸引国际先进制造业等等。本节将主要从这四个角度，结合长三角地区的发展情况，探讨发展现代生产性服务业与调整优化制造业结构之间的关系。

以制造业为基础，推进制造业和服务业的专业化分工

近代的工业革命过程中，生产性服务业只是制造企业的内生性部门，主要表现为它们隶属于制造企业的某些职能机构。这些职能机构给制造过程提供具有生产性质的服务投入，这种服务性质的投入品是企业自己“生产制造”，而不是从外部的独立厂商那里“购买”。从性质上看，这些服务投入无论是自制还是购买，都是企业成本的一个软性的、必要的组成部分。制造企业自己“生产制造”服务性质的投入品，是世界工业革命时代的一个重要现象。美国企业史学家钱德勒在总结欧美先进工业国家大企业发展的历程时指出，近代的工业革命所体现的大规模生产推动了大规模的营销和物流，企业必须自行掌握这些功能才能适应工

业化的大规模生产活动。

同时，由于竞争的加剧，运用先进知识进行研究开发以发展新产品的活动，也逐步从兴趣导向的个体创新活动，整合为企业的一个群体行为和制度化的部门。因此，早年的先进企业在研发、生产和营销上，是一体化于企业内部的几个重要部门，“研发→生产→营销”这个序列也是企业必须遵守的基本活动流程。

“研发→生产→营销”这个一体化序列的分离现象，虽然在第二次世界大战以后就已经出现，但是作为大规模的群体特征，却是在20世纪80年代以来经济全球化浪潮中才显现出来。激烈的全球经济竞争促进了跨国企业按比较利益原则，不仅在国内而且更重要的是在全球范围内进行产业的战略配置，其中最为引人注目的现象是供应链的“外包”。就企业内部的制造和服务的关系看，这种产业的战略配置体现为两方面：一是专注于产业链中创造价值的高端活动，把与技术活动和市场活动等有关的服务业牢牢抓在手中，而把缺乏比较优势的制造活动转移出去，或进行外包和国际外包，自己则逐步成为从事服务增值为主的专业化服务厂商，最典型的是美国通用电气公司。二是在某些高技术的产业中，为了控制技术的泄密，或专注于系统的集成，或集中精力做深做精产品，而把某些服务过程外包，如全球性的软件外包。这些活动促进了中间投入品厂商的独立，催生了中间投入服务业的兴起；而“国际外包”趋势又拉动了其他国家相对低端的制造业，以及某些高强度利用劳动力资源的中间服务业的发展。

从微观上看，基于成本—效率因素的考虑，应该是制造商强化专业化分工、把生产性服务业外包或者外化的最重要的原因。企业从外部专业市场购买生产性服务，往往比其在内部直接提供具有更低的成本和更高的效率。服务投入品外部化之后，企业可以减少其在工资、福利和资本方面的支出；服务外部化也是企业组织扁平化、收缩活动范围以集中于它更具效率的核心业务的需要；服务外部化可以利用生产性服务业企业所具有的规模经济和产品差别化，来实现大规模的成本节约和稳定地提高服务品质；有的还可以把相关的成本风险转移给独立的生产性服务企业承担；也有的是出于互补性约束的考虑，亦即企业内部有时缺乏所必需的金融资源，并且／或者它们缺乏所要求的效率或者质量水平下所必需的金融资源，这种资源有时必须通过外部来更好地供给。

与当今工业化国家先进企业把内部服务逐步市场化和专业化的发展趋势不一致的情况是，中国制造业企业特别是国有企业，普遍追寻自成体系、自力更生、自我服务的“大而全、小而全”发展模式。这种自我服务的产业链模式，一方面由于专业化程度不高，既难以使制造业做深、做精和做强，也难以使服务业降低成本和提高品质；另一方面也由于试图市场化的服务厂商缺少来自制造业的需求基础支撑，制约了生产性服务业的独立和市场化的外化发展。由此造成两难选择：一方面，制造企业对现有的外部服务高度不满意，仍然满足于或被迫继续自我提供服务；另一方面，市场化的服务企业因现实市场需求不足难以成长，但社会确实又存在对高品质服务的潜在需求。

香港贸易发展局研究部于 2004 年 8 月对中国经济最发达的长三角地区十个主要城市进行了调查①，发现长三角地区制造企业使用外部服务的比例只有 44%，它们不使用外部服务的主要原因包括：由企业自身提供服务的效率和素质更好；独立的服务公司收费昂贵。从企业的类别来看，民营企业对使用外部服务的态度比国有企业更为开放，而且使用和选择外部服务也比外资企业灵活。长三角地区制造企业对服务企业的服务满意度偏低，其中上海是 37%，其他长三角地区的城市是 27%，中小型生产企业（主要是民营企业）对现有服务企业提供者不满意的比例，比大型生产企业高一倍以上。不满意的原因主要是服务的专业水准不

① 此次调查包括上海、江苏省（南京、苏州、昆山、无锡）、浙江省（杭州、宁波、温州、嘉兴、绍兴）的 3000 家制造企业的问卷调查，成功收回了 316 份问卷，并对二十多家制造企业进行了深入的访谈。下载地址：http：//www.cfs.com.cn/zfzq/content/html/20050127/content002001002-1000937295.html。

够和收费不透明。与此同时，长三角地区制造业企业普遍认为，在选择服务公司时，服务的专业水准是需要考虑的最重要因素，它们愿意付出较高的价格来获得高质量的服务。

在工业化过程中，独立的生产性服务业发展不足的情况，反过来又会进一步要求制造企业通过建立内部化服务体系来降低投入成本和提高效率。美国经济学家波特曾经提出一个值得我们高度重视的现象，就是在传统工业化道路中，发展中国家的政府往往希望通过大型企业集团作为工业化的载体，而在经济发达国家，企业集团的这种功能则越来越小。笔者对此的解释是，发展中国家在制造业不够强大的前提下，外部生产性服务业因外部市场需求不足而难以独立生存。在外部生产性服务业不够发达的情况下，政府往往寄希望于国内的大型企业集团的管理总部，在其内部为所属企业自我提供所需要的生产性服务，如融资、工程技术、管理咨询和法律等；而在市场发达国家，因为外部生产性服务的体系已经基本健全，企业可以从市场上购买到各种价格更低、质量更佳的中间投入性服务，因而就可以集中精力从事自己的专业化活动。

这个问题从另一个角度说明，一方面，制造业是现代生产性服务发展的基础，发展现代服务业不能离开强大的制造业基础；另一方面，制造业内部的分工深化和生产性服务业的外生化，是一个相互决定的内生化过程，推进发展中国家工业化的进程，要从制造业体制改革、推进制造业企业的竞争以及主业和副业的分离，深化制造业分工和发展独立的现代生产性服务入手。因此，生产性服务业脱胎于制造业，基于制造业的基础，随着社会分工的深化和竞争程度的加强，它会从制造业当中逐渐垂直分离出来，并发展成为独立的产业部门，而且会像钱德勒所说的那样，随着经济发展水平的提高，生产性服务占经济的比重也会越来越大。在这个意义上我们可以说制造业是生产性服务的生身父母。

现在有人认为，作为独立的产业部门，现代生产性服务业的发展可以与制造业分离而独立推进。他们所举的例子就是某些城市国家或者城市经济体,如新加坡、中国香港等,认为它们并没有很强的制造业基础,但是却是现代生产性服务高度发达的区域。这种观点其实是错误的。应该说,新加坡、中国香港等现代服务业的发展,是建立在国际分工和区域分工基础上的。由于现代服务业对成本不太敏感而对技术知识高度敏感,因此企业往往将其配置在高度发达的城市,这样既可以有效利用这些世界性城市的生产要素,也可以发挥这些城市对周边地区制造业的辐射功能,降低制造业的交易成本。同时我们也应该看到,这些城市的周边地区往往集中配置和转移了大量的制造业,这些制造业集群起着降低制造成本和对现代服务业产生强大需求的作用。这种协同性定位的态势,在珠三角地区表现为香港与其周边地区的关系,在长三角地区,则表现为上海与江苏、浙江的关系,这恰好说明了现代服务业与制造业之间较强的相互依赖,尽管它们在空间上可能是有一定的分离倾向。

生产性服务业的发展加速中国产业集群的形成

城市特别是特大型城市具有良好的软硬基础设施条件,全球化使其成为跨国企业指挥和控制全球产业运作的节点和中心。一方面,跨国企业的这种微观选址策略造就了城市功能的变化,带动了生产性服务业在特定城市的发展,尤其是在世界性城市的集中和集聚(一个城市中现代生产性服务业占 GDP 的比例,是反映该城市是否世界性城市的重要指标);另一方面,城市中现代生产性服务业集中和集聚,极大地降低了服务对象的交易成本,优化了企业的发展环境,由此又带动了城市周边地区制造业的发展。非常有意义的是,城市商务成本的变化,可以在一定程度上解释城市制造业转移和生产性服务业集聚这一趋势。

商务成本一般包括要素成本和交易成本两部分,前者如不动产成本和劳动力成本,由于要素的稀缺性,它们往往随经济发展水平的提高而不断上升;后者主要指制度、政策、文化、习惯等给企业经营带来的成本,由于投资环境的改善,它们往往随经济发展水平的提高而不断下降。在当代经济发展中，城市要素成本的提高，会使对成本比较敏感的制造业不断从城市中转移出去。能够在城市中继续生存和发展的产业，只有那些对成本不敏感而对技术、知识和人力资本敏感的现代生产性服务业，现代生产性服务业的集聚和发展，又促使城市交易成本的进一步降低。

但是，城市商务成本上升与城市服务业发展之间的关系理论，无法圆满地解释为什么转移出去的制造业和新发展的制造业也必然会围绕城市周边地区呈集聚形态配置。我觉得这可能要联系制造业与生产性服务业之间的互动关系来考察。具体来说就是，作为制造业的中间投入品，生产性服务业与制造业在地理位置上具有协同定位的特征，即它们在空间上相互接近。汉森指出，生产性服务业与区域生产率差异的关系，可以用生产性服务业与制造业之间紧密的地理位置关系来解释。克莱森也认为，中间投入品产业原则上是解释最终产业集聚和集中的唯一因素。至于为什么生产性服务业与制造业之间要相互接近，典型的理由是位于城市的企业管理总部要随时实现对分散经营的产业的掌握和控制。另外，随着空间距离的加大，从服务供应商那里取得服务的成本也会提高，如开会和频繁接触的旅行时间等。中间服务生产中最耗费的要素是维持"供应商—客户"之间面对面接触的成本。因此，服务供应商会从接近制造商客户群的较短距离（即可达性程度高）中受益，同时制造企业也会从短距离的服务供应商那里受益。

马丁等人的研究表明，生产性服务业区位是制造业区位的函数，反之亦然。其道理也在于它们之间是"供应商—客户"关系。制造企业从短距离的生产性服务获得益处，因而，基于时间的"可达性"是解释二者协同定位的重要变量。接近生产性服务业这一因素可以解释制造业的区位，但是，接近制造业并不是一个在统计上可以解释生产性服务业区位的显著因素，原因是生产性服务经常又是其他服务业生产的投入。

有研究表明，知识密集型制造业对接近生产性服务业的弹性，要小于非知识密集型制造业对接近生产性服务业的弹性。这种在西方国家得到实证检验的经济理论，在长三角和珠三角地区的经济发展中，也可以得到验证。如我们发现，在地理位置上越是接近上海这个现代服务业中心，这些年来这些地区的制造业发展势头就越猛，如苏南地区和浙江北部，尤其是苏州的昆山地区；上海作为服务业高度发达的中心城市，其生产性服务业越发展，周边地区制造业也越能受益，其集聚和集中的程度就越高。

据计算，上海生产性服务业对长三角地区工业的贡献是：上海生产性服务业每增长 1 个百分点，三省市工业增长 0.918 个百分点。当然，目前上海的现代生产性服务业发展程度和水平与香港等国际性城市相比，还有很大的差距，扩散效应远远不够。如香港的服务业在 CEPA 之后，已经大面积地扩散到中国整个沿海地区，而上海的服务业因受制于某些客观的条件，特别是体制性条件，其辐射半径具有一定的局限性，目前的影响还主要是在长三角范围内。

生产性服务业与制造业在空间上具有协同定位的特征告诉我们，在走新型工业化道路和发展中国生产性服务业的过程中：第一，在某些有条件的地区，要以城市为中心和依托，建立专门为制造业集群服务或吸引制造业集群形成的城市商务服务区，以形成都市经济圈和强化城市的经济辐射功能；第二，我们必须在已有的制造业产业集群内部或者附近，按照政府引导、社会资金投入为主的原则尽快建立起各种为其服务的公共平台，以降低制造业集群的交易成本，优化投资环境；第三，在各种高技术园区，或者知识密集型制造业的集群内部或者附近，要建立各种为其服务的研发平台及法律、工程、融资、信息、咨询、物流和政策支撑体系，以增加其知识含量和产业竞争力；第四，要贯彻生产性服务业与制造业协同定位的生产力配置原则，避免制造业和服务业单一发展的孤立格局。

通过发展 APS 带动先进制造业的发展

依据中国长江三角洲地区制造业在全球的竞争优势和现实发展的势头，乐观地断言未来这一地区将成为全球加工制造中心，甚至断言有可能成为继英、美、日之后的“世界第四轮新的国际制造基地”，可能还需要增加若干重要的前提条件。其中一个最重要的条件是，我们除了必须充分发挥这一地区制造成本低的优势外，还必须通过发展 APS 来降低交易成本，以促进先进制造业和高技术产业的发展。

中国东部沿海地区目前的制造业发展水平，从全球价值链的角度来看，还处于比较低端的位置。加工增值率较低的事实，还不能说我们已经形成了世界制造基地或制造中心，充其量只能说是世界的加工“车间”。由于中国的劳动力不仅优秀而且便宜，土地资源价格低廉，因此物质转换成本在全世界都具有竞争优势，全球跨国公司纷纷登陆中国，在形成比较成本优势的基础上充分利用中国广阔的市场容量。这些年来，中国的制造业产出的增长一直位居世界前列，按此势头判断，21 世纪中国成为世界制造业中心是完全有可能的。然而，我们必须清醒地认识到，在全球化竞争体系中，中国还缺少先进制造业和高技术产业发展的环境和条件，也就是说，在中国，先进制造业和高技术产业发展的交易成本还很高，如第三方物流不够发达，金融保险业制度创新落后，技术工程服务不到位，法律和产权服务、企业管理服务水平不够高等，这些都在很大程度上影响了中国本土企业效率和跨国公司先进制造业的投资选择和运作策略。

从经济理论来看，不同的产业发展，对制度的依赖也有所不同。发展 APS，实际上就是要发展和优化高端制造业的制度环境，包括知识产权保护在内的制度创新。这是因为，一般的制造业对制度要求不敏感，而先进制造业特别是高技术产业对制度的要求比较敏感。对普通的制造过程来说，所依赖的技术知识基本上都是属于显性的、可编码的和可学习的，而先进制造业特别是高技术产业则对知识产权保护的要求非常严格，很多产业的发展还需要企业运用长期积累的各种隐含性知识。跨国企业出于利益考虑，决不会把其花费了巨额投资的技术和诀窍，或者容易被模仿的制造技术，贸然转移到一个对知识产权的保护不严格、对模仿行为处置不严厉的国家和地区。因此，猖獗的盗版和对知识产权的肆意模仿，都会增大跨国企业先进制造业的进入风险和成本。正是由于这个原因，目前，进入中国的FDI企业，从总体上来说，都是属于一般的制造业，即使是所谓的高技术企业，也只是高技术产业中密集地利用中国廉价劳动力的低端部分，真正的高技术企业是少而又少。

另一方面，中国本土的制造业企业，由于受短期行为和盈利的驱动，往往热衷于模仿和价格战。其中的恶性循环链是：制度不合理→企业行为短期化→热衷于模仿而缺少自主创新能力→规模取胜→价格战→盈利能力被消耗→缺少自主创新能力以及进一步模仿。打破这种恶性循环链的关键，是要从源头建立各种鼓励企业长期行为的制度，包括在企业内部建立长远的利益代表者机制，以长远利益对待知识产权的保护问题。这不仅是出于吸引高端制造业FDI企业的需要，也是基于激励中国企业自主创新、占领产业链高端的现实战略考虑。

高端制造业的发展，需要有APS相匹配，反之，开放和引进APS，也有利于引进高端制造业的FDI。德国学者霍斯特等人构建了一个生产性服务业FDI模型，来说明生产性服务业FDI具有明显追随下游制造业FDI的倾向。他们运用美国1976年至1995年在25个东道国投资的面板数据，检验了相关假设，结果发现：除了政府政策和文化壁垒外，生产性服务企业进入外国市场可能面临着信息不对称的进入障碍。本土制造企业和外国其他企业一般会选择自己熟悉或与自己有长期业务关系的服务企业，而不会贸然选择自己不熟悉的国外的服务企业。

例如，据调查，中国长三角地区的制造企业，使用本地服务公司的比例非常高，其中上海市是77%，长三角地区的其他城市是68%，尤其是一些知识含量相对较高的服务业，如国内的物流运输、法律事务等，更是依赖于本地的服务业。外资服务企业所提供的服务内容，主要集中在一些需要与总公司协调的业务，如保险审计（有些甚至直接由总公司安排），或者需要有良好的国际网络的业务，如国际性的物流运输、全球的市场推广销售广告等。因此，当FDI的服务企业进入外国市场时，往往会首先选择本国的FDI制造企业集聚的国家和地区，或与自己有长期业务关系的供应链企业，这种信息优势来源于早已相互熟悉的透明化的服务价格和品质稳定的服务效率。这种信息壁垒的存在，对我们在实践中所观察到的现象提供了一个可能的解释，即生产性服务业FDI趋向于追随下游产业的FDI进行配置。

中国在进一步的工业化和结构优化调整的过程中，通过引进外资APS来吸收高端的制造业FDI，这只是问题的一个方面。另外一个更为重要的现实问题是，我们必须高度重视本土APS的培育和发展，只有这样，我们才能够在经济开放中使自己的国民经济体系独立化而不被外资所主导，也才能使经济运行不受制于外国资本。目前，跨国公司正在做的一项重要工作是：把其制造业向中国的转移与其全球战略、全球的服务配套体系及企业组织制度结合起来，即把中国低的制造成本与其自身所创造的低的交易成本这两个优势结合起来。

现在各个行业的跨国公司都在进行全球布局。零售批发、家电业、汽车业、化工业、机械电子等布局，有些可能接近完成，有些布局则正在进行中。如果我们不能尽早通过加快发展本土的现代生产性服务业来降低本土企业的交易成本，当跨国公司全面“进攻”APS时，中国的本土企业可能会受到严重冲击甚至难以抵挡。届时中国的全球制造业基地的灵魂和脑袋，将可能不是由本土企业起主导作用，而是由跨国公司所左右。这当然不是我们所希望出现的局面。

在知识经济时代，对中国制造业结构调整问题的研究，不能局限于制造业本身来讨论，而必须联系它与现代生产性服务业的关系来研究。只有从发展现代生产性服务业的高度来推进制造业的结构调整和升级，产业结构的调整优化政策才是切实可行的。就制造业自身来谈制造业的结构调整和优化，只能是丢失现代制造业发展的灵魂，失去制造业发展的目标。

现代制造业发展所依赖的科学技术、专有知识诀窍和人力资本，均来自现代生产性服务业对其独立的中间投入。以发展现代生产性服务业的思路来加速制造业的结构调整和优化，可以从多方面改善中国产业发展政策的效率。这是因为，脱胎于制造业母体的现代生产性服务业，在降低服务业投入成本和提高投入品质的同时，也有利于制造业的专业化和精细化；现代生产性服务业是制造业的知识主体和构成要素，是其心脏、脑袋和起飞的翅膀；制造业与现代生产性服务业在空间上具有协同定位的效应，有利于中国产业集聚格局的形成和集群的升级；吸收国外先进制造业或独立发展本土高技术产业，其前提是要对外资开放APS，或者积极发展本土的APS。

第四章　以服务业外包带动中国产业升级

第一节　国际外包视角下的中国产业升级

当跨国公司把服务外包作为全球战略、提升国际竞争力的有效手段时，中国的经济政策也在前一轮制造业外包发展取得举世瞩目成就的基础上，把着力发展服务业外包作为推进新一轮经济成长、调整产业结构和增强国际竞争力的重要策略。这是一项影响21世纪中国经济发展方向的重要的战略选择。

笔者认为，这一重要的发展战略选择，至少涉及未来中国产业发展中的三个主要问题：第一，在经济全球化和产品内国际分工的格局下，中国以促进产业升级为主要目标的产业政策应该如何适应和变化？也就是说，国际外包视角下的中国产业升级，与我们通过自主创新、实施独立的产业政策来推进的产业升级有何不同？如何根据发展国际外包的要求调整我们的产业政策指向及其工具？第二，如何在提升制造业外包水平的基础上，协调其与发展服务业外包的关系？也就是说，如何利用我们过去在推进制造业外包方面的优势和取得的经验，通过进一步优化产业升级和发展的环境，抢占国际服务业外包的重大机遇？第三，如何利用服务业外包的发展机遇，解决中国地区之间产业发展非均衡的状态？也就是说，如何结合中国区域经济发展非均衡的特征，在制造业外包的基础上把发展服务业外包作为结构调整的工具，并相应地建立多层次的中国现代产业体系？

国际外包视角下中国产业升级的特点

国际外包活动是产品内国际分工的主要实现形式和表现方式，也是GVC得以运行的主要管理方式。发展中国家作为接包或承包的主体，其产业升级过程、战略和具体的经济政策，必须考虑外包所形成的GVC的特点、治理结构的运行方式，以及它们在其中的分工地位，必须根据这些特点转换我们过去习惯的推进产业升级的产业政策及其工具。

这是因为，在波特的企业价值链范畴下①，“研发设计—生产—营销”等活动全部被纵向一体化在一个企业内部，无论是工艺升级和产品升级，还是功能升级或跨部门升级的活动，均是由一个一体化企业的高层管理者团队来独立自主地组织和实施的。但是，在国际外包的前提下，原先内化于一个企业的生产环节和功能被一一分解，分别由跨越国家边界的众多企业来提供。发展中国家的企业与跨国企业的技术落差和管理水平落差，决定了它们在这种网络状的产品内国际分工中的地位，即发展中国家的企业往往被处于GVC高端的发包者所“俘获”。因此，中国在国际外包进程下的产业升级，与过去我们通过实施独立的产业政策来推行产业升级的过程，就存在着重要的区别，准确地把握这些特点，是未来中国推行有效的产业升级政策的关键问题。

第一，在国际外包条件下，中国企业产业升级的主体地位并不具有完全的“独立性”。笼统来看，企业当然是产业升级的独立主体。但是在国际外包条件下，中国企业在产业升级过程中，其技术和管理的“双落差”决定了它们要在很大程度上依赖于处于GVC高端的发包方的技

① 参见《波特的价值链》，http：//www.earm.cn/html/zhanlue-wenhua/2008/0320/9006.html。

术支持和管理培训。跨国的发包方既要利用中国承包方的要素成本低廉和市场优势实现其战略目的，又要想方设法运用自己的技术和品牌优势，把中国企业承包方锁定在GVC低端为其进行国际代工，因此，中国代工企业如果不能把产业链作为价值增值链，不能及时地把价值链转化为学习链，从而最终把学习链转化为创新链，那么依赖于外包所取得的短期经济成长，就可能有损于本国企业的长期创新能力的建设。如业界一般认为，印度虽然在IT产业的外包中获得了长足的发展，但这种外包也使印度的IT产业受制于西方企业，阻滞了其创新水平的提高。①

第二，在国际外包条件下，中国企业产业升级的机制并不存在"自动传递性"。格雷菲（1999）在研究美国购买者与东亚供应商之间的服装价值链的过程中发现，劳动密集型企业的产业升级次序，将会遵循"工艺升级→产品升级→功能升级→链的升级"的线索。同时OEM → ODM → OBM的转换，被视为产业升级的主要路径。其实，在国际外包的前提下，并不存在所谓的自动转换机制。中国以劳动密集型产业为特征的供应商，在工艺升级和产品升级过程中，国际大买家不仅对其提出了质量、交货、可靠性、生态、环境、安全以及劳动保障等近乎于苛刻的标准，而且发包商也向其提供了各种支持升级的高级生产性服务，如劳动力和管理培训、设计和技术服务、国际市场知识等。在经历了快速的工艺和产品升级后，目前中国本土企业正处于下一步产业升级的重要阶段，即形成自己的设计能力乃至拥有自己的品牌。但是，当它们开始转向价值链中的设计、品牌、营销功能时，即走功能升级的高端道路时，却遇到了一系列的包括买方的市场势力、资源的需求等现实障碍和阻力。由于功能升级侵犯处于GVC高端的发包者的核心利益，因此会遭到后者的拼命的封杀，如发出取消外包订单等威胁。另外，当中国企业试图开发自己的品牌，或者试图在美国和欧洲市场建立自己的营销渠

① 袁原：《印度：面对近忧远虑，守护硅谷路漫长》，http：//jjckb.xinhuanet.com/gjxw/2007-12/24/content- 78979.htm。

道时，由于受到资金积累能力和运作能力的限制，很难持续地坚持下去。

第三，在国际外包条件下，中国企业产业升级的路径存在着某种程度的低端“锁定性”。这种路径的锁定性，主要表现为外包企业所处的微观环境不利于或并不鼓励企业升级，比如：（1）OEM 企业的功能转型，必然会与品牌发包商发生利益冲突，使原先的合作者变成了现实竞争者，因此它们会施加各种压力和可信的威胁。（2）OEM 企业要从原来的生产制造企业顺利完成转型，会遇到管理能力的障碍，技术开发、品牌建设、渠道建立与售后服务等都会成为难以跨越的几道坎。（3）OEM 企业能不能撇开眼前利益、避开短期盈利和市场压力，撇开原先的品牌商自我独立运作，往往也是有疑问的。（4）很多 OEM 企业认为，每个企业有它自己的核心资源和发展基础，OEM 企业的未来也不一定要朝一个方向发展。如台湾著名的台积电，从成立之初起它就定义为专业的芯片代工厂。在现实中，擅长生产制造的中国 OEM 企业，与世界市场中的消费者之间的距离往往太过遥远，对世界市场很难具有高度的敏感性。毕竟许多企业只会 OEM，一旦它选择了转型自有品牌的战略，也绝对不是多了一个品牌的问题，而是后面的生产性服务体系的支撑的问题。

第四，国际外包条件下，中国企业的产业升级形式不具有“完整性”。国际外包所体现的全球产品内分工，使产业升级的形式不再表现为产业的整体升级和完整的产品价值链升级，而是对某一具体环节、生产流程和工序等的专业化和精细化，因此产业升级就表现为某一产品价值链的某一功能环节、某一生产阶段、某一工艺流程、某一技术特征的升级。这一命题如果成立，那么在全球外包的条件下，中国政府和企业推进产业升级的努力和政策取向，就不能像过去那样要求整体的价值链升级，而是对某一产品价值链的某一功能环节、某一生产阶段、某一工艺流程、某一技术特征的逐步推进，从某个零部件和中间产品做起，通过干中学效应，最终实现完整的产业链升级。因此，产业政策转型的目标，就是要实现某一产品价值链的某一功能环节、某一生产阶段、某一工艺流程、某一技术特征在全球专业化基础上的规模经济和差别化。

需要注意的是，以上说明并不能得出中国企业的产业升级必须马上转向自主创新为主的结论。发展加工贸易、大力推进各种形式的国际外包，仍然是中国融入经济全球化的重要的、具体的、必须长期坚持的政策内容。笔者认为，在经济全球化背景下，通过自主创新、实施独立的产业政策来推进产业升级的努力，主要适用于那种生产者驱动型价值链[①]（produce-driven-global value chains，P-GVC）。由于 P-GVC 的动力根源是产业资本，其核心能力主要体现在研发能力上，而处于国际代工低端地位的中国企业，很难通过代工和链中的学习过程提升自己独立研发的能力，所以国家产业政策的导向，应该鼓励本国资本技术密集型战略产业中的企业以我为主的独立研发行为，以此打破外国的技术垄断和封锁。在当前，中国独立的产业政策则应利用世界经济衰退的重要机遇，鼓励中国民族企业联合起来走出去，通过收购国外同行业中的某些上市公司，以获取这些公司所拥有的技术能力。而对于那种处于购买者驱动型的全球价值链[②]（buyer-driven global value chains，B-GVC）下的产业升级，由于这种价值链主要指向于劳动密集型产业，如服装、制鞋、玩具、陶瓷等，其动力来源是商业资本，核心能力主要体现在设计、市场营销方面，产品增值主要也来源于品牌设计和营销阶段，因此，鼓励本国企业融入这种价值链，帮助企业根据本国的国情和文化逐步进行创新，就是产业政策的主要的指向。

---

① 是指那种以占据支配地位的大型跨国“生产者”为中心来协调价值链中各环节、形成垂直分工的经济活动的全球价值链，如在资本技术密集型的生物医药、飞机制造等产业中，掌握关键技术和研发能力的领先公司，制定和监督规则、标准的实施，并最终获取价值创造的绝大部分。

② 是指拥有品牌优势和销售渠道的跨国公司，通过全球采购和 OEM 生产等方式组织起来的跨国流通网络，拉动那些奉行出口导向战略的发展中经济体的工业化。购买者驱动的 GVC 的典型例子是沃尔玛、耐克等公司，这些公司是“没有工厂的制造商”。

国际外包下中国本土企业的技术发展模式

目前，商务活动外包（BPO），尤其是其中的研发外包，是IT服务业外包升级的主要形态，而且研发外包正由电子部门向其他领域扩展，反映了它们的创新模式正在进行重大变革。大企业研发机构已由过去从基础研究到新产品原型研制的无所不包状态，转变为侧重高端应用研发。基础研究转交给大学，大量一般性研发项目外包给亚洲低工资国家和地区，这样既可降低企业成本，又突出了研发重点。另一个不可忽视的技术发展趋势是，当前世界的技术创新，正向以西方大企业为核心的全球研发网络的方向发展。企业创新成败并不完全取决于自身，而是取决于能否组织和调度全球范围的科技力量，并且同用户保持密切联系。

因此，在上述的国际外包趋势下，代工的本土企业的技术发展模式，既不同于纯粹的技术引进，也不同于FDI形式下的技术溢出，而是有自己鲜明的特点。一般来说，纯粹的技术引进模式引不到最先进的技术，即使对其给以开放国内市场的优惠，输出技术方对引进国持保守的态度并给予二流技术，也是一种可以理解的常态行为。外国独资型的FDI，当然可以使东道国获得最先进的技术，但是这种技术转移模式下的技术的接收方并不是东道国的本土企业。虽然FDI企业对本土企业会有一定的技术溢出，但是出于技术保密以及自身竞争力的考虑，这种技术转移模式对本土企业来说，往往更多的体现为竞争效应和挤出效应。

在国际外包下，代工的本土企业的技术发展模式，取决于GVC中的治理结构，以及与其市场关系的互动，主要是：

第一，接包者所达到的规模和水平，是决定代工者能否获取先进技术和管理知识的关键要素。在国际外包和接包的过程中，特别是在工艺升级和产品升级的过程中，发达国家的企业会把技术标准、产品规范、功能参数、管理经验等大量的显性和隐性知识，通过人员、信息等交流方式转移或溢出给发展中国家的企业（Pack & Saggi，2001）。因此，在这个意义上说，主动积极地承接国际外包业务，是发展中国家企业实现“被动型”产业升级的最佳手段和最低成本的途径之一。但是,这种被动的升级,也会形成发展中国家被俘获的价值链,从而有可能被锁定在低端形成路径依赖,获取不均等的全球化收益。实践证明,外包的发展规模和水平,决定发包者提供的技术和管理水平,即只要外包的发展规模和水平达到一定的临界点,发包者与承包者之间在治理结构上的能力不对称现象,就会在某种程度上得到缓解或者相对均衡,发包者控制市场的力量就会发生演变,其利用市场势力压榨供应商的能力就会有所下降,从而有利于承包者在治理结构上形成较强的议价能力,形成产业发展中的某种主动性,如加速了技术和管理技能的学习速度,在收益分配上获得了更有利于自己的主动性地位等。

第二,接包者获取先进的转移技术的可能性,还取决于接包者所处的市场结构。发达国家的垄断性或者独占性厂商,具有通过转让技术特许权向发展中国家的 N 个厂商发包其业务的强烈动机。有时,可能是低成本甚至是无成本的转移技术。其原因一般来说有三个:一是发包者可以通过低成本的技术转让,在信息不对称的条件下,更好地在发展中国家的 N 个厂商中挑选出合格的供应商和生产商;二是发包者可以通过众多供应商的横向竞争,压低向其出售的投入品的价格;三是发包者可以在与 N 个供应商的市场势力不均等的讨价还价的格局中,实行纵向压榨和产业控制,并取得纵向溢出的效益。由此可以推断,发达国家的技术垄断企业,为了防止资产专一化锁定和被“敲竹杠”,一般不会向处于垄断状态的发展中国家企业转移先进技术,而会有意识地造就发展中国家之间、中国各地区之间企业的竞争格局,后者就承揽外包业务的竞争越是激烈,越是愿意采用先进技术,就越有利于发达国家的利益,越有利于其结构调整。

第三,发展中国家企业可以利用外包这种现代市场经济中的双向游戏,主动向发达国家进行“逆向发包”,从而主动获取产业升级的先进技术。发展中国家可以利用其市场规模优势和发达国家的市场结构特征,向发达国家企业发出各类现代服务业订单，重点是研发类的服务外包订单，目的是为了获取发达国家企业的竞争性技术。外包绝对不是发达国家向发展中国家这种单向的要素和业务的流动，绝对不是只有发达国家企业才可以垄断的单一的业务游戏，发展中国家向发达国家这样的要素和业务的流动，也会成为重要的外包方式。为了获取发达国家企业的战略性资源，发展中国家的企业也可以向发达国家企业发出有关高端服务业的外包订单，以充分利用发达国家的竞争性资源。在全球化和知识经济条件下，发达国家的企业愿意承接这种外包业务的关键在于：（1）它必须处于竞争较为充分的市场结构，否则它必然缺乏基本的接单动机和技术转移的前提；（2）欠发达国家的发包规模必须达到一个临界点，让发达国家的接包者能获取充分的利益。据此可以推演：发达国家的反垄断法及其实施的力度，对于发展中国家成为外包者，也具有较大的促进作用。

第四，基于技术落差，发包企业传输给承包企业的信息，要远大于承包企业传输给发包企业的信息，但是这种知识外溢也得到了承包企业的其他利益甚至知识诀窍的补偿，如市场渠道、人力资源、社会关系等积累的知识信息。双方的企业通过这种知识转移，在全球范围内扩大了各自的竞争优势，从而达到获取合作博弈下双方利润最大化的目的。因此，外包是一种利益对等的补偿过程，外包是全球化中的双赢游戏而非零和游戏。对外包行为进行静态福利评估，得出的结论经常是一方受损、另一方受益的零和游戏，如认为外包产生了结构性失业的明显负面效应，被一些利益主体指责为“工作岗位的出口”。

其实，我们必须从动态的角度评估外包。在动态视角下，外包就会表现为双方的福利改进。如以国际外包与工资效应、创新的关系为例。外包增加了发达国家对欠发达国家低工资劳动力的利用，从而通过成本节约增加了发达国家企业的盈利能力。既然通过成本创新，所增加的利润给发达国家企业提供了改进产品和服务的激励，那么外包逻辑上就必然会鼓励创新。随着发达国家企业创新速度的加快，外包就能创造出足够的收益去抵消发达国家的工资衰退，而且，欠发达国家利用廉价劳动力生产的商品也会使发达国家民众的消费者剩余增加。

实现制造业外包与服务业外包的协同推进

作为一项由发达国家尤其是其跨国公司主动发起的经济全球化运动，国际外包经历了从制造业向服务业的重大转型过程。1963年，美国实施“生产分享计划”，运用增值税政策鼓励美国企业把那些劳动密集型的生产环节外包给海外企业（Glass & Saggi，2001）。随着其他发达国家的纷纷模仿，随着关税水平和运输成本的下降，以及生产后勤组织的改进，风起云涌的大规模的制造业外包，是日本和亚洲“四小龙”在20世纪80年代之前取得经济成长奇迹的基本的国际背景。

三十年前的改革开放，使中国抓住了制造业外包的机遇，成为承接包括欧美、日本、亚洲“四小龙”在内的制造业转移的主要国家。尤其是1992年以来，跨国公司针对中国市场的大量订单和FDI，使中国已经在广大的沿海地区形成了“世界加工厂”或者“世界车间”、“世界制造中心”。巨大的制造业规模和仍然在迅速升级的制造业，将会对服务业特别是现代生产性服务业产生巨大的需求和订单。这是中国发展国际服务外包，尤其是发展国内服务业外包、提升中国生产性服务业水平的现实基础。

20世纪90年代以来，国际外包的转型表现为在网络技术支持下的服务业外包发展趋势。随着远程通信成本的急剧下降，远程IT服务业应运而生，其效益大大超过制造业外包。资料显示[①]，全球财富1000强中95%的企业已经制定了公司的服务外包战略，全球服务外包的潜在市场规模不断扩大。服务外包作为现代高端服务行业的重要组成部分，具有科技含量高、附加值大、资源消耗低、环境污染少、吸纳就业能力强

① 《新一轮焦点服务外包产业》，http：//zhuanti.trade.cn/2008/fwmy/。

等特点。麦肯锡的报告指出[①],新一轮的外包浪潮将使美国制造业出口的一半来自几个低价劳动力国家,尤其是中国和印度。

国际服务外包在全球迅速发展,这是经济全球化深入发展的一个重要标志,也是新一轮国际产业转移的重点。中国前三十年抓住了制造业外包市场,并不意味着它一定可以抓住新一轮的国际服务业外包市场。从世界工厂到世界办公室,在要素依赖、形成机制、推进政策等方面其实存在根本性的差异。主要体现在:

第一,发展制造业外包与发展服务业外包所需要的基础设施结构有很大的区别。前者主要依赖硬件的基础设施,后者则主要需要软件的基础设施,对如制度等要素的依赖非常明显(汪德华、张再金、白重恩,2007)。外包的制造业,绝大多数是跨国企业的成熟技术,主要对生产和制造成本比较敏感,如果东道国不能为其提供优良硬件的基础设施,就会大大增加制造成本;而服务业的知识密集和人力资本密集型特征,使其对交易制度和由此形成的交易成本比较敏感,因而往往集聚在法制比较健全、投资环境优秀的大城市。中国过去由于地方政府之间的竞争,形成了比较完善的基础设施,因此适宜加工贸易和吸收制造业的FDI。而印度由于拥有西方熟悉的法制环境和大量掌握英语的IT人才,并且同英语国家有着天然的文化联系,在欧美的IT服务业的外包中占据了主导地位。因此,中国从制造业外包走向服务业外包的过程中,意味着基础设施支撑结构的根本性转换,意味着下一步中国需要进一步优化现代服务业发展的软件环境。

第二,发展制造业外包与发展服务业外包所依赖的生产要素性质有很大的区别。与前者主要需要廉价的操作工、只获取加工费不同,发展服务业外包需要受过训练的、有资质的人力资本。过去,中国因拥有一支优秀的、廉价的劳动力大军,因而在世界产业转移的过程中成为全球最佳的加工制造平台。但是,低端的制造业也造成了对技术资本、人力

① http://tech.163.com/05/0406/17/1GM3J1IC000915BD.html

资本和知识资本需求的不足,即使是配置在中国境内的高科技产业,也多是利用中国低端生产要素的环节,其设计、研发、营销等生产性服务活动,大多来自于跨国母公司或其他境外企业。由于纯粹的加工制造过程对中国本土产业的溢出和带动效应比较差,因此中国GDP和贸易量的增长,并没有逻辑地带动国内本土企业的升级,可能反而给进一步的产业升级设置了障碍。

第三,发展制造业外包与发展服务业外包付出的成本性质有很大的区别。前者会发生比较大的物质资本投入和外生的沉淀成本(指企业在这个问题上没有选择性),而后者主要是人力资本投入和研发投入,是一种对企业来说具有一定选择性的内生性沉淀成本。由此决定,从物质生产活动向非物质生产活动的转型,不仅要对投入结构作出彻底的调整,也意味着发展方式的根本性改变。中国过去的贫困状态和计划经济体制下的赶超战略,使国人养成了“制造业偏好”,对无形的服务业的发展缺少现代认知,经济政策也在自觉或不自觉地鼓励片面地追求产值和工业化,习惯于推进大产值的大项目、大工厂,而不习惯于物质资本投入少、人力资本投入大的服务业。这是中国今后发展服务业外包的最大的理念障碍。

由此我们可以推论,从制造业外包全面走向服务业外包,需要全面调整比较优势战略,需要更高级的生产要素投入,由此必然会付出较大的结构调整成本。根据中国现实的发展阶段和发展条件,在今后相当长的时期内,我们还必须高度重视制造业外包,尤其是先进制造业的外包,从制造业外包全面走向服务业外包的最佳时期并没有真正到来。作为比较现实的选择,是要在现有制造业外包的基础上,实现制造业外包与服务业外包的协同推进。作出这一判断的基本理论依据是:

第一,现代服务业,尤其是现代生产性服务业,本来就是以制造业为基础并且不断从制造业中分离出来的行业。制造业是服务业的基础,是其“生身父母”。没有强大的制造业,就根本不可能有强大的服务业。这一结论在产品内国际分工的格局下，虽然其表现形式和产业布局上会发生一定的变化，但是并不会改变其实质内容，对高端服务业的需求或者说对服务业需求的基础，仍然来自于制造业。由于越是先进的制造业，对高端服务业的需求越是旺盛。因此，随着中国先进制造业的规模不断扩大，那些原本配置在发达国家的高端服务业，也会因为寻找客户的需要而首先不断地向中国具有一定级别的大城市转移。目前跨国公司不断向中国一线大城市设置“企业总部”的趋势表明，中国制造业与服务业“脑身分离”的状态，将会随着中国制造业规模特别是其技术水平的不断提高而不断地融合。重点发展先进制造业的产业政策，将会拉起对现代服务业的巨大需求。

第二，作为制造业的知识性投入，现代服务业规定着制造业技术水平和国际竞争力。那些为生产者提供中间投入的知识、技术、信息密集型服务部门，其核心是现代生产性服务业，特别是高级生产性服务业，如金融服务、商务服务、信息技术与通信服务、教育培训服务、物流服务、旅游服务、外贸服务，以及一部分被新技术改造过的传统服务等。该部门的产出体现为其他或部门的中间投入或中间消耗，内含大量密集的知识、技术、技能和人力资本。因此，现代制造业的技术水准和竞争力并不体现在制造过程之中，而是体现在制造过程之外的现代生产性服务业。协同推进制造业外包与服务业外包，将给未来中国制造业发展武装起“脑袋”“翅膀”和“中枢神经系统”，而制造业的高级化，将给现代服务业提供巨大的现实市场支持。

第三，现代服务业以全球价值链的高端形态，控制加工／制造／装备过程，获取高端收益。在著名的“微笑曲线”中，究竟谁在“微笑”？一定是发达国家的企业在微笑，因为是它们的现代服务业获取了全球化的最大收益。中国要从“苦笑”状态变为“微笑”状态，没有第三条道路可以选择，只有在提升制造业技术的基础上努力攀升 GVC 的高端，才能真正掌握现代研发、设计、营销等技能。西方发达国家也是这样慢慢走过来的，我们不可能一蹴而就。至于印度，它在基本制造方面并不发达，只是在某些IT软件技术上取得孤军深入的突破，这并不意味着它就是一个IT产业的强国，更不意味着它已经成为现代服务业为主导的国家，相反，更值得思考的问题是它在产业发展上陷入了受制于人的窘境。

第四，在国际投资及产业转移上，生产性服务业的FDI具有追随制造业FDI的倾向（Andersson，2004）。这是说，当FDI的服务企业进入外国市场时，往往会首先选择本国的FDI制造企业集聚的区域，或与自己有长期业务关系的供应链企业，这种基于信息优势的选择，取决于早已相互熟悉了的透明化的服务价格和品质稳定的服务效率。另一方面，从制造企业的角度看，由于频繁的面对面交流的需要，相互之间的密切的“客户—供应商”关系，决定了本地制造企业首先会选择来自于本地服务企业所提供的服务。据香港贸易发展局研究部于2004年8月对中国经济最发达的长三角地区十个主要城市的调查，长三角地区制造企业使用本地服务公司的比例，上海市是77%，长三角地区的其他城市是68%，尤其是一些知识相对重要的服务业，如国内的物流运输、法律事务等，更是依赖于本地的服务业。外资服务企业所提供的服务内容，主要集中在一些需要与总公司协调的业务，如保险审计（有些甚至直接由总公司安排）或者需要有良好的国际网络的业务，如国际性的物流运输、全球的市场推广销售广告等。因此，推行制造业外包与服务业外包协同发展策略，也是符合两类企业运行的客观规律的。

第五，现代生产性服务业在空间上与制造业具有协同定位的趋势。利用这一产业配置规律，我们可以设法解决中国地区生产力配置非均衡的矛盾，并有效地推进现代产业体系的发展。

推进服务业外包，解决中国区域发展的非均衡问题

到目前为止，中国东部地区外向型经济的发展，是以“两头在外”的特征加入GVC的。这种类似于“飞地”的发展模式，使东部地区的经济

活动脱离了国内经济的循环，只是被处于高端的发达国家所利用，只是利用了中国中西部地区的资源和劳动力，虽然有利于自身的经济成长，但是并没有真正利用大国经济的产业关联关系，去拉动中西部地区的经济成长，因而仅仅作为资源输出地的中西部地区，不能在东部的大踏步发展中，被有效地带动起来。这是改革开放三十年来，中国地区间经济发展不均衡的重要原因。

为解决区域发展非均衡的问题，在经济全球化和国际外包的条件下，我们需要有新思路。一个基本的设想就是，东部地区的制造业需要在继续攀升 GVC 的基础上，大力发展 NVC，并且通过东部地区制造业的升级调整活动，把 GVC 与 NVC 链接起来。这有两层含义：一是东部地区可以把技术层次稍低的一般劳动、资源密集型产业通过 NVC 转移到中西部地区，自己承担先进制造业和高科技产业的活动，由此形成“发达国家研发、设计和营销→东部地区高级制造或服务业代工→中西部地区劳动、资源密集型产业生产”的 GVC 与 NVC 的链接机制；二是东部地区通过不懈的升级努力，自己站在了 GVC 的高端，从而更加有力于 NVC 的形成，即“东部地区研发、设计和营销→东部地区部分高级制造→中西部地区主要代工生产”的 GVC 与 NVC 的链接机制。

笔者认为，在经济全球化和国际外包的条件下，努力形成 GVC 与 NVC 的链接机制，推行制造业外包与服务业外包协同发展策略，是逐步解决中国区域发展不平衡问题的最佳工具。根据 GVC 与 NVC 对接的要求，可以利用中国巨大的现实的和潜在的国内市场，在中国政府开拓内需的政策支持下，要努力推动中国东部地区本土企业的功能升级，争取让其站在 GVC 的高端，或者让其成为对接 GVC、链接 NVC 的承上启下企业群体，由此发挥其在延长产业价值链和促进国内产业转移中的功能，缩小地区发展差异。基于目前的国际国内经济形势，在启动内需的政府政策指导下，如果能够推动中国东部地区本土企业的功能升级，事实上就可以把沿海地区的某些产业转移到中西部地区，有效地利用当地丰富的资源和劳动力，从而形成东部地区站在GVC的高端，或者同时成为对接GVC、链接NVC的承上启下的主体。

中国沿海地区从简单的制造业外包基地，逐步升级为先进制造业和服务业的外包国际基地，可以使服务业和制造业的外包成为加速引进新技术和投资资金进入广大内陆地区的经济平台，可以为中国下阶段建立多层次的现代产业体系奠定坚实的基础。主要表现在以下三个方面：

（1）沿海地区升级为服务业为主的产业结构后，或者成为服务业外包的国际基地之后，现有的一般制造业外包业务可以向内陆地区转移，从而形成新的国际国内经济循环的价值链。与GVC不同，以延伸到国内经济循环为特征的NVC，不仅具有"模块化"和"网络状"的运行特征，而且往往以产业集群的形态出现在各个区域经济中，产业的循环和关联关系也具有相对的完整性。因此，"两头在外"加入GVC的"飞地"发展模式，就可以转变为一体化地拉动中国整体经济起飞的发展机制。

（2）沿海地区城市形成以服务业为中心的城市功能之后，其周边地区必然云集大量的与生产性服务相链接的先进制造业集聚区，从而塑造出区域性的"服务业中心—先进制造业集聚"的产业配置格局。这种生产力布局不仅有利于发挥服务业中心的降低制造业交易成本的功能，而且有利于周边地区制造业降低生产成本功能，形成产业发展上的良性互动的一体化格局，形成中心向外围辐射状的多层次的现代产业体系。

（3）经过多年制造业外包的集聚发展后，中国东北沿海地区的商务成本急剧上升，如过度拥挤、污染、住宅短缺、劳动力和土地成本上升等，特别是土地短缺和劳动力短缺，已经成为原有发展模式中不可克服的瓶颈。因此，东部沿海地区率先发展对商务成本不敏感而对交易成本敏感的服务业外包，转移一般的制造外包产业，既对其转换发展方式有利，又可以在中西部地区集聚起新的生产力。

第二节　服务业外包与中国新经济力量的战略崛起

自20世纪90年代中期以来，随着生产要素成本的提高、熟练技术工人的短缺，以及跨国企业基于产业全球战略配置的需要，发达国家越来越多地把生产活动外包给非经合组织国家，特别是以中国和印度等为代表的发展中国家。风起云涌的外包活动，对中国经济发展的影响具有战略性意义。这种影响不仅表现在利用比较优势高速发展中国制造业，而且表现为技术、技能和知识的转移，以及中国制造业在国际市场上竞争力的增强。

直到21世纪初，跨国企业主要是把“微笑曲线”两端的低附加值活动发包给中国，从而使中国成为“世界工厂”，而目前在全球经济深度一体化过程中，随着发达国家服务经济持续了半个多世纪的长期超高速成长和结构分化，外包的内容正逐步从实体性活动转向非实体性活动，服务业外包将成为新一轮国际产业转移的重点和热点。

抓住这个千载难逢的发展机遇，积极地承接服务业外包，不仅可以使中国成为“世界工厂”，也使中国有可能成为“世界办公室”。国际经验表明，服务业具有知识密集程度高、就业带动效应强、生产率上升速度快、需求收入弹性大等产业特征，服务经济是工业化中后期拉动国民经济成长的主动力，是与制造业并行发展且是继制造业之后崭新的发展力量。因此，一种新型的发展模式和趋势正呈现在我们面前：中国除了崛起制造业的传统力量之外，也将不断地崛起后工业化社会中出现的服务经济的新力量。

本节评估了服务业外包的发展趋势和动因，以及服务业外包对中国新经济力量崛起的某些长期影响。服务业外包不仅是中国经济结构调整和增长方式转变的重大机遇，也是中国从更深层次加入全球化的一次战略抉择。服务业外包趋势是“世界平坦化”的显著特征，中国在成功抓住了全球制造业转移的机遇之后，服务业外包是把中国进一步融入经济全球化、提升中国外向型经济水平的最重要的引擎。中国应及时建立和完善各种服务业外包平台，把其作为国家层面的战略来谋划。

服务业外包：中国进入“平坦化”世界的曙光

在美国专栏作家、《世界是平的》作者托马斯·弗里德曼看来，碾平世界的十大动力，都与信息技术的指数化增长，以及建立在电脑、网络基础上的外包密切相关。在弗里德曼所谓的“全球化 3.0 时代”里，竞争的平台已经被推平，外包是世界“平坦化”的显著特征和动力。与痴迷于信息技术并且坚信技术决定论的弗里德曼不同，我们一方面看到了“平坦的世界”崎岖不平，还有很长的路要走的现实；另一方面也看到了以信息技术为基础的外包，尤其是现代服务业外包的发展，显示了世界平坦化的早期曙光[①]。

当今世界技术和管理技能的进步，正在从本质上改变着我们对全球贸易和商务组织方式的思考。这种变化主要受到两种因素的驱动：一是新技术改变了企业的业务流程和成本结构，公司可以利用新技术和新的管理理念重新组织和控制复杂的产品生产和工艺流程。随着丰富和廉价的电信宽带和网络的开放型标准的进步，企业可以通过重组其工作和任务，把大量的原本由白领所做的工作，交给国外的供应商以降低成本。二是以全球价值链为特征的生产和贸易方式，在很大程度上替代了公平市场交易和公司内贸易，成为组织和控制国际商品和服务贸易的主要方式（Humphrey & Schmitz，2004）。这两个因素是驱动世界越来越走向“平坦化”的动力。

---

① 众所周知，服务外包是指企业通过购买第三方提供的服务来完成原来企业内部完成的工作。按照外包的内容，具体可以分为信息技术外包（ITO）、业务流程外包（BPO）和知识流程外包（KPO）三种。特别是 KPO，其内容十分广泛，涉及到知识产权研究、金融保险研究、数据分析、人力资源管理、企业和市场研究、设计服务、网页和动画设计、律师助理服务、研究与开发、网络管理和决策辅助系统、远程医疗、教育、出版服务等等。按照服务发包企业和承接服务外包企业的相对地理位置，服务外包又可以分为境内外包和离岸（国际）外包两种。

作为管理流程再造的最有力的措施，跨国公司内部服务的外包，是目前国际经济贸易领域中发展的最强劲趋势。一个经典的例子就是英国石油公司（BP）花费 6 亿美元外包人力资源管理（HR）服务给 Exult 公司。这项外包业务是迄今为止最大的一笔外包合约。BP 与 Exult 的协议规定：将由 Exult 公司处理赔偿、工资发放、组织发展、绩效管理、雇员发展、培训、招聘和再配置 5.6 万名美国和英国雇员等一系列管理事务。BP 公司自身保留每一件需要进行判断和制定政策的事务。此项交易将削减 BP 公司约 40% 的 HR 职员，运营费用每年降低 1500 万美元，避免了 3000 万美元为技术而支出的资本成本。外包使 BP 公司的 HR 专业人员有足够的时间对商业第一线活动进行辅助性支持（Oshima et al.，2005）。BP 与 Exult 之间就 HR 活动所达成的服务外包协议，仅仅是许多国际企业服务外包活动的冰山一角。

经济全球化以跨国企业为主体。跨国企业的全球制造、全球营销和全球研发的战略安排，是世界经济一体化的发动机。跨国企业大力提倡和推进内部服务的外包，使以中国和印度等为代表的发展中国家有了深度进入“平坦化世界”的新机遇。

第一，跨国企业为了优化财务结构而外包服务业，使中国和印度等发展中国家有了承接大规模、专业化和降低成本为主的服务业的机会。一方面，跨国企业通过把大量的白领工作进行重组并交付给外部供应商，可以降低营运成本并获得足够的成本优势；另一方面，服务业的外包可以把跨国企业的固定成本转化为变动成本，节省其固定资本投资和固定费用的支出。研究表明，通过外包部分业务，跨国企业可以降低 70% 的成本（Belcourt，2006）。这主要是外部的服务供应商在为许多发包者提供专业化服务时，可以把高额的服务成本分摊在使用者之间，从而获得规模经济。

第二，跨国企业为集聚战略性业务而外包服务业，使中国和印度等发展中国家有了承接企业非核心的、外围服务业的机会。跨国企业为了摆脱创造低附加值的活动，把耗人、耗时、费钱的其他所有工作全部外包给外部供应商，专注于自身核心能力的建设。根据普拉哈拉德和哈梅尔（Prahalad & Hamel，1990）的看法，竞争优势的实际来源不是产品，而是在变化的环境中巩固技能和技术的管理能力。这种能力是技术、管理和集体学习的综合产物。如耐克公司的核心能力主要是产品设计，它把除此之外的几乎所有工作都外包了。

第三，跨国企业为从外部获取内部难以开发或开发成本较高的互补性技术和知识而外包服务业，使中国和印度等发展中国家有了承接某些高技术、知识和技能密集型服务业的机会，也有了向跨国企业团队学习、交流扩散技术和经验的机会。人们通常把外包作为有利于组织降低营运成本的途径，可是实际上跨国企业经常把那些具有复杂性和互补性的技能外包给其他组织。这是跨国企业在全球化条件下从外部获取互补性知识的一个重要途径。当代企业产品／服务的生产、工艺过程和管理活动越来越复杂，如企业的投融资、人力资源管理、管理信息系统的开发和决策支持等功能，在某个企业内部可能不具备，或者自己在内部建立这些功能不具有经济性。在外部专家更具有竞争优势和能力的情况下，企业内部的专家团队与外部专家团队之间建立知识互补性的外包联系，可以保证对这些任务和所移交的工作的理解，同时监督工作质量。

第四，跨国企业为改进服务质量和提高服务品质而外包服务业，使中国和印度等发展中国家有了全面承接提高服务品质的业务的机会。这是成熟经济中企业外包服务的另一个中心问题。当今，“别人做的比你更好就外包”的口号之所以深入人心，是因为与企业内部员工提供的服务相比，外包服务更具市场的选择性。那些具有较好纪录的服务外包公司更容易得到外包订单，发包企业也更具有选择弹性。

在上述因素的驱动下，以跨国企业为主体的发达国家服务业外包如火如荼，正在改写新一轮的世界经济版图。以中国、印度和俄罗斯等为代表的相对后进的经济体，可能是服务业外包的受益者。服务业外包是世界“变平”的一个强大的信号和引擎，对发展中国家经济新动力崛起有着长期的影响。服务业外包也使发达国家和发展中国家之间的经济实力、制度、竞争条件、知识投入、收益分配等方面的相对差距逐渐缩小。

改革开放后，中国在全球经济中的竞争优势主要体现在低成本制造方面。中国的崛起体现为中国在某种程度上成了全球生产的中心。国际知名大企业纷纷将自己的生产基地搬到中国，中国逐步成为专业的世界工厂。其原因是：第一，中国拥有非常充足的自然资源和人口资源，这为中国成为世界工厂提供了坚实的物质基础；第二，中国劳动力极为廉价，因此可以为全球企业降低生产制造成本；第三，生产/制造/加工/装配过程主要依赖操作工，没有多少技术含量，所以普通的中国人就可以胜任；第四，中国改革开放后的政策有利于跨国制造业进入中国市场。

中国在成为世界工厂的同时，与印度相比较，相对高附加值的服务业外包却没有发展起来。如今，世界变平的曙光已经出现。“微笑曲线”两端的 APS 出现了大规模的外包趋势，这意味着高附加值的知识产业在全球的扩散效应正在加强，意味着中国有机会、有条件进入更深层次的全球经济一体化进程。在全球服务外包的浪潮中，中国将继续扮演什么角色？是继续维持“只有基层的操作工岗位可以找中国人来做”的低要素分工格局，并继续心安理得地获取全球价值链中的低附加值，还是积极创造条件，以新的方式拓展吸收外资的新领域，并努力实现产业链向高端攀升，向发展现代制造业和承接国际服务外包并举转变？

发展服务业外包：中国外向型经济升级的转折点

当今中国，利用外资的方针和政策正面临着结构调整，其重点是解决对外开放中“重量忽视质”的问题。提升外向型经济发展水平的主要选择，是要在过去十几年成功承接世界制造业外包转移的基础上，全面推进承接服务外包产业的转移，逐步使“中国制造”过渡到“中国创造”和“中国服务”，全面提升外向型经济的结构和发展效率。

发展制造业外包与发展服务业外包，是中国在开放条件下工业化发展的两个不同阶段的自然演进和战略选择，它们之间不是简单的替代，而是在一定基础上的提升关系，两者既相互依存又相互补充。具体地认识这一问题，是明晰当前中国产业政策转型的关键。

制造业外包的发展，是服务业外包发展的内在基础和条件。制造业内部分工的深化和制造效率的提高，是现代服务业外化和独立发展的前提；现代服务业作为制造业的投入，其内含的人力资本、知识资本和技术资本，是提高制造业国际竞争力的关键；服务业与制造业两者在地理空间上具有协同定位和集聚的特征，发达制造业的集中可以优化服务业的空间配置，发展服务业产业集群。尤其应该提到的是，服务业 FDI 与制造业 FDI 具有相互追随的效应，即当服务企业 FDI 进入外国市场时，往往首先选择它们本国 FDI 制造企业集聚的区域，或与自己有长期业务关系的供应链企业（Raff & Ruhr，2001），这一行为的内在逻辑主要是企业为了发挥信息对称的优势，而这些又来源于彼此间早已相互熟悉的、透明的服务价格以及品质稳定的服务。这种信息壁垒的存在，说明现代服务业 FDI 具有趋向于追随下游产业 FDI 进行配置的行为特征，它不仅为我们在实践中所观察到的现象提供了一个可能的解释，而且为鼓励发展服务业外包提供了政策指向。

这就是说，中国在 1992 年以来成功承接世界制造业外包转移的产业基础，即中国成为“世界工厂”的现实和体现在低制造成本方面的竞争优势，是新一轮承接国际服务外包产业转移的良好条件。中国在吸收的 6000 多亿美元 FDI、大约 60 多万家外资企业中，不仅绝大部分是制造业，而且大部分分布在沿海地区，以基于 FDI 外包模式承接制造订单，通过加工组装以满足国外市场需求，主要涉及技术水准较高的产品生产中需要密集利用劳动力的生产作业部分。这对中国经济在现阶段推进包括服务业外包在内的现代服务产业的发展，具有越来越大的促进作用。

第一，以外资为主体的制造业规模的不断扩张，必然要求有大规模的服务业配套。目前，跨国公司正在把制造业向中国的转移与其全球战略、全球的服务配套体系及企业组织制度结合起来，即把中国低制造成本与其服务体系所创造的低交易成本这两个优势结合起来，围绕零售批发、家电业、汽车业、化工业、机械电子等进行制造业和服务业的协同定位和集聚布局。由于中国服务业尤其是生产性服务业发展不够，如第三方物流不够发达，金融保险业制度创新落后，技术工程服务不到位，法律和产权服务、企业管理服务水平不够高等，这给外国资本占领这些高端服务业带来了极大的市场空间和发展机遇。

第二，随着国际市场的竞争越来越白热化，以及中国本土产业竞争和升级需要，早期进入中国的外资企业也需要不断投入高级生产要素、提升产业价值链，如投入以产品设计、研究开发、市场研究、品牌建设等为内容的现代服务业资源。目前，跨国资本有全面“进攻”中国高端服务业的趋势，如在中国设立设计中心、研发中心、物流中心，布局市场和营销渠道，进军各类金融业务等等，目的是给布局在中国的制造业以灵魂和脑袋。这也必然带来中国相关服务业的繁荣发展。

发展制造业外包为中国承接国际服务外包提供了印度等国家难以比拟的条件和基础①，但是制造业外包和服务业外包是两个不同的阶段和不同的道路，中国正面临着一个阶段向另一个高级阶段的全面升级，而这两个阶段的区别主要体现在以下各个方面：

第一，需要的资源禀赋条件不同。印度之所以成为目前全球最大的外包供应基地，且整个外包经济也给印度的国民经济发展带来了指数式的增长，主要是因为印度与中国相比较，具有以下几个绝对优势：首先，印度的官方语言是英语，印度人在与全球最大的外包输出国（欧美地区）

① 一般认为，在经济全球化过程中，印度与中国相比较，走的是不同的道路：印度重点是发展服务业外包，尤其以信息产业外包为特征；中国是以发展制造业外包为特色。不同道路的选择主要取决于资源禀赋和制度条件的差异。

进行工作交流时，不存在任何障碍；其次，印度的计算机和软件开发能力居全球之首，在所有外包服务中，软件外包服务是整个产业范围中最重要、也是利润相对较高的一环，因此全球包括微软在内的几乎所有大企业，都将自己的软件研发基地放在印度；再次，印度的国家政策长期以来一直对服务外包提供扶持。打破印度在全球外包业中的垄断地位，需要我们改造自身的资源禀赋，如从人口资源转向人力资源和人力资本，从注重基层操作工的培养转向发挥国家教育体系和知识分子的力量，形成中国长期的动态竞争能力。

第二，对制度的依赖强度不同。一般制造业对制度要求不敏感，而先进制造业、现代服务业对制度的投入比较敏感。普通的制造过程所依赖的技术、知识基本上都是属于成熟、显性、可编码和可学习的，而先进制造业和现代生产性服务业对知识产权和长期积累的各种隐含性知识保护的要求非常严格。跨国资本出于利益考虑，决不会把其花费了巨额投资的技术和诀窍，贸然转移到一个对知识产权保护不严格、对模仿行为处置不严厉的国家和地区。对知识产权的肆意模仿和各种不尊重产权的行为，都会加大跨国资本外包订单进入的风险和成本。正因为如此，目前进入中国的 FDI 企业，从总体上来说，都属于一般制造业，即使是所谓的高技术企业，也只是高技术产业中密集的利用中国廉价劳动力的低端部分，而不是真正的高技术企业和高端的服务业。因此，发展服务业外包不仅仅是一个简单的“招商引资”和“招商选资”的问题，而是一个与制度优化密切相关的深层问题。

第三，市场的空间和容量不一样。目前，发达国家 GDP 中服务业附加价值占 70% 以上，全社会劳动就业人口中服务业劳动力占 70% 以上，这是中国大力发展服务业外包政策取向的基本依据。制造业只占国民经济的 20%（该比例还在不断下降），说明中国承接世界制造业转移的空间是有限的。相反，在现代技术尤其是信息技术的支撑下，发达国家产业运行中许多相对较低的附加值的服务活动，甚至某些高端产业中需要密集利用人力资本的业务，完全可以在中国制度和资源禀赋条件得到充分改善之后，以更快的速度和更大的规模转移过来。近年来，“中国制造”风靡世界，而“中国服务”不仅具有更大的市场容量，而且可以取得更有利的世界分工地位和更高的附加价值，有望成为拉动中国经济发展和扩大外贸出口的第二个巨大引擎。

第四，对经济增长方式和结构调整的效应不同。在过去的三十多年中，中国以价值链低端制造为核心的超高速增长，具有高投入、高消耗、低效益的显著特征。这种增长方式不具有可持续性，必须通过大力发展包括服务业外包在内的现代服务业，来转换经济增长方式和调整偏重的产业结构。首先，以价值链的低端制造为核心的经济的增长，难免会受到土地、资源等要素瓶颈的限制。中国本身可利用的土地有限，国家必须对每年的土地使用量进行严格的限制，因此经济增长和产业结构必须逐步“软化”，要从依靠资源消耗转向依靠知识和人力资本，转向依靠创新寻求新的发展路径。其次，在过去外向型经济发展过程中，中国主要实施了“两头在外取中间”的战略，即原材料市场及最终产品市场在外、加工过程在内的发展策略。改变“低端加工”的分工格局，必然要向“微笑曲线”的两端（其核心是现代服务业）进行攀升，提升产业链的知识与科技含量。再次，发展低端的制造业外包与发展服务业外包，在资源的利用结构和使用效益上，存在着巨大的差异。与低端的制造业外包只需要普通的操作工、只获取加工费不同，发展服务业外包需要受过训练的、合格的、有资质的人力资本，因而可以取得更高的附加值。最后，过度偏向于低端制造业的外包，还会使产业结构面临巨大的调整障碍。如江苏苏南某个制造业发达的地级市，十年中就纯输出 7 万大学生，同时却输入 100 多万仅有初中以下学历的低技术劳动力，这为该市产业升级带来了较大的障碍。

因此，从科学发展、协调发展、和谐发展的角度看，及时地从发展低端的制造业外包，向发展服务业外包转换，对中国经济增长新动力的崛起，具有举足轻重的长期影响，它是中国经济结构调整和增长方式转变的重大机遇，也是中国从更深层次加入全球化经济的一次具有转折点意义的战略抉择。大力发展服务外包产业，应该成为国家层面的战略谋划。

服务业外包：助推中国经济力量崛起的新国家战略

中国服务业外包上升空间极大。在新一轮经济全球化过程中，服务业外包应该成为像中国这样的发展中国家经济发展的重要国家战略，成为中国经济增长的助推器。

第一，外包，特别是复杂产品、高技术产品和知识密集型的现代服务业外包，溢出效应往往比较大，便于中国承包企业学习和掌握发包者的核心技术、知识、经验和技能。发包者把中国作为制造和服务平台的同时，也会使承包者（供应商）接受近乎苛刻的国际标准和要求的训练，获得发包者有关产品和工艺升级的技术、知识和技能培训。一般认为，国际知识转移的途径，主要集中在FDI、合资企业和特许权等方面。实际上，承接国际外包业务也会获得这种效果。迪尔多夫和丹科夫（Deardorff & Djankov，2000）曾经运用捷克布拉格地区373家制造企业1993年至1996年的数据，研究承接外包作为知识转移的途径如何增加效率。他们的研究表明，承接外包的代工合约安排与企业员工培训之间存在着显著的正相关关系。这种代工也与企业的变动成本的降低和股票市场的溢价相联系。因此，发展服务业外包，是学习国际新理念、新技术、新知识、新技能、新信息和新管理的最佳途径，这样可以把中国企业推向经济全球化的最前沿。

第二，服务业外包的发展，有利于改善中国企业作为劳动密集型产品供应商的市场地位，获取产业发展的主动性。服务业外包的发展规模和水平，是发包者提供技术、管理技能的函数，即只要服务业外包的发展规模和水平达到一定的临界点，发包者与承包者之间的能力不对称现象就会得到缓解或者相对均衡，发包者控制市场的力量就会发生演变，其利用市场势力压榨供应商的能力就会有所下降，从而有利于承包者在承包关系中形成较强的议价能力，在产业发展中获得主动性，如加速技术和管理技能的学习速度，形成更有利于自己的收益分配关系等。

第三，发展服务业外包，是逐步解决中国区域发展不平衡问题的最佳工具。中国沿海地区从简单的制造业外包升级为服务业外包的国际基地，可以使服务业外包成为加速引进新技术和投资资金进入广大内陆地区的经济平台。主要表现在：首先，沿海地区升级为服务业外包国际基地以后，现有的制造业外包业务可以向内陆地区转移，从而形成新的国际国内经济循环的价值链。与全球价值链不同，这种以国内经济为主的价值链，具有“模块化”的网络特征，它以产业集群的形态出现，产业循环和关联关系具有相对的完整性（Humphrey & Schmitz，2004）。其次，沿海地区城市形成以服务业为中心的城市功能之后，其周边地区必然向制造业集聚形态转化，从而塑造出区域性的“服务业中心—制造业集聚”的产业布局，有利于形成服务业中心降低交易成本、而周边地区制造业集聚降低生产成本的良性互动格局。再次，经过多年制造业外包的集聚发展，沿海地区城市的制造成本急剧上升，如过度拥挤、污染、住宅短缺、劳动力和土地成本上升等，特别是土地和劳动力短缺，已经成为其原有模式发展中不可克服的瓶颈。因此沿海地区率先发展对制造成本不敏感而对交易成本很敏感的现代服务业外包，转移出一般的制造业外包产业，既对这些地区转换经济结构和增长方式有利，又可以在中西部地区集聚起新的生产力。

第四，更为重要的是，发展服务业外包，有利于中国尤其是以北京、上海、广州为代表的城市群形成以现代服务业为中心的城市功能结构，有利于中国劳动力就业领域从“蓝领”向“白领”转变，有利于中国在全球分工体系的转变，这将会产生以下三大效应：首先是极化效应。在一定时期内，中国的大城市尤其是特大城市，对软件和硬件基础设施进行大量集中性投入，这会进一步带来以跨国企业为主的各种生产要素的聚集和集中，在城市繁华中心地带形成以承接和外包全球企业商务订单为主的各种商务中心和服务业集群，有利于中国吸收高端的服务业FDI，从而有利于中国形成基于城市商务中心的国际外包基地。其次是扩散效应。中国的大城市尤其是特大城市的商务中心和服务业集群形成之后，会大大地降低其周边地区发展制造业的交易成本，有利于周边地区先进制造业承接更多的国际外包订单，有助于这些中心城市服务功能的发挥。最后是裂变效应。服务业外包在特定的条件下，将使中国经济中原有的生产要素潜力得以重新组合，释放出新的发展力量。如中国企业过去一直沿用自我服务方式，并不习惯于竞争和专业化分工所导致的服务外包模式。因此，中国在制造企业内部隐藏着巨大的服务经济发展的能量。服务业外包所产生的巨大需求、市场容量以及先进的理念，将促进中国制造企业服务外包化进程的加快，促使一大批服务外包骨干企业的建立或者再造。

中国服务业外包迅猛发展的可能性和潜在的上升空间，主要与以下几个因素有密切的关系，因而具有良好的发展条件。

第一，中国的教育体系可以独立地培养服务业外包所需要的各类人力资本，每年的工程和技术专业的毕业生已经达到100多万。英语教育的普及，也为服务业外包提供了交流和沟通的基础。这是看似简单、实际上十分重要的核心问题。因为语言可以帮助我们清楚地了解客户的需求和信息，这也是印度服务业外包之所以兴旺的主要原因之一。中国人学习英语的热情有目共睹，这必然会促进和增强沟通和交流能力。

第二，近年来，中国政府为了改善人民生活水平和优化投资环境，在城市建设和各种基础设施，尤其是城市通信网络的建设上投入了巨额资金，地方政府为发展而竞争的体制安排，也极大地调动了地方对基础设施投资的积极性，有效地改善了现代服务业发展的载体质量和技术条件，它们是中国未来发展服务业外包最重要的硬件支撑体系。

第三，中国加入WTO、举办奥运会和世博会等一系列事件，给了中国全面展示优良投资环境的机会，给了中国企业甚至普通的中国人全面展示自己的业务知识和专长以及创新成果的机会，也给了中国企业联系外部客户、改进业务价值链、创造自己外包品牌的机会。那些对中国还存在某种认识偏差的外国人，可以直观地认识和感受中国人力资本密集和教育、文化的状况，有助于改变他们对中国的偏见和认识误区。

第四，服务业外包的兴起必然激发出中国经济中所蕴藏的现代服务业发展的巨大能量，将会极大地唤醒中国人的服务意识，有助于中国企业纠正长期的制造业偏好，树立服务创造更高附加价值的发展理念，反过来进一步有利于服务业外包的发展环境和基础，同时助推中国政府进行各种有利于服务经济发展的制度改革和服务竞争的规制放松。

另外，目前国际上某些势力出于各种政治动机和利益的考虑，经常发出一些反对或阻止中国把外包作为国家战略的言论[①]。他们主要从西方某些不希望中国崛起的人士的立场出发，认为放任跨国企业对中国外包，特别是高技术产业的某些环节和现代服务业的外包，会使自身的竞争能力恶化；会导致对中国供应商的高度依赖，从而丧失产业主动性；以技术换取中国的市场，会冒着知识产权被侵犯的巨大风险；对中国的外包，必然会使中国的经济力量崛起，从而给国家之间的政治、军事关系带来影响。系统地批驳这些没有多少现实基础的观点不是本文的任务，但它却从反面证明，中国为了发展自己，必须抓住千载难逢的历史机遇，坚定不移地把加快发展服务业外包作为国家的高层次开放型战略来实施。

需要指出的是，世界经济运行历来是受国家之间的利益影响的，每一个国家都不会持续地、大规模地去做零和博弈的游戏。那种单纯强调国际外包对发达国家福利不利的观点，忽视了外包潜在和动态的收益。如格拉斯和萨基（Glass & Saggi，2001）在研究国际外包的创新和工资

① 最具代表性的是 David Lei, ‘Outsourcing and China’ s Rising Economic Power’, *Orbis,* 2007（Winter）。他认为，对中国的外包有损美国公司竞争力，不利于美中全球经济和战略关系平衡。

效应时指出，国际外包增加了发达国家对发展中国家低工资劳动力的利用，从而通过成本节约增加了发达国家的盈利能力。既然通过成本创新，所增加的利润给发达国家企业提供了改进产品和服务的激励，国际外包逻辑上就必然会鼓励创新。随着创新速度的加快，国际外包就能够潜在地创造出足够的收益去抵消发达国家的工资衰退，而且，欠发达国家利用廉价劳动力生产的最终商品也会使发达国家的民众受益。所以，忽视了问题的动态方面，会导致片面的悲观主义结论。

环境与政策：中国发展服务外包产业的逆向思考

为了在全球化进程中抓住新的发展机遇，中国必须以强化高级要素投入为政策取向，加速实施发展服务业外包的国家战略。国际经验表明，发展服务业外包，最重要的是要形成自己的各种软件配套条件和硬件支撑体系，要具有强大的承接外包订单的能力。为此，我们不妨从国外企业担心外包可能给它们带来的风险这个角度进行逆向思考，审视如何进一步改善中国发展外包服务业的制度环境和硬件基础。

按照一些学者的总结，本国企业对外国企业进行大规模的、非外围的核心业务的策略性外包，其风险主要有三个方面：首先，选择正确的供应商或服务供应者的风险，即它们能否在快速变化的商业环境中，长期地给发包者提供所要求的世界最佳的技能和服务的能力；其次，长期严重依赖某一个服务供应商，会出现所谓的外包隐藏成本，即可能会损失关键性诀窍，特别是自身的核心竞争能力，这是服务业外包中的主要风险；最后，可能会发生信息泄漏的风险，即在高技术密集的产业中，发包企业在与合作者联合研究和开发新技术时，对方获取了其原本无力开发的知识和技能，使竞争对手获得了商业敏感技术和知识（Hoecht，2006）。因此，国外企业普遍认为，在外包的收益与风险方面，存在着难以克服的两难选择。

因此，千方百计地降低这些国外企业所担心的外包风险，就是中国获取外国企业的大规模的、非外围的核心业务外包的关键所在。具体来说就是：

第一，根据中国目前服务业发展的实际水平，企业承接服务业外包的能力，距“世界最佳”的要求还有很长的路要走。因此，从战略实施的角度看，中国应该首先把承接服务业外包的战略焦点集中在自身具有比较优势的服务项目上，如密集地需要知识型的优质劳动力方面，从承担一般性的、外围性的服务业外包业务开始，在初期的学习曲线下降之后，再争取在高端的、大规模的、非外围的核心外包业务上取得突破。

第二，为了长期地给发包者提供“世界最佳”的服务技能，中国除了要继续改善基础设施的硬件支撑条件外（如通信、网络等信息高速公路等），更要创造一个中国的服务外包品牌和承诺，建立一个支持中国服务外包品牌建设的国家平台。具体来说，就是要建立一个国家的服务贸易行业协会，通过这个协会与世界上类似的机构，共同制定有关服务外包的标准，并进行各种标准的认证，了解目标市场的法律法规，帮助承接外包的企业进行全球营销和市场调查研究，扩大品牌认知度，并利用全国的资源进行全球外包资源的整合。

第三，知识产权保护作为一个企业乃至一个国家提高核心竞争力的战略要素，在争取服务业外包发展中具有决定性的作用。知识产权保护制度越健全，交易就越安全，从而发包者的隐藏成本就越低，FDI 企业投资的欲望就越高。因此，在某种程度上，中国知识产权保护制度的完善程度，直接关系到中国服务业外包战略的成败。印度最近刚刚宣布他们要采用英国的数据保护标准，这是印度政府对发展 IT 产业离岸外包业务的最大的制度支持手段之一。

第四，在完善法律和规则的基础上，要着力建设服务业外包的社会控制体系，发展和完善高水平的相互信任关系和声誉机制。目前，全球服务业外包有从传统型向策略性外包转移的趋势，即由与一个或少量的关键合作者的长期的外包，向多个合作者的短期合约型外包发展；由本国企业之间的外包向跨越国界的国际外包发展；由小规模的、外围业务的外包，向对外国企业的大规模的、核心业务的策略性外包发展。其中最主要的阻碍因素是，发达国家担心自己的技术、技能的泄漏和核心能力的丧失。控制这一过程不可能单独地通过传统的合约管理方法和法律机制来实现，而需要进行社会的系统控制，特别是要发展相互间以信任为基础的社会资本。为此要求社会在管理外包关系中，要注重"中国信用"体系的建设，要有权威的中介机构为企业建立信誉档案，使企业恪守声誉机制。

总之，中国应该把在发展制造业外包乃至改革开放过程中获得的经验教训，直接运用到承接服务业外包方面来。充分利用外资在华不断增长的制造能力，通过关联关系和互动机制，吸引服务业 FDI 并促进技术和知识的转移。抓紧制定鼓励服务业外包发展的政策和规制，营造发展服务外包产业的政策平台。这里特别要强调的是，在诸多扶持服务业外包产业发展的政策手段中，要充分考虑给承接外包的企业以零税收的优惠政策的重要性。过去，中国为了鼓励制造业外包，对商品出口采取了出口退税的制度，有力地刺激了商品贸易迅猛发展。面对服务业外包发展的新机遇，中国应根据国际惯例，及时考虑建立适用于服务业出口的零税收机制。

第三节　为什么中国发达地区的服务业比重反而较低？

在中国区域经济发展中，始终存在着这么一个令人迷惑的经济现象，就是那些人均收入较高、经济发展领先地区的服务业比重反而较低。[①] 例如，作为中国经济发展排头兵的江苏，2010 年人均 GDP 达到了

① 这个现象在国家间的层面其实也存在，例如，中国 2008 年人均国民总收入已达 2940 美元，而同年印度为 1070 美元，但是印度第三产业对国内生产总值的贡献率已经达到 75.6%，而中国只有 44.0%（参见国家统计局网站资料：http：//www.stats.gov.cn/tjsj/qtsj/gjsj/2009/t20100407_402632616.htm）。笔者认为，这个问题除了体制差异外，还主要与两国参与国际

7700 美元左右（苏南地区人均 GDP 将远超这一标准，像苏州人均 GDP 已经达到 1.5 万美元，而昆山将超过 3 万美元，与香港相当），接近世界银行规定的中等偏上收入国家发展水平的标准，但是改革开放以来，江苏的服务业比重始终低于全国的平均水平而处于“滞后”状态。

理论上也难以解释的是，诸如工业增加值、GDP 增长速度等指标往往是超额完成计划，但是第三产业比重的计划指标却经常拖后腿。还是以江苏为例，2000 年该省的第三产业增加值占 GDP 的比重是 36.3%；然而到了 2005 年，第三产业增加值占比仅为 35.8%，不仅没有增加，反而出现了实质性的倒退。

上述现象与各地区制造业的发达程度有密切的关系，即制造业发达地区的服务业比重长期难以提高，因此这一现象并不是江苏的特有现象。据浙江省改革与发展研究所所长卓勇良研究员的分析，同样是制造业为主的浙江省也存在着服务业比重长期过低的现象。浙江全省在 1996 年至 2000 年间的第三产业年均增长为 11.0%，比第二产业低 1.4 个百分点。2009 年，浙江省的第三产业比重为 43.0%。① 由此看来，第三产业发展“滞后”现象可能是中国制造业发达地区的通病。

就此状况，长三角地区的“十二五”规划提出了产业结构调整的任务，其所依据的是国务院 2010 年 5 月批复的《长江三角洲地区区域规划》。中央从战略高度把长三角地区的产业结构定位为“全球重要的现代服务业和先进制造业中心”，要求长三角地区“围绕培育区域性综合服务功能，加快发展金融、物流、信息、研发等面向生产的服务业，努力形成以服务业为主的产业结构”。显然，国家提出的“形成以服务经济为主的产业结构”的要求，针对的是长三角地区这一整体，针对的是以上海为核心的江浙沪大都市经济区，对于这一点我们必须有清醒的认识，并以正

分工的模式差异有关，即中国 20 世纪 80 年代以来抓住了世界制造业外包、成为世界加工厂，而印度则主要抓住了国际服务业外包的机遇。

① 参见卓勇良先生的博客（http://blog.caing.com/zhuoyongliang），本节某些观点受其启发。

确的政策导向来促进该地区服务业的健康发展。

“以服务经济为主的产业结构”主要适用于大都市经济区

众所周知，三大产业结构演化的规律，是美国经济学家库兹涅茨在继承“配第—克拉克”定理的基础上，搜集和整理了二十多个发达国家一百多年的统计数据，从国民收入和劳动力两方面在产业间的配置和转移特征概括出来的（杨治，1985）。这一规律在分析具有较为完整的、相对独立的国民经济体系的演化趋势，尤其是一个国家或一个相对独立的大都市经济区（如长三角、珠三角地区等）的结构演化趋势时，具有充分的理论依据和实证支持。

但是，这一规律并不适用、也不能用于指导一个经济体系并不完整的、缺少相对独立性的非大都市经济区的结构调整，尤其不适合用来指导一个省内某些行政区域的结构调整。这主要是因为以下几个原因：

第一，大都市经济区发展模型与非大都市经济区的发展模型有根本的差异和不可比性。总的来看，大都市经济区的产业结构主要受人均收入水平所决定的需求结构升级的规律驱动，在“追求温饱→追求便利和机能→追求时尚和个性”的需求结构的阶段性演进中，收入需求弹性较高的服务部门，会在产业结构中占有越来越大的比例。因此，经济学家一般把大都市经济区的发展过程和形式，主要描述为一种以现代服务业为主导的国民经济各部门的协调发展历程。与此不同的是，非大都市经济区的产业资源配置主要受制于分工和竞争等因素，产业选择必须服从于专业化、集聚化所产生的低成本因素。在正常态势下，非大都市经济区的经济发展，不可能也无必要形成门类齐全的国民经济体系，产业结构往往偏斜地集中于某个或某几个优势部门。这些地区主要应该按照比较优势原理选择和组织安排具体的产业和项目，紧紧围绕特定产业在特定地区集中的规律，就可能在这些区域产生动态竞争优势。

第二，现代服务业与制造业在空间上具有协同定位的要求，决定了大都市经济区适宜发展现代高端服务业，而其“周边地区”比较适合发展先进制造业。一方面，特定产业在特定地区集中（或集聚）是一种世界性现象；另一方面，因现代服务业是制造业的“脑袋”和“灵魂”，所以在特定地区集中的制造业产业集群，又受到在特定地区集聚的现代服务业的集中指挥和高度协调。大都市区主要发展现代服务经济，一方面可以有效地降低周边地区所配置的制造业的交易成本，另一方面，这也是由大都市地区较高的收入水平和高生活成本所决定的，即该区域只能发展对成本比较不敏感而对制度特性比较敏感的现代服务业（江静、刘志彪，2006）。对直接生产成本比较敏感的制造业，总是倾向于配置在大城市的周边地区，这种配置格局往往起因于微观上公司总部与制造工厂之间“面对面”频繁交流的需要。这一产业配置规律使许多处于大城市周边地区的经济区域，尤其是一些县市经济区，如苏州的昆山等地，其产业结构的特性处于第二次产业比重“始终过高”的状态。其实这才是一种很正常的产业发展格局。

第三，中国有很多的非大都市经济区，其产业结构的特性处于第二产业比重“始终过高”的状态，这与它们参与当今经济全球化分工模式直接相关。比如江苏，由于其较早、较深入地加入了产品内国际分工，尤其是苏南地区较早地融入全球经济，其制造业进入全球价值链低端的制造／加工／装配环节，其市场也早已处于“两头在外”的格局，也即江苏的制造业早已在国际大买家的驱使下进行了全球化的运作，面对的是巨大规模的、迅速成长的全球市场。而另一方面，江苏的服务业市场并没有全球化，其供需主要局限于本地经济，是一种典型的、市场容量有限的“非国际贸易型”的本地化产业。由此我们不难发现，中国服务业比重长期难以较大幅度地得到上升，除了收入水平低这一根本原因外，主要与中国深度地参与全球产业分工的特性有密切的关系，也即其迅速成长的全球制造业市场支持了中国第二产业比重的持续上升，而没有与制造业同步全球化的服务业市场，则长期局限于本地化的市场及其容量，这在很大的程度上限制了服务业比重的提升。

在国家经济系统中或者大都市经济区，存在着第三产业比重随经济发达程度（以人均收入表示）上升而上升的规律，但是反过来并不一定成立，即在非大都市经济区域，第三产业占比水平高低与人均收入高低并无必然的联系，“以服务经济为主的产业结构”并不一定就是经济发达程度和现代化程度的代名词，恰恰相反，在现实中，存在着许多第三产业占比很高但是经济却欠发达的地区，这些地区的共同特性是工业欠发达，人均收入低。中国中西部的某些地区，由于人口稀少，服务半径内的物流费用高，因此第三产业的增加值占比也很高。因此，第三产业占比并不能衡量一个地区的发达程度和现代化程度。

发达地区服务业发展并不是真的“滞后”，更不是落后

从实践上来看，中国制造业发达地区的服务业，之所以在统计数据上没能像北京、上海和广州那样成为支撑经济增长的主力，其根本原因在于，这些地区的资本和劳动要素，都在加速进入全球价值链中由国际大卖家所主导的制造生产环节，它们充当的是国际制造业外包订单的承包者而不是发包者的角色，不是充当全球生产性服务供应商的角色，而仅仅是制造商的角色，因而其制造业市场是全球性的，但是其相应的服务业，尤其是其现代生产性服务业，是游离于制造过程之外的，服务是由发达国家提供的，因而其附加值也是由发达国家分享的和统计的，并不会自动地随着中国发达地区制造业比重的上升而以更快的速度上升。

同时，在制造业全球化的条件下，这些地区的服务业并没有能够同步地或更快地走向全球市场，而是限于服务本地的消费需求，并以正常的速率发展，成为本地化的供应商。[①] 另外还需要看到，制造业的全球化进程不仅没有能够推动这些区域现代服务业的全球化发展，相反还极有

① 至于为什么制造业市场可以全球化而服务业市场没有能够全球化，这只能用中国发展中的那一阶段的比较优势来解释。

可能受到来自发达国家具有比较优势的先进服务业的某种“挤出效应”的排斥。

由此看来,中国经济发达地区第三产业发展“滞后”的问题,与中国内需不足条件下的制造业出口导向战略有直接的关系。也就是说,如果我们把制造业发达地区的出口因素扣除,在现阶段发展水平下,这些地区的产业结构其实已经达到了很高的发展水平,服务经济也不存在什么“滞后”现象。

我们不妨在大致相同的人均 GDP 水平下观察江苏与日本的差异。我们的发现与浙江省发展与改革研究所所长卓勇良先生对浙江产业结构特征的解析基本一致,江苏第三产业比重其实并不比日本低太多。江苏目前的发展水平总体上应该大致与日本 20 世纪 70 年代中后期的年人均 GDP 相当,该时期日本人均 GDP 不到 7000 美元(1990 年价格,与江苏不完全可比)。同时,它的第三产业比重在 50% 多一点,表面上看比江苏 2010 年第三产业比重高约 10 个百分点,但是有三个方面需要说明:

第一,统计制度差异因素。日本的统计制度把电、气、水的供应作为第三产业统计,而中国是作为工业统计,扣除由此导致的大约 2 个百分点,那么江苏 2010 年第三产业占 GDP 比重,只比日本 70 年代中后期低 8 个百分点。

第二,出口贸易规模因素。日本 20 世纪 70 年代中后期的出口占 GDP 比重大约在 13% 左右,2008 年也只有 16.0%。江苏 2010 年出口占 GDP 比重高达 43% 以上,假定江苏出口占 GDP 比重也和日本当年一样,GDP 中就有多出日本将近 30% 的产出份额可以用于消费,如果考虑到许多投资都是为了出口这个实际情况,那么缩减出口的比重转而扩大内需,江苏第三产业占比就已经大大地超过第二产业了。

第三,非大都市区域因素。非大都市的经济发达区域,其第三产业比重较低是一种全球性现象。典型的如日本制造业发达的爱知县,2006 年人均 GDP 居日本第二,第三产业比重为 63%,比日本全国平均水平低将近 13 个百分点。江苏靠近国际大都市上海，而上海这些年实施“四个中心”的战略，不断加大发展现代服务业的力度，对处于其周边地区的江浙的服务业产生了巨大的虹吸效应和抑制作用，但是同时也加快了它的制造业转移的力度。

显然，江苏发展较快的第二产业压低了第三产业份额，而过去一直贯彻的出口导向型经济发展战略和经济地理因素，在某种程度上导致了江苏（也包括浙江）的服务业发展“被抑制”，这些都不应该看作是江苏第三产业发展的“滞后”，更不应该看成是江浙两省发展服务经济的“落后”。其实，改革开放以来，江苏第三产业发展及其增加值占 GDP 比重的上升都是比较快的。日本经济成长最快的黄金期，即 1955 年至 1985 年，第三产业比重上升了大约 20 个百分点；江苏改革开放迅速成长的 1980 年至 2010 年，第三产业比重上升了 22.8 个百分点。同为迅速成长的三十年，江苏第三产业比重上升的速度并不低。“十一五”时期以来，江苏全省服务业（第三产业加农林牧渔服务业）发展提速、比重提高、结构提升，其增加值从 2005 年的 6683.5 亿元提高到 2009 年的 13741.3 亿元，年均增速达到 14.6%，高于同期 GDP 增幅 0.9 个百分点。

江苏南部历史上就以制造业见长，在上一轮经济全球化发展的机遇中，由于较多地接受了发达国家的产业转移，经济发展在国内拔得头筹；苏中和苏北地区在“十二五”规划期间继续延续国内外产业转移，尤其是制造业转移，由此决定了江苏第二产业增长速度不可能低。可以预见的是，在江浙以制造业为主、欧美日以服务业为主的全球产业分工难以改变的情况下，江浙两省在相当一个时期内是很难达到欧、美、日那种第三产业比重的。至少在近几年，中国制造业发达地区的第三产业比重不一定会以较快的速度上升。

发达地区要利用全球化和扩大内需的机遇加快服务业发展

“制造业是服务业的生身父母”，离开发达的制造业，服务业就是无根的“空心化”产业。继具有广泛影响的《美国制造》一书指出“美国除了继续在世界市场参与制造业的竞争外，别无选择”后（杰里·贾西诺斯基等，2006），奥巴马政府又提出“再工业化”的口号。有“日本经营之神”称号的盛田昭夫，则认为制造业作为国家工业核心基础这一重要性，即使到21世纪也不会下降（江波户哲夫，2010）。在中国的实践中，正是得益于早期工业化的发展基础和积累，使我们现在可以从容地提出在中国东部沿海地区可以而且必须扬弃“世界加工厂”发展模式，在发展“世界花园工厂”（先进制造业）的基础上还要建设“世界办公室”（现代服务业）和“世界公园”（环境友好社会）。就此意义上来说，中国绝大多数地区不可能一步跳出工业强市的发展路径，即不可能直接从“农转工”阶段进入“农转服”阶段。

我们提出的这个观点，包括我们在前面指出的中国经济发达地区的第三产业发展水平其实并不“滞后”的结论，并不是要否认这些地区未来必须从总体上形成以服务经济为主的产业结构，而只是为了说明实现这一目标是一项艰巨的和长期的任务。无论是从利用服务业加快发展方式的转型、实现可持续发展的角度，还是从东部发达地区率先基本实现现代化的角度，经济率先发展地区都必须要求那些经济发展阶段处于更高级的地区、更有利于服务业发展的中心城市和大城市，如长三角地区、珠三角地区和渤海湾地区，承担更多的发展现代服务业的任务。

根据我们对现代服务业特性的分析和对中国经济发展阶段的判断，我们认为，经济发达地区发展服务经济的战略和政策，必须基于这些区域加入全球产品内分工的特征，以及中国实施扩大内需的战略背景，进而寻求全新的发展观。

第一，要像过去我们推进工业化一样，按照规模化和集聚化的要求去推进服务经济的发展。过去我们局限于传统服务业的视角，因为不能突破其生产与消费难以分离、服务供给不能储备、服务产品无形性等产业的技术特征，所以只能在狭小的区域市场范围内发展传统服务业，由此决定了我们的服务业发展缺少规模经济和范围经济。而现代服务业在信息技术等高科技的融合和改造下，已经出现了极其显著的“物化”倾向，人力资本、知识资本和技术资本在现代生产性服务的作用下，被不断地引入到商品生产过程中（格鲁伯·G. 赫伯特等，1993）。由于其往往运用现代的组织方式和管理方式运作，完全可以把我们过去发展制造业的政策和措施，运用到发展现代服务业上来。如运用物流园区集中和集聚的思路发展大物流产业，运用创意要素集聚的思路发展文化创意产业、服务外包产业等。

第二，要像过去我们发展制造业出口导向经济一样，按照全球化的思路去推动服务业市场发展。中国东部地区在下一轮发展中，让服务业深度参与全球产业高端分工，逐步使其市场突破区域性的限制而融入全球化，逐步使其进入全球价值链的研发设计和品牌网络营销环节，是通过新的全球化战略实现产业转型升级的最重要的任务。为此要求我们像过去推进制造业市场“两头在外”一样，去形成良好的基础设施吸引服务业外资，去大力开发国际服务外包市场，去大力引进外国人才和智力。服务业市场的全球化，是继制造业全球化之后，中国把发展的战略机遇期转化为一个崭新的黄金发展期的重要体现。

第三，要利用中国庞大制造业的“市场需求”优势，在现有制造业转型升级的基础上，实现现代服务业与制造业协调发展。制造业的规模和升级要求，是中国在发展现代服务业上有别于印度等国的优势所在，也是目前最大的市场潜力。为此，一方面要利用制造业的市场需求，制定特殊政策吸引那些目前仍处于国外的服务业尽早进入中国境内，另一方面，要鼓励企业摆脱“自我服务”的低效率方式集中发展第三方服务。

第四，要利用中国在空间上客观存在的东、中、西三元结构特性，有次序地实现东部地区“退二进三”和制造业的产业转移，从经济区域总体上而不是各个行政区域形成以服务经济为主的产业结构。这除了要求如“北上广”地区率先形成以服务经济为主体的产业结构外，还要求一些有条件的地区，如杭州湾经济区、苏南经济区、南京都市圈等在全国率先形成“三二一”的产业发展格局。从发展水平和所处的发展阶段看，中国绝大多数地区经济都属于工业化领先于城市化的发展地区，工业经济正处于加速或正待转型（即向先进制造业发展）的阶段。这种发展格局一方面会对大城市中心地区的现代服务业提出巨大的需求，是大城市中心地区扬弃一般制造业、加速发展现代服务业的最佳机遇；另一方面也是中国东部地区千载难逢的调整过去“世界加工厂”的粗放发展方式、向广大中西部地区“转移产业、留下公司”的战略性调整机遇。

第五，要利用中国城乡一体化发展战略加速实施的机遇，以及各地加紧实施的民生发展战略的良机，在扩大内需中内生地发展服务业。现有的研究表明，对于任何一个国家或地区而言，城市化水平与第三产业比重都呈正相关关系。随着城市化水平的不断提高，居民服务消费支出会较快增长，第三产业也随之较快发展，第三产业比重也会逐步提高。从中国各地区经济横向比较看，也可以看出存在着“城市化水平越高，居民对服务消费需求越大，第三产业比重越高”的规律性现象。城市化促进第三产业占比水平提高的机制，说到底是城市化提高了居民的消费需求和消费能力，而以提升居民消费为经济增长第一动力为目标的扩大内需计划，将使中国从一个生产能力过剩的大国，逐步转化为国内市场总体规模位居世界前列的消费大国，消费经济为主的驱动增长模式，将为中国服务业比重的上升提供现实的基础。

第六，要在承接国际服务业外包市场所形成的基础设施和所积累的经验的基础上，利用内需市场日益扩大的机遇，大力促进服务业外包市场国内化的发展。服务业外包是一种新兴的生产方式，过去由发达国家的跨国公司基于全球战略性动机和节约成本的要求而发动。在中国转向扩大内需战略之后，国内市场的高度竞争将引发企业因节约成本的动机而外包其缺乏比较优势的服务业，由此导致国内服务业市场规模和容量的扩大，因而这种内需市场将成为未来中国重要的经济增长点。但是，现在由于在市场认可度、标准和诚信体系建立、信息畅通性等方面还存在一些问题，因此还需要有一个市场培育期。

第四节　全面深化改革推动服务业进入现代增长轨道

在工业化过程中，我们之所以要通过全面深化改革推动服务业进入现代增长轨道，是因为服务业尤其是现代服务业在国民经济发展中至少有以下的调节功能：（1）它是制度供给和制度创新的载体；（2）它是构成人民幸福函数的主要元素；（3）它内含高级先进生产要素，是把知识资本引进商品生产的“飞轮”；（4）它具有本地化需求的特征，是扩大内需的实体内容；（5）它在全球价值链中的高端地位，决定了它是产业结构调整的主导力量，是攀升全球价值链的目标 。

当今发达国家服务业在国民经济中的地位可以用“4 个 70%”来概括：一是服务业增加值占 GDP 比例达到 70% 左右；二是服务业从业人口占社会总就业人口达到 70% 以上；三是经济增长的 70% 来自于服务业增长；四是生产性服务业占服务业的比重达到 70%。这“4 个 70%”趋势后面的动因，是服务产业需求的收入弹性不断上升，相应的劳动生产率也不断提高，社会分工协作程度达到相当水平，社会进入服务化或后工业发展阶段。

过去由于发展阶段的限制和贫困的经济现实，中国的产业政策长期倾向于“重工农、抑服务”。这种状况虽然现在已经得到了根本性的改善，但是中国服务业发展水平和结构与世界趋势仍然是背离的。从统计数据看，在 2009 年的发展水平上，当高收入国家人均 GDP 为 37990 美元时，服务业占比为 74%；中等收入国家人均 GDP 为 3397 美元时，服务业占比 55%；低收入国家人均 GDP 为 509 美元时，服务业占比也为 50%；而 2010 年中国人均 GDP 为 4509 美元时，服务业占比只有 43%。至于服务业的就业结构，中国与世界的偏差就更大，2010 年中国人均 GDP 为

4509美元时，服务业劳动力占全社会劳动力的比重只有34.6%，而世界服务业发展的均衡水平，表现为其就业结构与产值结构呈现接近于1比1的关系。与这种关系相对应的是，产业结构失衡还表现为中国在同等的收入水平下，制造业占比要大大地超过世界其他国家。这一现象虽然与中国“世界制造工厂”的现实是一致的，但也是中国制造业产能过剩的重要的直接原因。

1949年之后几十年的抑制城市化政策、城乡隔离和固定的户籍管理制度，使中国出现了严重的产业结构偏差。中国共产党的十八届三中全会着力要解决城乡收入差距、消费不足、公共服务非均等化、土地、农民工及子女教育医疗住房等问题，这种政策纠偏的一个直接效应，就是有力地促进了现代服务经济的发展。十八届三中全会所要求的全面深化改革精神，是规划中国产业发展尤其是服务业的改革、创新和发展的基本纲领，其推进改革的总体思路和基本取向，将决定中国服务业未来可持续发展的基本特征、路径选择和发展绩效。为此本节在判断中国服务业已经进入高速发展期的基础上，指出了必须趁势全面推动服务业进入现代增长轨道，并通过全面深化改革推动中国服务业改革、创新与发展。

首先需要说明，服务业是一个门类复杂、性质各异的综合产业部门。按照服务产出使用者的性质，可以把其划分为消费性服务业、生产性服务业和社会公共服务业三大产业门类。由于各产业门类差异性很大，对应的推进政策和改革措施也大相径庭。例如，决定消费性服务业发展水平的因素，主要是经济发展程度和城乡居民的收入水平。相比较而言，决定生产性服务业发展水平的主要因素则要复杂得多，不仅与经济发展、工业化、经济全球化和城市化等宏观变量有密切的关系，而且还与有关微观变量直接有关，如市场容量、市场竞争与管制、技术知识创新等因素有关。另外，社会公共服务业则与政府职能转型和财政的公益性塑造等因素直接相关。因此在本节中，我们将通过区分服务业发展门类，梳理全面深化改革影响和决定我国服务业改革、创新与发展的传导机制。

全面推动服务业进入现代增长轨道

目前，中国已经进入现代服务业高速发展期。做出这一事实判断的依据在于：一是近十年来，中国服务业增速与制造业增速的差距，虽然鲜有前者超过后者的情况出现，但是两者之间增速之差在逐渐收敛，如2012年，第二产业在GDP中的占比为45.3%，第三产业占44.6%，历史上首次使差距缩小在1个百分点之内。2014年初，第三产业的增速首次超过第二产业。这些就使服务业在GDP所占比重处于“稳步增长”状态。二是根据世界经济发展经验，目前中国人均GDP处于接近于7000美元的阶段上，正是制造业加速转型升级、服务消费需求旺盛、产业结构高速演进的重要时期，这些都将推动服务业进入现代增长轨道。

现阶段中国服务业发展跑出加速度，主要是由三个具体的因素在起作用：

其一，2008年世界经济危机以来，服务业尤其是消费性服务业显示出了强大的熨平经济周期波动的作用。在这次世界经济危机中，受到影响比较大的是全球制造业需求，因为制造业产业关联度高，需求弹性相对大，因此经济危机会深刻地、大幅度地影响作为全球制造业大国的中国经济。相反，服务业尤其是消费性服务业的需求弹性小，市场需求相对稳定，一般不受经济波动的巨大影响。而且，在服务业占经济总量的份额不断上升的条件下，它就自然而然地成为反经济周期的重要力量。

其二，现阶段中国的有效内需主要由服务业构成，一般制造业产品都处于严重的产能过剩状态，“去库存”化还需要相当长的时间，而产能不足的部门几乎都是服务部门，如服务良好的医疗、教育、养老、住宅等，知识技能密集的高级生产性服务尤其缺乏。因此，过去一些时期中国扩大内需政策的发力，主要是扩大了市场主体对服务业需求，它的需求增长空间更大。

其三，在外部需求萎缩的条件下，一方面某些天然具有本地化需求属性的服务业部门得到了迅速的扩张，同时服务业跨国转移是当前经济全球化新的显著特征，表现为：一是跨国公司在全球范围内组织生产活动，需要获得全球化的贸易、金融、通讯、运输等服务也出现了向发展中国家转移的浪潮；二是以信息网络技术在世界服务业中的应用，使服务业摆脱了“本地化”需求特征，其“可贸易性”越来越强，从而为服务外包等国际分工的全面深化打下基础。

针对中国已经进入现代服务业高速发展期的趋势，目前一些理论和政策对此存在错判。如某些舆论自觉或不自觉地将服务业发展与金融危机内在地联系起来，认为金融危机是由于本国“去工业化”后服务业的高度繁荣所引起的。此观点对面临经济结构战略性调整任务的中国危害甚大。经济危机发生机制与搞制造业还是搞服务业没有任何关系，也与金融资本的趋利本性无关，有关的是国家经济体制和机制的不良设计和失控的运行。

各种把实体经济等同于制造业、把服务业等同于虚拟经济的各种政策取向和做法，就是上述认识的具体体现。在现阶段，把制造业界定为实体经济，认为反危机政策就是要全力发展制造业，同时认为服务业是虚拟经济必须抑制的观点，是十分有害的。制造产品和服务产出都能满足人们的不同需求，它们之间的区分只是有形与无形，而非实体与虚拟。实体经济与泡沫经济的区分，要看这个部门的“杠杆率”运用水平，经验证明，杠杆率大于20倍，一般就是泡沫经济，即使是生姜、大蒜等产品，也会变成泡沫经济。因此，服务业不一定就是虚拟经济，同样，制造业利用的“杠杆率”过高，产能发展过度，也会发生经济危机。另外，需要指出的是，如果这种观点把资源错误地引导到已经严重过剩的制造业，将会导致下一轮严重的经济风险。因此，我们不要因为强调制造业重要，就走向轻薄服务业。我们应该反对的是服务业过度金融化。新版的稳增长计划如果把资源重新砸向产能过剩的制造行业，会引发巨大的经济风险。其实，如果把资源投向同样具有实体经济性质的现代服务业，更能实现稳增长、调结构与促民生相结合。

对内对外开放:生产性服务业发展的基本动力

生产性服务业是现代服务业中最积极、最重要的组成部分,它是指那些依靠高技术和现代管理方法、经营方式及组织形式发展起来的、主要为生产者提供中间投入的知识、技术、信息密集型服务部门。其核心是高级生产性服务,如金融服务、商务服务、信息技术与通信服务、教育培训服务、物流服务、旅游服务、外贸服务等。正是由于现代生产性服务业为包括服务企业在内的其他企业提供知识、技术、技能和人力资本密集的服务投入品,因此该部门的竞争性以及对其所进行的改革、创新与发展努力,将直接决定了一国国民经济发展的效率,决定经济发展方式和建设创新驱动国家目标的实现。

一个产业部门使用生产性服务投入的比重,反映这个产业部门的效率和技术知识密集程度。我们基于投入产出数据的国际比较研究发现,相对于发达国家,中国制造业的生产性服务投入的水平较低。美、德、英在 20 世纪 70 年代,制造业中间投入中,服务投入所占比重已经高于 20%,21 世纪以来更是高达 30% 多;即使是稍微低一点的日本和德国,2005 年前后也在 25% 至 30% 之间。1995 年、2000 年和 2005 年,中国制造业的中间投入中,服务投入比例最高只有 15%,比发达国家的最低水平也要低很多,2007 年最低水平时期只有 10.62% 。

相对于制造业的规模占世界比重的急速提升,以及制成品的出口增长,中国的制造技术在全球创新链中还缺少位置,目前只能在全球价值链的低端从事生产、加工、制造和组装环节,获取微薄的报酬。造成这一现实的一个重要原因,是中国的现代生产性服务业不发达,直接制约了制造业技术水平的提升。为了在经济全球化中像扩张制造业规模那样迅速提升现代生产性服务业的发展水平,十八届三中全会给出的基本思路和战略,可以简单地归纳为“对内对外开放”几个字。主要表现为以下几个方面:

第一,在改革战略上,选择以对外开放倒逼国内现代生产性服务业改革的主要思路。中国第一轮开放主要是商品市场领域的开放和制造业的开放，以开放倒逼改革所取得的成就，也主要体现在中国成为世界制造中心上。这种改革战略的选择，既是基于要素市场尤其是金融市场的稳定性和安全性需要，客观上也是因为很多现代生产性服务业自身具有高进入壁垒的性质。生产性服务业中的许多要素，尤其是与货币资本有关的金融市场，不仅会因为制度、管理、文化等差异而形成进入壁垒和障碍，更会因为长期的行政垄断而造成人为的进入壁垒和障碍。这些进入壁垒和障碍容易形成率先改革的困境。但是，当商品市场和制造业的开放到了一定程度，就必然要求有要素市场领域开放的支持，必然要求服务业领域开放的深化，以降低交易成本和形成全面的、持久的国家竞争优势。这是商品市场开放倒逼服务业市场开放的一个方面。另一方面，如果战略上选择渐进式开放服务领域而不是直接对垄断的生产性服务业进行改革，那么不仅不会立即冲击该领域中的各种既得利益群体，从而减缓其利益上的抵触和反抗，而且可以使国内的生产性服务业有时间、有意识地做好应对即将到来的国际竞争准备。这应该就是十八届三中全会报告中所提出的“对内对外开放相互促进”“以开放促改革”的基本战略思路。

第二，在改革方法上，十八届三中全会报告提出实现统一的市场准入制度，在制定负面清单的基础上，让各市场主体依法平等地进入清单以外的领域。具体来说就是，要在进一步放开一般制造业的基础上，有序放开对现代生产性服务业的投资准入限制，推进金融、教育、文化、医疗等服务业领域的逐步开放，放开育幼养老、建筑设计、会计审计、商贸物流、电子商务等服务业领域外资准入限制。这种统一市场准入制度的实施意味着：（1）打破现代生产性服务业领域的各种垄断和歧视制度，是在对内对外开放思路下选择的主要措施；（2）政府在服务领域大幅度的减权、放权，是对民间、社会、市场和企业家的放权，而不是简单地在政府内部分权，因为分权只代表政府权力关系的调整，只有减权、放权才是真正的市场取向化改革；(2) 这是为了实现“市场在资源配置中起决定性作用”的决定性改革动作；(3) 这是在现代生产性服务业领域以对外开放促进对内开放，以对内开放进一步加大对外开放，是相互统一、相互促进而不是相互歧视。

第三，在改革的路径上，选择以自由贸易区试点的方式，推进以金融服务业为代表的现代生产性服务业的开放。十八届三中全会报告指出，建立中国上海自由贸易试验区是党中央在新形势下推进改革开放的重大举措，为全面深化改革和扩大开放探索新途径、积累新经验。未来中国将在推进试点基础上，选择若干具备条件的地方大力发展自由贸易园(港)区，以周边为基础加快实施自由贸易区战略，形成面向全球的高标准自由贸易区网络。这将极大地带动中国现代服务业的发展。如上海自由贸易试验区的制度创新，就主要是围绕六大现代服务业领域(金融服务、航运服务、商贸服务、专用服务、文化服务和社会服务)的试点开展，这不仅会使上海的现代服务业迎来高速发展的机遇，而且也会使江浙两省的现代服务业尤其是与其产生协同作用的制造业，以及与其产生互补作用、依赖作用的服务业的发展面临更大的机遇。

以“对内对外开放”这种思路促进现代生产性服务业的改革、创新和发展，与发展其他门类的服务业有很大的不同。一般来说，第一，现代生产性服务业因为在生产和消费上的可分离的技术特征，使其具有可贸易性，而其他服务业门类一般只具有本地化特征。因此，与发展制造业国际化相似，在经济全球化中发展现代生产性服务业，是一种可以选择的重要思路。第二，现代生产性服务业具有十分明显的知识技术密集性特征，作为决定其他企业产出竞争力的重要的投入品，其内含的最优秀的知识、技术、技能和人力资本等要素，只有在开放竞争的条件下才能吸收或获取。显然，这与作为最终消费使用的其他服务业有根本的不同。第三，现代生产性服务业具有报酬递增性，即高固定成本、低边际成本特征，属于报酬递增产业，对规模经济要求尤其严格，而且其高度的差异性和由此形成的较高的进入壁垒，决定了以“对内对外开放”这种思路促进其改革、创新和发展的重要性。因为，只有以开放的态度和观念去推进其发展，我们才能克服其包含产业规模壁垒、技术壁垒、品牌壁垒甚至行政壁垒在内的高进入障碍。这些产业特征在消费性服务业和公共服务业中并不突出。

收入增长与分配：促进消费性服务业发展的基本措施

消费性服务业也称为生活性服务业或民生服务业，与生产性服务业作为中间投入不同，它属于最终需求性服务业。消费性服务业所提供的服务产品的丰富性和高质性，直接影响居民幸福指数高低，也反映国民经济的发达程度。

国家统计局综合司课题组以及樊纲和王小鲁等先后对“收入分配对消费的影响”进行了研究。他们的研究表明，城乡居民当期消费主要取决于当期收入，城镇居民比农村居民有更强的预防性储蓄动机，农村居民边际消费倾向显著高于城镇居民。日益增强的不确定性增大了城市居民的预防性储蓄动机。中国消费率持续走低的主要原因，在于国民收入分配失衡，在于其收入在初次分配中所占比例低且不断下降。由于对服务业消费需求的收入弹性要远远大于对商品消费，因此收入增长和分配对消费性服务业的影响，要大大高于一般的消费品产业。由此决定了十八届三中全会的决定选择从调整收入增长与分配入手去促进消费性服务业发展，是找准了解决问题的根本的措施。综合来看，全会决议给出发展消费性服务业的基本思路和战略，可以归纳为以下几个方面：

第一，对初次分配也要进行调节，也要讲公平。过去的说法是“初次分配要讲效率，再分配要讲公平”。现在看来，一是如果初次分配不讲公平，中国各阶层的收入差距到了再分配阶段就会越来越大，容易形成社会畸形的消费结构和产业结构，并进而影响深度发展和社会稳定；二是如果把初次分配中的严重不公平延迟到再分配时再进行调节，那么这时的调节不仅因为缺少了一些必要的微观手段而难以有效，而且更重要的还必须因此强化政府的控制力量，社会因此要付出巨大的调节成本，包括保持政府自身清廉和防止腐败的成本。因此，十八届三中全会决定提出要"努力实现劳动报酬增长和劳动生产率提高同步，提高劳动报酬在初次分配中的比重"。另一个就是要"健全工资决定和正常增长机制，完善最低工资和工资支付保障制度，完善企业工资集体协商制度"。这其实是要在市场和企业活动的微观领域就适度解决分配的调节依据和公平性问题。

第二，分配调节的目标是要逐步形成"橄榄型"分配格局。"橄榄型"分配格局就是要扩大中等收入者的比重，降低低收入者和超高收入者的比重。中等收入群体不仅是对现有社会秩序容易满意的阶层（这有利于社会稳定），而且其消费倾向稳定，消费结构逐步趋于高级化，是支持社会向服务经济升级的主要需求力量。为此，十八届三中全会决定提出要通过完善以税收、社会保障、转移支付为主要手段的再分配调节机制，加大税收调节力度等方式逐步形成"橄榄型"分配格局。规范收入分配秩序，最重要的是调控的体制机制和政策体系，在现阶段尤其迫切需要建立个人收入和财产信息系统，以此作为保护合法收入、调节过高收入、清理规范隐性收入、取缔非法收入以及增加低收入者收入等政策目标的依据。

第三，在收入结构上，形成劳动收入、财产收入和社会转移支付收入等在内的有序分配格局。在这个方面，一是要健全资本、知识、技术、管理等由要素市场决定的报酬机制，通过"扩展投资和租赁服务等途径，优化上市公司投资者回报机制，保护投资者尤其是中小投资者合法权益"，多渠道增加居民财产性收入。二是要对资本性收入和工资性收入平衡征税。现在中国的个人所得税主要是工薪阶层在承担，企业主和高收入者有各种规避办法，因此它有成为专门针对中等收入者的税收的趋势。这种累进税率的逆向调节效应，值得中国在选择收入再分配体制时注意和警惕。现在无论是自由主义的美国，还是自我号称“社会主义”的法国，个人所得累进税率只对工资性收入执行，最高可达45%，资本性收入却执行单一税率（15%或20%），因此对资本家的税率比大部分中产阶级都要低。再加上各种合法避税手段，连大投资家巴菲特都说“我保姆交的税都比我多”。这样的收入再分配就不是“劫富济贫”，而是“劫贫济富”，使中产阶级的财富转移到了其他人手里。

第四，由公共组织机构使用公共权力与公共资源，通过提供更多、更优的公共服务的方式，促进扩大内需和城乡居民的服务消费，增加居民幸福感。中国居民消费率长期处于较低发展水平的格局，不仅与收入水平低、分配结构扭曲有关，还与社会保障体系不够健全和发达、居民缺乏对未来的“安全感”有直接的关系。十八届三中全会决议提出要“建立更加公平可持续的社会保障制度”，包括基本养老保险制度、基本医疗保险制度、住房保障和供应体系、社会养老服务产业体系等等。这必将降低居民针对不确定性增大的心理趋势，降低城乡居民的预防性储蓄动机，增加居民对消费性服务业的边际消费倾向。

资源均衡配置：促进公共服务业发展的基本战略

公共服务业是社会公共组织机构（如政府和非营利社会组织）介入的一种服务活动，可以提供给公民某种不能通过营利性组织得到满足的需求，如政府的公共管理服务、基础教育、公共卫生医疗以及公益性信息服务等。公共服务业体现两种关系：一是由政府公权力运用公共资源为公民提供的非排他性的服务活动，这种活动体现的是公民权利与政府责任间的公共关系；二是非营利社会组织运用出于社会义务、道德而捐赠的社会资源，为特定社会群体提供的非营利性的公益性服务，这种活动体现的是善意的社会成员与特定社会群体间的社会关系。显然，这与消费性服务业在货币面前人人平等的市场关系有着根本的不同。

长期以来，中国公共服务业发展中存在的主要问题，一是社会公共组织机构提供的公共服务产出水平过低，二是在有限的产出品中存在着严重的资源非均衡配置和巨大的分割效应。主要表现为：一是公共服务资源的社会分割。因为城乡之间身份、户籍的不同，导致相互之间在生活方式、收入和消费水平、社会公共福利等方面存在巨大的差异，这些差异的存在又极大地强化了生产要素流动的障碍。二是公共服务资源的区域分割。以地方财政和利益为边界的行政管理体系，阻碍着公共服务资源在区域间的一体化，如各种软、硬件基础设施的跨地区不配套和不衔接等问题。三是公共服务资源的制度分割，地方法规、政策和条例等制度因素，是影响中国公共服务资源配置均等化的最重要的原因。因此，推进公共服务资源的社会一体化、区域一体化和制度一体化，是基本公共服务均等化的主要任务。中国基本公共服务均等化的重点和难点都在城乡之间，如住房、养老保险和医疗保险等，其一体化发展的效应是：它不仅可以通过提高农村公共服务业的边际量而提升整个国家服务业发展水平，而且还可以依据“底线思维”来巩固和提高中国经济社会发展的基础，产生积极的扩大内需效应，也是加快形成科学有效的社会治理体制、保证社会既充满活力又和谐有序的关键所在。

综合来看，全面深化改革通过推进社会领域制度创新和基本公共服务均等化，对社会公共服务业的发展将产生强大的推动，主要表现在以下几个方面：

第一，有关基础性公共服务，是指那些通过国家权力介入或公共资源投入，为公民及其组织提供从事生产、生活等需要的基础性服务，如提供水、电、气、交通与通讯基础设施、邮电与气象服务等。在这方面，全面深化改革的主要思路是改革监管体系、反对垄断和不正当竞争，推进水、石油、天然气、电力、交通、电信等领域的价格改革，放开竞争性环节价格，政府对其进行定价的范围将主要限定在重要公用事业、公益性服务、网络型自然垄断环节。这种改革必将刺激相关领域的企业提供趋于竞争的产出，从而降低有关基础性公共服务的价格。

第二，有关经济性公共服务，是指通过国家权力介入或公共资源投入为公民及企业从事经济发展活动所提供的各种服务，如科技推广、咨询服务以及政策性信贷等。这方面的改革措施主要是发挥市场对要素配置的导向作用，如对政府事务性管理服务，“原则上都要引入竞争机制，通过合同、委托等方式向社会购买”。

第三，有关公共安全性服务，是指通过国家权力介入或公共资源投入为公民提供的安全服务，如食品药品安全、安全生产、防灾减灾救灾、社会综合治安、网络安全、司法、国防等方面的服务。这方面的最大创新是设立国家安全委员会，为国家安全提供体制和战略保障。

第四，有关社会公共性服务，是指通过国家权力介入或公共资源投入为满足公民社会发展活动的直接需要而提供的服务。社会发展活动包括教育、科学普及、体育健身、医疗卫生、社会保障以及环境保护等，满足的是公民的生存、生活、发展等社会性直接需求。十八届三中全会决定就此对社会、文化、生态三个方面的改革和制度创新专门做了大量的阐述。如在“推进社会事业改革创新”中，对教育、就业创业、收入分配、社会保障、医药卫生等领域的均等化改革做了详细的阐述；以“推进文化体制机制”为标题，对构建现代公共文化服务体系、促进其标准化、均等化等问题作了全面规定；以“加快生态文明制度建设”为标题，对自然资源资产产权制度和通途管制制度、划定生态保护红线、资源有偿使用制度和生态补偿制度做了一系列改革的制度设计。

第五章　中国东部沿海地区外向型经济的发展与转型

第一节　东部沿海地区制造业的发展演变

自改革开放以来，中国靠吸收FDI实现了GDP的快速增长，FDI企业在中国制造的产品，除了一部分是以瞄准中国市场为目标外，大部分在中国沿海地区加工组装的产品是以满足国外订单的出口为主，主要涉及技术水准较高的产品生产中需要大量利用密集劳动的生产作业部分，如电子产品的装配等。主要不是中国自己的本土企业，而是FDI的大量进入，使中国逐步变成了世界的“制造中心”，或者说成了以加工贸易为主的进出口基地。中国自身的本土企业，主要在一些技术水准较低的劳动密集型产品的生产中，吸纳跨国公司发出的国际代工的订单，由此带来了中国加工贸易的“爆炸式”增长。

可以说，优越的初始禀赋条件（如便利的交通运输条件、优秀的劳动力资源和相对发达的工业基础等），以及基于FDI的出口导向的工业化战略，形成了目前中国沿海地区企业与跨国公司之间的代工关系，是沿海地区经济发展的关键因素之一。从产业演进的角度看，沿海地区从过去以简单加工技术为导向的传统产业，乃至目前生产技术水平已经得到大幅度提升的大型企业，各个主要产业一直采纳这种代工模式，从传统的玩具产业，到高新技术的电子信息产业，都基本没有拥有自己的品牌，而仅仅持续地为世界各大厂商代工，它是中国沿海发达地区目前大多数制造业和部分高技术产业的基本特征。

与日本和韩国早年通过技术引进方式创新和培育自己的品牌企业的发展道路有着根本的不同，中国沿海地区的这种以“国际代工”为特征的经济成长模式，带来一个不可避免的问题就是，作为接受代工的中国企业仅具有对产业低技术部分的加工能力，自身缺乏产品设计和研发优势，缺乏技术创新能力，缺乏具有自主知识产权的知名品牌，信息来源和销售渠道严重依赖海外供应商和进口商。

一方面，由于缺乏技术创新能力和知名的国际品牌，在发展序列中处于相对落后的中国制造业，在参与国际竞争和产品价值链分工中必然选择走“国际代工”的道路。选择这一发展模式也能够获得成功，如中国的台湾地区就是靠“国际代工”致富，早在1996年人均所得就超过1.3万美元，在当时相对后进的世界经济体系中，除香港和新加坡之外，当属于佼佼者。

另一方面，像中国大陆这么大的工业体系和巨大的市场容量，自己的企业不创造出自身的品牌优势和技术能力优势，长期甘当配角的“国际代工者”角色，仅仅赚取低廉的手工费，又会受到来自国内产官学界要求“产业升级”的巨大压力。这些呼声的理论依据在于，认为仅靠“国际代工”，只能是走资源消耗型的发展道路，而通过拥有国际品牌实现产业升级，不仅是提高制造业附加价值和实施内含型发展的必由之路，而且是凝聚国家认同度的焦点问题之一。

国内学术界从20世纪90年代末开始研究中国企业通过国际代工提升产业水准的问题，如管理学界对供应链、价值链、外包等问题的研究。近年来在国际经济学领域中较深刻的研究当数卢锋。卢锋以“产品内分工”这一概念为中心，建立了一个分析当代国际分工基本层面的框架（卢锋，2004）。他的研究任务主要在于揭示，发达国家企业“把很多产品生产过程所包含的不同工序和区段，拆散分布到不同国家进行，形成以工序、区段、环节为对象的分工体系，刻画当代国际分工从产品深入到工序的特点”。不过，他的研究重点不在于寻求中国产业升级的路径，也不在于开发新的品牌战略。

产品内国际分工的演进模式

钱德勒（1978，1990）曾经总结了欧美先进工业国家大企业发展的历程。他指出，工业在近现代的大规模生产推动了大规模的营销，企业必须自行掌握营销去适应大规模生产活动。同时，运用先进知识进行研究开发以发展出新产品的活动，使其逐步整合为企业的一个制度化的部门。因此，早年的先进企业在研发、生产和营销上，是一体化于企业内部的几个重要部门，“研发→生产→营销”这个序列，也是企业必须遵守的基本活动流程。

“研发→生产→营销”这个一体化序列的分离，是在当代经济全球化浪潮中逐步出现的最重要的现象。讨论中国制造业利用跨国企业“研发→生产→营销”分离的契机，参与某一阶段的国际分工问题，离不开以下四个重要的前提性假设：

第一，中国企业的技术水平和企业的组织能力，与发达国家的先进企业之间存在着较大的差距，但是在某些要素的成本（如劳动力成本和土地成本、环境规制等）方面却拥有比较优势，因而对追求制造效率、强化核心业务能力和降低生产成本的先进企业具有天然的吸引力。

第二，发达国家的先进企业之间的竞争，主要是通过技术创新和品牌运作。差异化竞争是其主要的方式和特征；而中国企业目前还达不到这种竞争的层次，并不介入这些阶段和层面的活动，而只在发达国家所开发的产品趋于成熟阶段介入市场，争取来自处于先进序列的企业的代工订单业务，以劳动力密集的规模经济优势降低生产成本，并保证能够提供物美价廉、及时交货的服务。中国企业与发达国家的跨国企业处于一种产品生产过程中的不同阶段;或者虽然可以生产同一种商品,但是因研发能力和品牌运作能力的差异,只能处于国际产品价值链中低端的生产环节。

第三,中国企业在获得代工订单业务的过程中会产生"溢出效应",即不仅赚取了进一步扩大再生产的资金积累,更为重要的是,它把中国企业从一个封闭的环境带入了高度竞争的开放性国际市场,唤起了其国际市场意识,锻炼了劳动者和企业高级管理者,增强了企业的学习能力和组织能力。这就可能使中国企业培育起进一步向产品分工的高端(如设计能力、研发创新能力和品牌运作能力等)自然延伸的动态能力。这就是说,企业之间的差距可以在国际开放中不断缩小,企业的研发能力和品牌运作能力可以通过学习模仿。"国际代工"方式是中国企业最佳的低成本学习途径。

第四,产业升级和品牌塑造需要有市场的支撑。中国巨大的国内市场容量和迅速的成长性,可以为中国企业培育国际名牌、实施产业升级战略创造基础性的支撑条件,关键是要创造一体化的市场基础和民族文化的自信心,以及更加广泛的国家凝聚力和民族认同度。

在此前提下,中国在经济全球化过程中参与国际产品内垂直分工或价值链分工,以及进一步实现产业升级的问题,可以用以下三个重要的概念来说明,即 OEM、ODM 和 OBM。

其中,OEM 是指"原始装备制造",简单解释就是委托加工,品牌拥有者将生产制造业务外包给其他厂家的业务模式。例如,索尼公司让华硕公司帮它生产笔记本电脑,贴上索尼的牌子,自己销售,就称这台笔记本电脑为华硕公司的 OEM 产品。从中国的角度看,承接这种外包订单的行为就是"代工",由于"代工"这一词汇可以指任何契约的分包或转包,因此它的意义涵盖 OEM,OEM 则是"代工"概念的特指。卢锋(2004)给"代工"下的定义是:"发达国家品牌商按照一定的设计要求向国外制造商下订单，后者依照产品设计要求自行生产，或者把生产过程进一步分解为不同环节，分包给不同企业，产品完成后加贴发包企业品牌出售。”

在实践中，原先处于后进地位的企业，通过早期的OEM或者代工方式，学习能力不断增强，对上游工序和客户的要求等了解和掌握得越来越多，从而就会逐渐获得发包者更多的职能和责任，可能逐步承担包括产品设计、进一步深加工、售后服务等在内的更加广泛的工序、环节和职能，这时OEM就可能转化为ODM，其含意是指代工企业除了承担制造活动外，也进行深度加工组装和产品设计等活动。但是无论怎么看，此时ODM的品牌仍然为发包者所有或控制，进行深度加工组装和产品设计的活动，仍然具有OEM或代工的性质，不过是一种较高级的代工形式。

OBM是制造产业升级的一个崭新阶段，表现在制造企业不仅进行深度加工组装和产品设计活动，还拥有并深度开拓自己的品牌。它与OEM或者ODM之间的根本区别在于:（1）它不是简单地通过代工赚取加工费，而是在自有品牌运作的基础上赚取更多的品牌收益;（2）从OEM向ODM转化，虽然也是代工者的一种重要的产业升级行动，是可以看得见的自然延伸的契约关系，但是发包者与代工者之间的契约关系从性质上来说并没有真正改变，而一旦产业升级到OBM，则原代工者就会终止与原发包者之间的契约关系，契约的链条就会发生断裂，原代工者就可能转化为发包者，建立新的独立的发包者与代工契约;（3）如果说，从OEM向ODM转化需要学习能力不断增强为前提的话，那么从OEM、ODM向OBM转化，就需要原代工者更多更强的投资、学习和组织能力，它是企业升级为国际性集团的基本象征，一大批OBM企业的崛起，象征着国家跨入先进国家的序列，因而是我们梦寐以求的终极的理想目标。

以这三个基本概念为工具，我们可以画出当今制造业在产品内进行国际分工的光谱，如表5.1所示。

表 5.1：制造业国际分工：发包方与代工方的关系

<table>
<tr><th rowspan="2"></th><th colspan="2">创新</th><th colspan="2">生产</th><th>营销</th></tr>
<tr><th>研究</th><th>开发</th><th>设计</th><th>制造 / 组装</th><th>品牌运营 / 营销推广</th></tr>
<tr><td>OEM</td><td colspan="3">发达国际先进企业承担</td><td>相对落后国家后进企业承担</td><td>发达国家先进企业承担</td></tr>
<tr><td>ODM</td><td>发达国际先进企业承担</td><td colspan="3">相对落后国家后进企业承担</td><td>发达国家先进企业承担</td></tr>
<tr><td>OBM</td><td colspan="3">相对落后国家后进企业自行承担</td><td>外移或外包</td><td>相对落后国家后进企业自行承担</td></tr>
</table>

应该指出的是，在当今制造业产品内国际分工的光谱中，制造 / 组装过程也是一个复杂的纵向分工序列。一般来说，对于技术密集的高附加值的制造 / 组装工序，也是由发达国家的先进企业承担，如精密加工和系统集成技术等，而对于高技术中需要大量用工的产业低端，即劳动密集部分的工序，则由外移的 FDI 企业或者欠发达国家承担。这一情况是目前中国沿海地区加入国际产品内分工的真实写照。至于为什么中国沿海地区的企业在产业低端进行国际代工，我们可以从技术、制度、组织、市场与企业战略的角度进行简要考察。

第一，技术和制度。中国企业的技术能力，与发达国家的先进企业之间存在着较大的落差。技术能力的差距本质上产生于初始生产力落后和制度的落后（如激励创新的制度结构不完善，对旧制度的路径依赖等），以及由此决定的技术创新能力落后，并不是一个简单的研发投入强度低的经费问题。技术能力上不处于同一个竞争平台的现实，决定了中国企业目前还无法在研究、开发以及设计等方面与先进企业进行正面较量，而只能在某些拥有比较优势的要素成本（如劳动力成本和土地成本、环境规制等）方面参与国际竞争。因此，中国沿海地区自然形成的禀赋条件就对追求制造效率、强化核心业务能力和降低生产成本的发达国家的先进企业具有天然的吸引力（荆林波，2005）。

第二，企业战略选择。发达国家先进企业之间的竞争，主要是通过技术创新和品牌竞争，差异化竞争是其主要的方式和特征；而中国企业目前还达不到这种竞争层次，客观上并不能直接介入这些阶段和层面的活动，而一种更为现实的战略就是：它们可以在发达国家所开发的产品趋于成熟阶段介入市场，争取来自处于先进序列的企业的代工订单业务，以劳动力密集的规模经济优势降低生产成本，并保证能够提供物美价廉、及时交货的服务，即中国企业因研发能力和品牌运作能力的差异所决定的企业战略抉择，最好是先选择处于国际产品价值链中的低端生产环节，这是一种硬约束下的次佳战略。

第三，组织能力与学习能力。中国企业在获得代工业务的过程中会获取来自发包方的“溢出效应”，即不仅赚取了进一步扩大再生产的资金积累，更为重要的是，它会使代工企业逐步积累起参与国际市场竞争的组织能力，表现为它把中国企业从一个封闭的环境带入了高度竞争的开放性国际市场，唤起了其国际市场意识和品牌意识；锻炼了劳动者和企业高级管理人员，增强了企业组织的学习能力。这就可能使中国企业培育起进一步向产品分工的高端（如设计能力、研发创新能力和品牌运作能力等）自然延伸的动态学习能力。这就是说，企业之间的差距可以在国际开放中不断缩小，企业的研发能力、品牌运作能力和制度结构可以通过学习模仿，“国际代工”方式是中国企业在全球化条件下最佳的低成本学习途径。

第四，市场容量的成长与转换。在发展的早期，市场容量以及其背后的品牌成为中国企业成长过程中难以跨越的障碍。一方面，虽然中国具有巨大的国内市场容量和迅速的成长性，但是由于在市场的一体化方面存在地区分割过的制度障碍，市场容量大并不代表企业的现实市场份额大；同时由于缺乏自创品牌的市场基础和民族文化自信心，以及对品牌的更加广泛的国家凝聚力和民族认同度，因此在国际开放的条件下，国内因收入增长的有效需求很大一部分为国际竞争者所吸纳，国产品为洋品牌所替代。另一方面，中国加工制成品企业因缺少品牌而缺乏市场竞争力。因此在这种情况下，国内企业通过国际代工，傍上大腕的跨国公司，就是在品牌和市场约束下走向国外市场的一种现实选择。在这方面，全球第五大显示器公司、著名的OEM企业台湾唯冠与摩托罗拉达成合作关系的案例可能最能说明问题[①]。唯冠的董事长杨荣山坦承："一个品牌要打入全球市场，要做到人人皆知，没有五十年是不可能完成的。而跟摩托罗拉合作，也许只要三年。"唯冠是否实现了预定目标我们不得而知，但企业早期通过OEM这种"依附型"的发展道路有时却是迫不得已的选择。

中国制造业转型升级的阶段化选择

与上述制造业国际分工格局略有不同的是，中国本土自身的企业实际上并没有一步就跨入真正意义上的OEM模式。OEM的代工者现在主要还是跨国公司通过FDI所形成的外资企业。这与中国在改革开放中，特别是1990年以后，在经济发展中走的开放和贸易道路有关。与日本和韩国早年通过技术引进方式消化吸收创新和培育自己的品牌企业的发展道路不同，中国参与国际分工的方式的基本特征是，它大量和持续地吸纳了以加工装配为主的FDI。外资企业在中国制造产品，其中除了一部分是以瞄准中国市场为目标外，大部分在中国加工组装的产品是以出口为主的，主要涉及技术水准较高的产品生产中，需要大量利用密集劳动的生产作业部分，如电子产品的装配等。中国自身的本土化企业，由于创新能力落后和缺少品牌，加上组织能力低下，只能在一些技术水准较低的劳动密集型产品的生产中，吸纳跨国公司发出的代工订单，主要涉及一些低档的非耐用消费品等产业。由此特征所决定，中国的加工贸易呈现出"爆炸式"增长，在进出口贸易结构中，半数以上的进出口贸易是加工贸易、半数以上的进出口贸易来自于外资企业。

① 吴传震等，"摩托罗拉彩电迟难上市与唯冠合作陷入僵局"，2005年7月6日下载于http://tech.sina.com.cn/it/2004-09-23/1545430759.shtml。

由此看来，中国制造业在全球化竞争中，其产业升级的任务还需要从头做起，它大致涉及到以下几个不可逾越的阶段：

1. 提高“本土企业接受外包订单价值／FDI”比例升级的阶段

如上所说，中国制造业的国际扩张，特别是高技术产业中用工较多的生产环节和工序的发展，绝大部分原因应该归结为跨国企业在中国设立FDI企业、并由这些外资企业进行进出口活动。换句话来说，中国本土企业并不是接受国际代工订单的主体，而主要局限于一些非主导性的劳动密集型产业。至于为什么国外母公司不直接把订单交由中国企业代工，而是由其进行直接投资和自行生产，其实弗农（1966）早就有所解释。他用的是“产品生命周期”的概念，即先进国家的企业（主要指美国的企业）通过创新发展出新产品。但新产品在其国内市场趋于成熟后，技术和资本就开始向相对落后的地区（主要是西欧地区）扩散，竞争的方式也由创新转为降低成本。转移到国外的生产活动，之所以要其总部所有和控制，是因为相对落后国家的企业在技术、管理能力和对先进市场的理解上，都与FDI企业有一定的距离。

因此，中国制造业的产业升级，全然不同于某些人士所说的那样，已经到了创建自身品牌的阶段。比较客观的认识是：我们应该在正确认识中国制造业所处的较低发展阶段的基础上，通过已有的“国际代工”业务加快学习和赶超的步伐，既要与周边的国家和地区竞争市场化程度很高的国际订单和外包业务，使更多的加工价值和就业岗位流入中国，也要通过规模经济战略和不断提高效率，与FDI企业争夺其跨国母公司发出的外包业务和代工订单。也就是说，首先要通过成本和价格竞争，迫使跨国母公司进行产业升级，其次才是我们自己企业的升级。这体现为两方面：一是伴随全面开放，让新进入中国的增量外资升级到高端制造业和现代生产性服务业，从而腾出本土制造业的发展空间；二是利用中国幅员广阔、地区之间发展不均衡的优势，在目前大陆相对发达地区（如沿海地区）营销成本已经普遍上升的条件下，运用政策引导作用把其引入其他欠发达地区；或者鼓励某些有条件的中国本土企业通过股权运作和资本市场，融合那些早期进入中国市场的外资企业，实现发展的本土化。

2. OEM 转向 ODM 的升级阶段

这是一种渐进的变化，成功与否主要取决于能否在学习曲线上尽快建立快速追赶先进企业的学习能力和组织能力。对那些有条件获取大规模 OEM 订单的中国企业来说，由于是在先进企业的品牌产品趋于成熟阶段时进入市场，因而最初并不具备通过产品创新能力和品牌运作能力，来与发达国家的先进企业在国际市场上进行正面较量的机会和实力。此阶段的主要任务就不是大规模投入研发和形成著名品牌，而是要注重于生产规模和时效，注重学习如何在价格、质量、交货期、售后服务等方面满足买主的需求，以降低生产和时间成本为竞争手段，努力建立与发包者之间的互动关系和诚信关系，大力发展规模经济和速度经济，逐步形成快速的技术学习和扩张产品创新的组织能力。在这个时期中，学习的速度问题尤其重要。一方面，先进企业的发展水平也是向前移动的，只有比先进企业以更快的速度学习，才能缩小两者之间的差距；另一方面，某些更为后进的欠发达国家的企业也在追赶，只有以更快的速度学习，才能保持中国企业在国际分工中的相对位置。根据中国台湾地区产业升级的经验，经过一段时期的国际代工努力之后，“边干边学”效应会逐步体现，原发包者会逐渐对代工者提出新的要求，会逐步加大代工者的分工责任，把包括与生产相关的零部件采购、产品设计、售后服务等功能交给原代工者承担，而发包者只承担国际分工的“微笑曲线”的两端——产品创新和品牌经营。这是一个学习能力增强和创新能力积累的过程，也是一个量变趋向于质变的过程，它意味着“中国制造”将向“中国设计”方向的转化，是实现企业产业升级的一个比较高级的阶段。

3. OEM、ODM 向 OBM 的升级跳跃阶段

OBM 意味着原来的代工者在不断的学习模仿中，增强了产品创新

能力和组织能力，因而最终取代了发包者买主的地位，自己从头至尾负责产品的创新、生产和经营，当然，这个时期的生产职能也可能像弗农所描述的产品循环一样，转移到次级发达地区的层面。

从 OEM、ODM 向 OBM 的升级跳跃，关键是要能够独立承担国际分工的"微笑曲线"的两端——产品创新和品牌经营这两个环节。掌握了这两个环节的隐含性知识和技能，就意味着"中国制造"或"中国设计"演变为真正的"中国创造"，因而是企业实现产业升级的最高级状态。这两个紧密联系环节的特点是：(1) 以创新和差异化为竞争的主要途径，而不是以规模和成本为主要的竞争手段。产品的创新是推动品牌经营的前提和基础，而产品创新也要密切关注市场需求动态。(2) 以战略定位或寻求战略的差异性作为核心竞争力。这意味着 OBM 企业必须选择一套不同的活动，以给顾客提供独特的价值，而不是仅仅强调经营效率，不是在彼此模仿下寻求超过对方。单凭以经营效率为基础的竞争，会使竞争者之间的战略趋向一致，彼此会相互毁灭，而且导致损耗战，牺牲企业对长远投资的能力。说到底，只要是没有品牌的战略定位，必将导致 OBM 战略升级失败。(3) 产品创新和品牌经营都涉及到对隐含性知识的学习和掌握，不仅要投入大量的时间和资本，而且风险高、周转慢、回收期长，即学习速度慢。而且，产品创新和品牌经营所需要的知识产权，要投入的费用都属于"沉淀性成本"，一旦投入失败不可能像有形资产投入那样可以正常的收回。(4) OEM、ODM 向 OBM 的升级跳跃，原来的代工者要取代发包者买主的地位，意味着原来的代工者要与先进企业在全球市场进行面对面的竞争较量。在发达国家的先进企业的品牌已经占满品牌空间、品牌空间十分拥挤的前提下，全球市场能不能认同新进入的企业和品牌就是问题的关键。

转向自有国际化品牌的创新战略

走出产业链的最低端向产业链高端攀升，是未来中国沿海地区制造业转换增长方式的非常现实的问题。政府要求企业以自主知识产权为基础进行技术创新，发展自有品牌实现产业升级，企业从宏观上往往都是理解的，但是从微观上来说，本土 OEM 企业是痛苦转型发展自有品牌，还是安于现状继续做著名品牌光环下的幕后英雄，成为规模取胜的"隐形冠军"，往往是两难选择。

应该说，每个 OEM 企业都拥有自主品牌特别是国际著名品牌的梦。因为拥有自主品牌简直就是企业的生命力，谁都知道品牌巨人的魔力，就像耐克，尽管没有一座鞋厂，仅仅靠着品牌经营，就让世界上超过 5 亿青少年为之发狂。事实上，中国的许多 OEM 企业都希望先用 OEM 扩大产量，有了规模之后再发展自有品牌，关键在于这条道路现在走不走得通？撇开品牌的市场空间过于拥挤、创品牌的成本过高的现实不说，从 OEM 到自有品牌的发展道路其实非常艰难和痛苦。

首先，处于发包方的品牌厂商就是一条难以跨越的坎，OEM 企业的转型必然会与之发生利益冲突。由于 OEM 企业的战略转型会使原先的合作者变成了现实竞争者，他们会说，今天我指导你技术你帮我代工，可明天你学会了技术又做自有品牌来和我竞争，而且你的产品没有品牌，价格一定比我更有竞争优势，你这样做不是抢我的市场？他们会对你施加各种压力，他们还会说，如果你不退回去，这个订单我就交给别人去做。在品牌厂商的可信的威胁下，很少有 OEM 企业能够跨越这一步。

其次，OEM 企业要从原来的生产制造企业顺利完成品牌转型也会遇到非常大的困难，技术开发、品牌建设、渠道建立与售后服务等都会成为难以跨越的几道坎。生产制造的一种本领要转变为研发和品牌运作等几种本领，并且彻底地玩转这些本领，对于相对后进的 OEM 企业来说也是极其困难的。

再次，OEM 企业能不能撇开眼前利益、避开短期盈利和市场压力，抛开原先的品牌商独立运作，往往也是有疑问的。比如 OEM 时企业有 10 亿订单，而其发展自有品牌初始阶段它可能只有 100 万订单，如此巨大的利益差距，中国的OEM企业往往很难习惯这样的运作。

最后，很多OEM企业认为，每个企业有它自己的核心资源和发展基础，OEM企业的未来也不一定要朝一个方向发展。确实，全世界有很多百分之百做OEM的企业到现在发展得也很不错，如台湾著名的台积电，从成立之初起它就定义为专业的芯片代工厂，它曾经在自己的一家子公司尝试做自有品牌的内存，亏损的现实让它放弃了这个自有品牌，将该子公司纳入台积电的代工体系中，现在运营得不错。如果台积电当初一定要坚持运营自有品牌，肯定会亏损更多。实际上，台湾地区的经验证明，OEM虽然只获得生产投入的回报而不获得品牌投入的回报，但是与自己所投入的资金相比，其回报率并不低，甚至比某些企业品牌投入的回报率还要高。这个观点是从企业的视角来看待问题的，如果换成中国产业整体升级的视角，答案也许不见得正确。

因此，OEM企业是否一定要发展自有品牌这个问题，不能用简单的是或不是来回答。如果竞争的市场空间和容量依然存在，而且如果某一特定的企业具备发展自有品牌的各种资源和充足条件，它就应该大胆地进行创新。具体的创新可能有三条路径：

第一条是OEM企业直接进入市场发展自有品牌的方式。如果该OEM企业制造的产品所占据的份额足够大，它的制造能力在产品领域中有足够的话语权，那么它的制造能力和资金积累能力就能够支持它直接进入品牌经营领域。拥有所在产业国际代工领域的话语权，是OEM企业进入该领域进行品牌经营的基础和前提。

第二条是OEM企业抓住市场变化中的新空间，避开原品牌商的竞争锋芒发展新的适合自身的新品牌。这方面浪潮服务器提供了成功的案例。过去服务器都是世界大牌，进入这个领域挤占一部分市场十分不易。不过浪潮看到了近年来在线网络游戏十分火爆，很多人在玩在线网络游戏时都不希望掉线。因此，浪潮思考能否提供一天二十四小时不用关闭的服务器。最后浪潮抓住了网络在线游戏发展所带来的市场新空间，推出了网络游戏服务器，市场反应十分良好，销量与品牌快速增长。尽管这一服务器与普通的服务器并无太大的区别。

第三条是通过改变技术，在既有的市场中挖掘新市场。OEM 企业走这条道路的关键在于进行技术创新，实行差异化竞争。战略的本质在于创造差异，而创造差异的基础在于改变技术依赖的路径。因此在既有市场中寻找到一个新的市场，关键是要 OEM 企业贴近消费者和市场进行技术创新。

不过，现实中擅长生产制造的中国 OEM 企业，与消费者之间距离往往太过遥远，它们对市场的感知能力并不敏感，要达到上述所说的悟性也绝不是一件简单的事情。因为毕竟许多企业只会 OEM，一旦它选择了转型自有品牌的战略，也绝对不是多了一个品牌的问题，而是多了一个复杂的经营管理体系。中国 OEM 企业真正缺乏的是如何将各种资源合理配置并且关联起来的能力。现在它们要做的最基本一点就是应该把企业实力做大，把技术水准做上来，把工人素质做上来，把产品质量做上来，把国际口碑做上来，把企业的知名度做上来，企业品牌就会自然而然地形成。

中国 OEM 企业向产业链高端攀升，也同时需要政府政策的转型。对于众多的热衷“中国制造”而非“中国创造”的地方政府来说，为了帮助那些有条件转型自主知识产权、自创品牌的 OEM 企业，主要应该做的事情包括：政府要培育和扶植本国品牌的市场基础；与跨国公司的再出口战略有关，政府的税收及其他形式的激励，各类政策优惠、对跨国公司投资收益的保护，无一例外地都会对吸引 FDI 有着不同程度的影响。

同样，根据杨小凯（1999）提出的“内生交易成本”（由于各经济主体出于自利目的引起的决策冲突或激励不相容引起的扭曲）的存在，也会影响跨国公司的决策。如在一些实行苛刻的市场准入标准，设置要素市场进入壁垒，存在官僚政治体制，各级官员利用手中权力使寻租、设租行为大行其道的地区，往往难以有效吸引跨国公司的直接投资。这便解释了如下事实：在各国汇率波幅都减少时，中国吸引的外资持续增加；在加速调整官僚政治改革、行政机构授权等管理制度，实行私有化，提高经济运行效率的泰国、马来西亚的直接投资流入量有所回升；而政局不稳、腐败横行的印度尼西亚、菲律宾等国的 FDI 流入量表现却差强人意。由此我们得到第二个结论：在其他条件不变时，从长期来看，影响一国参与国际分工、扩大对外贸易的因素在于相对低廉的要素价格和规范、完善的法律以及相关社会制度安排。

总而言之，迄今为止，后进国家产业升级的空间十分狭小，因为在现有的全球化格局下，由贸易规模和结构决定的品牌空间，已经基本上被发达国家的先进企业占满。虽然品牌空间的变化不是静态的，而是有一定的动态性，某些处于竞争弱势的品牌，会被更强势的后起品牌所“挤出”，但是我们应该看到品牌问题的刚性特征，即一个世界著名品牌的诞生和发展，都与其市场容量和特殊的社会经济文化结构有关，尤其是与品牌所内含的文化性、包容性和流行性有密切的关系。一般来说，只要这种品牌所代表的文化是属于流行的强势文化，它被更强势的后起品牌所“挤出”的可能性就十分微小。

当今欧美先进国家的文化伴随着经济全球化渗透到世界各个角落，从快餐、饮料、化妆品等一般性消费品，到内含复杂科学技术的电子产品和大型机械设备，都是其所在国的跨国企业一马当先。第二次世界大战后，新兴工业化经济体在推动国际品牌建设方面，使出了十八般武艺，如日本和韩国采取了政府扶植国内大型财团的制度方式，才有今天还算不上完全成功的结果。而在经济发展水平方面整体上超过大陆不少的台湾地区，至今才提出产业升级和实施国际品牌战略，最近台湾学者则提出要把迅速崛起的中国大陆市场，作为台湾企业最可能进行品牌经营的同文同根的战略优势来考虑。

笔者认为，转型经营自有品牌的问题，对绝大多数中国企业来说，目前乃至今后相当长的一个时期中还缺乏必要性和紧迫性。不过我们这样说并不排斥从战略的高度,某些先进的企业特别是近些年迅速成长的民营大型企业,从现在开始把此问题纳入董事会的决策眼界中。通过推动国际品牌建设来实现中国企业的产业升级,主要涉及到以下几个关键的问题认识和解决:

第一,从降低生产成本转向产品创新战略。中国企业目前具有全球性的生产能力优势,只要注重规模经济战略和实施速度经济策略,在现有国际代工的基础上,降低生产成本的空间幅度还有很大的回旋余地。但是,一旦其战略转型到经营自有品牌,无论是在国内市场还是进入到发达国际市场,都会遇到实施全球化战略的、具有技术创新优势和品牌优势的跨国公司的正面抵抗。具体来说,中国企业与跨国公司在研究开发投入上的差距越大,跨国公司的技术能力越强,产品经济寿命越短,则中国企业进入品牌经营的壁垒越高、代价越大,失败的风险也越大。更为险恶的风险是,它可能意味着双重的风险:一旦其战略转型到经营自有品牌,有可能既在自有品牌战略上得不到市场认同而遭遇失败,又可能失去了原本正常秩序的OEM订单。因此,对于某些先进的中国企业来说,转型到经营自有品牌的时间决策非常重要。一般来说,实施产品创新战略要详细地考虑所在产业的性质、市场结构特征、竞争环境、企业发展阶段和具体的策略等因素。[①]

第二,培育和扶植本国品牌的市场基础。发达国家先进企业在知识产权和品牌上的优势,最初都是依靠国内市场的不断成长和不断打开别人的市场而慢慢培育出来的。当今的中国市场已经对外资高度开放,但是对本土企业却有许多行政性的进入障碍。具有庞大的市场潜力和现实市场容量的中国市场,难以培育出中国企业的品牌,实在是于理于情都说不过去。因此,从宏观方面来看,政府应该站到前台带头支持中国

① 在这个问题上,企业自身的策略特别是企业家的因素也非常重要。企业演化理论说明,品牌的创建不完全是一种由外生力量决定的事情。具体案例可以分析海尔和联想等中国企业自创品牌的过程。

企业实施品牌战略，比如：(1) 对政府的大宗采购项目，应该对国内优秀的民营企业所生产的优秀的、具有自主知识产权的品牌产品，实行按国际惯例的倾斜政策；(2) 政府要努力建立国内大市场体系，拆除一切针对中国企业的进入壁垒和制度障碍，以塑造培育和扶植本国品牌的市场基础；(3) 社会和政府要创造中国企业著名品牌形成的市场基础和舆论条件，甚至不惜为中国优秀企业“做广告”。

从微观方面来看，比国内市场规模因素更为重要的是国内需求的特质，用波特的话来说就是国内客户的挑剔程度。当国内客户对产品或服务的要求是全球最挑剔、也最精致时，企业会因此获得竞争优势。精致需求型客户是厂商迈向高级客户需求的一扇窗；他们对厂商施加高标准的压力，激励厂商改善、创新、自我提升以进入更高级的市场区域。波特曾经举例说，日本消费者居住在小型、紧密的家庭，面对湿热的夏季与高成本的电力能源。这种充满挑战组合的环境迫使日本厂商开发出小型、安静、省电的冷气机。这种近似于苛刻的国内需求特质，使日本厂商一个产业接一个产业开发出“短小轻薄”的产品，并随着日本节省型价值观流行世界而成为世界著名品牌。中国的妇女也是世界上对消费品的价格和质量最挑剔的客户，但是这种微观市场特质却并没有驱使中国厂商开发出世界著名品牌，其中的机理值得研究。

第三，民族文化认同和培植自信心的问题。在跨国企业大举进入中国市场的背景下，中国企业自创品牌的战略，从理论上说首先会受到跨国企业的高强度营销投入的障碍；其次会遇到跨国企业的已有品牌价值的障碍；第三会遇到跨国企业营销知识积累及其策略的障碍。实际上换一个角度来看，这些障碍主要来源于我们自身，来源于中国当代人特别是年轻人对西方流行文化的过度崇拜，来源于自鸦片战争以来中国人对自己文化传统信心的丧失。在很多国人的心目中，世界著名品牌总是与欧美的印象联系在一起的，中国的甚至于亚洲的品牌现在还不可想象。即使是在中国甚至亚洲生产的欧美顶级品牌，中国消费者也不屑于购买。即使嘴巴上赞成中国企业要努力自创品牌，但是在实际购买决策时，也主要先选择国外的著名品牌。这并不意味着中国或亚洲生产不出和欧美一样质量的产品，也不意味着在中国或亚洲生产的欧美产品在品质上与欧美当地生产的产品之间有什么根本的不同，对奢侈的世界著名品牌而言，品质只是消费的一个基本条件，制造地点和文化历史往往赋予了它们更多的社会学含义，如原创性的设计思想，赋予这个品牌想象力的历史感以及品牌所代表的国家形象等。以时装业为例。中国设计师如今面临着两难选择：为了要在国际上造成影响，他们需要一个鲜明的民族形象，但在国内却很少有人会接受这种民族特色。相反，如果他们想在国内取得成功，就得展现当代西方的形象。因此，中国企业自创品牌的战略，其实并不简单地是一个经济问题或企业策略选择问题，而是一个更为复杂的民族文化自信心的重新塑造过程。

第四，为实施国际品牌战略的企业提供制度性的支撑条件。在巨大的市场潜力、近于苛刻的挑剔型客户背景下，以及迅速成长的市场规模条件下，中国企业难以形成具有自主知识产权的世界著名品牌，其中的原因不能不说到中国企业缺乏成长为世界品牌企业的制度环境。首先是在现有的企业制度环境中，中国企业内部难以成长出具有长远决策眼光的利益代表者和利益集团；其次是条块分割的政府决策体制，导致统一市场建立的困难，少数有战略眼光的企业，难以在这种市场中通过竞争形成西方市场体制中那样的寡头垄断的市场结构，企业实力的不足使其难以在技术和营销方面进行大投入；再次，与竞争过度形不成寡头的品牌商一样，企业之间的竞争不足和政府对行业的垄断，也是某些产业难以出现著名品牌的制度原因。正如波特所说，激烈的国内竞争，是企业走向全球竞争胜利者的必要前提。竞争越是本地化，竞争就越激烈，它所创造的压力将会使竞争优势持续升级。在日本，机床产业有 112 家厂商竞争，半导体产业有 34 家争雄，音响器材方面有 25 家夺霸，照相机领域则有 15 家角逐。事实上，当今日本能在全球市场上扮演主宰地位的产业，通常都有10家以上的本国厂商相互厮杀（波特，2003，189—191）。

总之，中国制造业通过创建具有自主知识产权的国际品牌来实现整体的产业升级，这个阶段还没有全面地到来。但这并不排斥某些具备条件的先进企业，在提高和稳定OEM订单的基础上，逐步实现从OEM向ODM和OBM的转化。实现这种转化不仅需要企业不断提高学习能力、创新能力和累积组织能力，而且需要社会和政府为某些有条件的中国企业创造品牌经营的市场基础和需求条件，培植品牌企业所需要的文化自信心和制度条件等。

第二节　东部沿海地区外向型经济的战略转型

如前文所述，中国东部沿海地区的外向型经济发展的主要特征，是大量以FDI形式进入的外资企业以及本土企业以加工贸易或代工贴牌方式，参与到主要由国际大买家或跨国公司主导与控制的全球价值链分工体系中，发挥的是一般性的、低级要素的比较优势，介入的主要是低技术、劳动密集型的低端生产／制造／加工／装配／组装环节，由此带来一般性制成品进出口贸易的爆炸式成长。这种基于国际代工的外向型经济发展模式，对中国东部地区乃至中西部地区的经济发展，最起码产生了以下几个方面的重要影响：

第一，虽然东部沿海地区经济得到了高速的增长，取得了一定的税收、外汇、土地使用费并增加了就业，但是也应该客观地看到，东部地区的代工企业普遍面对研发和设计（被提高授权费或提高关键零组件价格）与市场网络、品牌、营销（被压低代工价格）两个高端力量的持续挤压，造成生产／加工／装配／制造环节的低附加值特征，出现了“代工＝微利化”的“代工困境”。这是中国东部沿海地区在改革开放中，经济增长方式方面粗放化所呈现的新特征。

第二，以低级要素嵌入全球价值链发展外向型经济，抑制了东部沿海地区企业对产业升级空间的自主选择。当该地区的企业在开始转向全球价值链中的研发、设计、品牌、营销等高端功能时,即走功能升级的高端道路时,只有少数企业获得成功。绝大部分中国企业仍然局限于生产功能的建设,以大规模、低成本、低价格取胜。走出产业链的低端向产业链高端攀升,是未来东部地区经济转换增长方式的非常现实的问题。

第三,东部地区定位于全球价值链中的低端环节,又限制了中国中西部地区发展能力的发挥,是形成改革开放以来中国东中西发展差距日益扩大的主要原因之一。这样,中西部的廉价劳动力和自然资源在本地得不到有效利用的机会,只有源源不断地流向东部,从而一方面中西部地区只能得到低级要素的报酬,沦为低端要素的供应地,另一方面被东部地区压制在外向化发展的隔离地带,已经成为困扰中国经济持续增长和社会全面进步的重大问题。

第四,以国际代工和加工贸易为特征的东部外向型经济发展模式,为了满足国外市场消费者的苛刻要求以及外国政府对产品质量和环境的严格规制,在国内设备与国外设备具有较大技术落差的前提下,需要动态地引进国外先进设备进行生产和出口。这种发展格局会使中国在设备引进方面付出一次又一次的、周期性的巨大的成本和代价,更为重要的是,它打乱了中国东、中、西三大地带的产业布局和分工,使中国原本配置在中西部地区的重装备工业在技术落后的同时,又失去了据以进行产业升级的市场份额。

第五,为了解决东部地区制造业与现代服务业“脑体分离”的问题,摆脱单一的“世界加工厂”的尴尬地位,东部沿海地区在工业化和结构优化调整的过程中,由于本地先进的、高级要素型的知识资本和技术资本投入不足,往往只能通过引进外资的高端生产性服务业来吸收高端的制造业 FDI,这又限制本土的高端生产性服务业的发育和发展余地和选择空间。只有发展起本土的高端生产性服务业,东部地区才能够在经济开放中使自己的国民经济体系独立化,而不被外资所主导,使经济运行受制于外国资本。

第六,东部地区的外向型经济发展方式具有相当的脆弱性。在通货膨胀、出口退税下降、人民币升值、新《劳动法》出台、原材料上涨这五种外部因素的作用下,2008 年下半年以来,东部地区的出口大幅度下降,大批出口企业以及与之配套的企业减产、停产乃至倒闭,约有近三千万工人失业。

实践已经证明,在全球化背景下,依靠低级生产要素嵌入全球价值链发展模式,是不会有持续的国际竞争力的,必须以高级要素的投入提升区域产业的发展水平。这就提出了以低级要素嵌入全球价值链发展外向型经济的东部模式,要转型升级为走向开放性创新经济道路的重大命题。

从外向型经济走向开放性创新经济

中国东部沿海地区在从低级的生产要素逐步向高级生产要素的升级过程中,一个重要的问题是使块状经济向现代产业集群升级。东部沿海地区的块状经济目前主要运用低成本竞争手段积累资金和实力,今后要通过创新向这些块状集聚的产业嵌入知识、技术、人力资本来提升竞争力。美国经济学家波特说过一句名言:“当一个国家把竞争优势建立在初级生产要素时,它通常是浮动不稳的,一旦新的国家踏上发展相同的阶梯,也就是该国竞争优势结束之时。”拉美国家过去就有过这样的惨痛的教训。当今世界制造业竞争力的提升,并不在制造过程中,而在制造过程之外的知识、市场、技术等创新活动。其中最重要的就是要在制造过程中,加大现代生产性服务平台的建设和投入。这种服务平台包括政府服务、研究开发服务、设计服务、会计咨询服务、知识产权服务、工程技术管理服务等,这些服务降低了企业的交易成本,是东部地区实现块状经济向现代产业集群升级的关键问题。

中国东部沿海地区目前进入了新的历史发展阶段,其发展主体承载着全面小康向基本现代化、工业社会向后工业化社会、粗放发展向科学发展、外向型经济向开放性创新型经济的四大转型升级任务。以东部沿海地区过去的发展模式和发展路径为背景，站在“后危机时代”中国全面发展的高度，用聚焦于区域经济转型升级的视野超前审视和全面规划未来的战略，是东部沿海地区今后继续保持全球发展第一方阵地位的关键。在“后危机时代”的全球竞争中，典型的以吸收FDI出口导向的东部沿海地区发展模式必须转型升级，以物质资本为焦点的竞争必须转化为以人力资本为中心的竞争。

东部地区过去的发展，主要得益于“欧美消费、中国生产”的南北关系模式。在“后危机时代”，可以预计的是，欧美在消费上的“去杠杆化”与中国在生产上的“去产能化”是两个并行的、交互影响的必然趋势。在中国“去产能化”的过程中，进一步扩大内需与实现产业转型升级是未来经济发展战略的两个基本选择。这就是说，扩大内需一方面可以减少对欧美市场的严重依赖，实现开放中的独立自主发展，另一方面可以在充分就业状态下消耗掉过剩的产能并保持持续的增长势头；实现产业转型升级，不仅可以提高发展的效益，转变发展方式，而且还可对抗或减少日益严重的贸易摩擦。

未来产业转型升级有两个基本序列：一个是制造业的升级，即从劳动密集型产业升级到资本和技术密集型产业。对于中国这样一个人口大国来说，制造业的升级换代固然重要，却不能化解就业压力。另一个是城市化的产业升级，即从传统制造业到现代服务业的升级，这一升级序列将创造出新的就业经济——白领劳动密集型经济。从蓝领劳动密集型产业升级到白领劳动密集型产业，是城市化进程中的产业升级模式，是外向型制造业“去产能”后的新经济。这两个产业升级序列的本质，都要求发展先进制造业和现代服务经济——白领密集型经济。由此突出了从外向型经济走向开放性创新经济中高级人才战略的重要性和基本取向。

为此笔者认为，通过攀升全球价值链，特别是发展先进的高级制造业和现代生产性服务业和实施人才战略，是东部沿海地区走向以人力资本升级的现代经济成长的重要路径，是东部沿海地区外向型经济走向开放性创新型经济的关键。因为只有形成人才集聚的格局，才符合开放性创新型经济的基本特征。开放性创新型经济是人力资本高度密集的经济，人才集聚是带动新兴产业集聚、产业结构调整的起始点和结果，人才集聚所产生的竞争、交流、融合和创新，是产业演化的最重要的氛围。

过去的外向型经济与开放性创新型经济之间，既有不同又有密切的联系。其差异方面主要表现为：第一，在经济目标上，前者是在中国制造，中国是世界的加工制造车间，而后者是由中国创造，中国是世界的创新中心之一。第二，在产业性质上，前者是依赖型经济，主要表现为对国际市场需求和国际大买家的依赖、对跨国企业技术专利和品牌的依赖、对引进技术设备的依赖等等，而后者是开放的自主经济，本土企业站在全球“微笑曲线”的高端。虽然在这种发展模式下也要高度重视引进国外智力、技术和人才，但是研发的目标由中国人设定、研发过程由中国人控制、研发的技术专利产权由中国人享受。第三，在发展转型的动力上，前者是FDI主导型的外生驱动力，而后者是本土企业创新驱动的内生动力。第四，在要素上，前者是引进资本、机器设备、技术为焦点，而后者是以人力资本投资和人才制度创新为焦点。第五，在工作抓手上，前者重点是通过出口导向型的开发区、加工区、自由贸易港区等形式的建设，而后者则是以建设各类软件形态为主的创新平台和创新环境为主，如各类科技成果孵化器、博士后工作站、开放性实验室、检测平台、工程中心等的建设。第六，在政府政策上，前者主要是针对物质资本的引进，实施各种税收、土地使用费、信贷等优惠政策，而后者则主要是针对人力资本创新进行物质和精神、文化的鼓励和诱导，尤其值得一提的是，要在开放中形成以产权的联合和分享吸引国内外高级优秀人才的机制，真正使引进的人才留得住、用得上、使上劲。第七，在后果上，前者一般只能取得较低的附加值，而且 GDP 大于 GNP，而后者必然获得高附加值，GNP 大大高于 GDP。

现在我们提倡的开放性创新型经济，与过去的外向型经济之间并不是一种完全的、非此即彼的排斥关系，而是一种发展阶段上的演化关系，即开放性创新型经济是一种在过去的外向型经济基础上的高层次的继承关系，它也是一种高水平的开放型经济和全球化经济，创新仍然是主导战略转变的工作灵魂。为此急需要通过转变发展方式，使产业发展的外资依赖格局转到依靠人力资本，依靠研发、技术、信息、管理、营销、品牌支撑的路径上来，实现制造业从价值链低端向高端的攀升，从“微笑曲线”底部环节向前端研发、技术、信息和后端营销和品牌的延伸。在战略实施上，要发展先进的高级制造业，不仅表现在沿海地区的制造业更多地发展高科技产业、新兴产业，还表现在现有制造业如何更多地引入信息技术，如何通过采用新材料、新工艺，实施现代管理技术和理念，实现制造业从 OEM 向 ODM 和 OBM 的功能升级。现代服务业尤其是作为白领密集型的生产性服务业，无疑是全面提升沿海地区在全球价值链中的国际地位的最重要战略环节。

打破沿海地区产业发展中的某种外生性、依赖性和被动性，其关键在于人才战略的领先性、超前性和层次性。从理论上看，当今世界非人力资本尤其是物质资本在全球流动中的无障碍性和可交易性，是这些要素的报酬均等化的基本条件；而人力资本流动的高障碍性和不完全可交易性，却是国家间、区域间产业结构区分出高低层次的最基本因素。在人力资本的流动和交易并不充分的前提下，发达国家只有维持和维护高附加值的产业体系，才有可能不断提升其产业的竞争力和国民福利水平。

就此来看，我们所得到的启示是：第一，目前中国沿海地区生产要素成本不断上升的势头，并不完全是一件可以令人担忧的“坏事”，而恰恰相反，它可能是一件被动地推进沿海地区产业转型升级千载难逢的良机。第二，长期困扰中国区域政策选择的产业转移问题，可能会在这次沿海地区生产要素成本大幅度上升的过程中得到有效解决。但是这么说的关键在于，广大的中西部地区必须要做好各种承接产业转移的平台和制度创新、环境建设的“文章”，否则极有可能出现的不是大规模的产业转移，而是可怕的产业外移现象。第三，千方百计地促进优秀人才的流动，是使国家间、区域间产业发展呈现收敛或极化的关键所在，也是促进沿海地区产业转型升级的工作的重心和核心所在。正是在这个意义上，我们提出在建设开放性创新型经济中，要“以高人才集聚引领产业升级”的基本战略取向，并以此制定各种可操作的措施。

开放性经济发展战略调整的对策思路

1.警惕依附型经济产生，重视实施内外需均衡战略。在嵌入全球价值链的过程中，中国东部经济出现了“依附经济”特征的发展趋势，主要表现在：对加工贸易的高度依赖；对引进外资的高度依赖；对国外原材料、关键零部件工业和装备工业进口的高度依赖；对国际大买家的高度依赖。这种依附型经济的后果是，使得以初级要素专业化为特征的传统加工贸易，成为中国与发达国家贸易摩擦的重要原因之一。当东部地区凭借产业集群的出口组织形式被中国和世界其他地区竞相仿效的时候，产业结构单一所造成的区域性抗市场风险能力就会减弱。在依赖出口的东部地区产业的升级过程中出现了一条“鸿沟”式的“隔离带”，产业升级仅限于产品和工艺升级，而最重要的功能升级被牢牢限制，极有可能被限制于“代工→出口→微利化→品牌、销售终端渠道与自主创新能力缺失→价值链攀升能力缺失”的非意愿的恶性循环的发展路径。

防止东部地区可能出现的“依附经济”的对策是，通过调整收入分配方式发展自身的高端需求，培育中国的高端需求市场，加快合理的需求结构转化，利用本国的高端市场需求来拉动企业的高端升级；要加快培育中国的跨国、跨地区的采购和销售集团，通过构建本土的销售网络来摆脱对国际大买家的依赖。我们认为，政策的调整不能简单地定位于从外需转向内需的策略，因为这样会使中国已经形成的外向化发展格局发生严重的倒退，使中国的企业和产业遭受严重损失，并使中国再次与世界发展主流隔离。对于中国这样具有巨大本土需求市场空间的发展中大国来说，立足于成长的本土市场需求空间，既是培养本土企业自主创新能力的有效手段，同时也是促使与发达国家进行市场相互开放的“交换筹码”，实施一个合乎中国战略利益的市场保护策略与市场相互开放策略的平衡，是中国这样的发展中大国实现强国之路的正确选择。

2. 适当保护劳动密集型产业的出口与发展，在转型升级中不要采取政策的猛药。当前阶段，中国本土企业出口能力的获得并不是依靠企业自身的创新能力、品牌或销售终端渠道建设能力，而主要还是依靠与国外采购商形成特定的贴牌或来料加工关系和企业的规模经济（劳动要素投入规模的扩张）获得，因此，通货膨胀、出口退税下降、人民币升值、新《劳动法》出台、原材料上涨这五种外部因素的结果是直接提高了企业的生产成本，而在中国出口企业的产品定价权主要由国外采购商和跨国公司决定的前提下，出口企业的生产成本上涨压力，并不能自动地转嫁给国外的消费者或跨国公司。如果不顾经济发展的阶段对劳动密集型产业采取严厉的淘汰政策，则一方面会造成大量出口企业由于亏损无法接单，另一方面大量订单向其他国家转移，使得东部沿海地区出现大量出口企业减产、停产乃至倒闭，大批农民工失业的现象。

在未来的二十多年中，劳动密集型产业仍然是中国具有竞争优势的产业，仍然是中国解决就业问题和实现国富民强的主要载体。因此东部地区以劳动密集型为主的出口企业的产业升级，就不能仅仅依靠下调出口退税或出台某些不利于劳动密集型产业的宏观政策来实现。首先，在大量廉价劳动力资源存在的条件下，劳动密集型产品出口仍然是维持中国经济增长的主要力量之一。其次，劳动密集型产业发展与环境污染之间并没有直接的、必然的联系，与耗用中国的自然资源也没有必然的联系，很多出口企业的原材料和零部件是进口的。最后，保增长、建和谐社会必须首先保就业,保就业就必保劳动密集型出口企业。发展技术密集型和资本密集型产业以及生产服务性产业,前提是发展好劳动密集型产业。劳动密集型产业、技术密集型和资本密集型产业以及生产服务性产业之间是相互依存、相互促进的。只有先稳定好劳动密集型产业,才能给其他产业的发展留下空间。

3. 区别对待全球价值链条件下发达国家对中国经济可持续发展的影响。近年来,中国对外贸易遭遇了来自欧美国家名目繁多的技术性贸易壁垒。以低端的生产加工或组装方式进入全球价值链的出口方式,对中国经济增长产生了复杂的影响:一方面国际大买家和跨国公司会利用其对产品全球销售终端的控制力产生贸易壁垒,例如对产品质量、环保、安全的要求,这会阻碍中国出口增长和经济增长。另一方面,中国的出口企业为了满足发达国家对消费品近乎苛刻的质量、环保快速变化要求,往往通过新生产设备与生产工艺的持续动态引入,追求投入产出效率提高和生产成本的降低,以获得发达国家的国际大购买商或跨国公司的订单。这会对中国的出口企业产生被动型的产业升级和创新能力提升,促进中国经济增长。

更值得重视的是,中国东部地区的大规模消费品出口,是依靠大规模的生产设备和关键零部件的进口来实现的。大规模的生产设备进口使得中国的生产装备制造业的发展受到严重削弱,造成了中国以生产装备制造业为主的东北地区经济的迅速衰弱。关键零部件的进口,也使得中国东部地区内部以及东部与中西部地区之间的专业化分工和经济循环机制失去作用,并使得中国东部地区的出口不能对中西部地区的经济发展产生拉动作用,加大了中国区域经济发展的不平衡。

4. 重视国家价值链和全球价值链的协调发展,实现区域经济协调发展。中国东部沿海地区利用自身优势,率先加入全球价值链,专业化于劳动密集型环节的产业集群,迅速成为全球最大的国际制造平台或“国际制造基地”,使该地区首先成为中国经济增长的主要引擎。东部地区在加入全球价值链的过程中，自身对“世界加工厂”的低端定位，在某种程度上把中西部地区压制在原材料和劳动力等生产要素供应商的地位，在一定程度上抑制了中西部地区发展劳动密集型产业的空间和可能的选择。集中分布在东部沿海地区的附加值低的外资代工企业，对当地的生产成本尤其敏感。一旦当地的生产成本上升，它们更可能的选择并不是留在当地进行产业升级，而是进行产业转移。

在中国中西部地区的投资环境与其他发展中国家相比不具有优势的情况下，这些产业就会外移而不是内迁。通过建立中国本土企业控制的国家价值链，带动关联产业发展，是实现区域经济协调发展，最终完成产业升级的重要途径和对策之一。首先，本土企业为主会使经营利润更可能留在本国，而不是汇出和外流。同时，国家价值链包含着高附加值的环节，这使得中国可以取得更多的资本利得。这些利润就为继续的投资和缩小地区差距提供了物质基础。建立国家价值链后，中国不仅可以在国内不同地区间整合要素禀赋，协调区域经济发展，也可以通过把订单外包到其他国家，利用他国的禀赋优势。此时，产业转移就成为中国主动在全球整合资源的行为，从而可以充分发挥国内外产业特别是国内循环的产业间的关联效应，带动上下游产业的发展，改变全球价值链在国内链条太短的缺陷。同时链条的延伸和完整，带来了生产的迂回和专业化的加深，不仅可以获得规模经济和范围经济，而且可以积累高端的人力资本和知识资本。

5. 发展现代生产性服务业、调整优化制造业结构。生产性服务业作为独立的产业部门，以其强大的支撑功能成为制造业增长的牵引力和推进器，是制造业起飞的“翅膀”和“聪明的脑袋”。现代制造企业正按照产品内国际分工的原则，充分地走向“扁平化”“柔性化”和“精细化”。在中国制造业国际竞争力形成的过程中，现代生产性服务业由于缺少现实的嵌入机制，因而不能发挥应有的作用。在现有的发展条件约束下，如何利用中国与发达国家之间的要素禀赋差异，既能够取得现实的贸易利益，促进经济稳定和充分就业，又能够在动态的发展中逐步改善现代生产性服务业对劳动密集型产业的投入结构，挣脱“比较优势”陷阱的诱惑，实现产业升级目标。

随着大规模生产能力的建立，中国的产业政策应该鼓励制造业集群的功能多元化，在确保产品质量稳定、交货可靠和成本具有竞争优势的同时，立足于区域技术创新和非技术创新，使东部地区产业不仅拥有优异的生产系统，同时还有与之相匹配的技术创新系统、市场创新系统和管理创新系统。在此基础上，拥有更进一步的自我学习与持续完善的修炼机制，从而在更高层面上支持并实现东部地区产业的升级目标。为此，我们应该更有效地支持企业进入全球性的制造网络体系，在与跨国公司的合作与竞争过程中，不断攀升价值阶梯，站上制造业价值链的顶端。发展东部地区生产性服务业的对策是：第一，在某些有条件的地区，要以城市为中心和依托，建立专门为制造业集群服务或吸引制造业集群形成的城市商务服务区，以形成都市经济圈和强化城市的经济辐射功能。第二，我们必须在已有的制造业产业集群内部或者附近，按照政府引导、社会资金投入为主的原则，尽快建立起各种为其服务的公共平台，以降低制造业集群的交易成本，优化投资环境。第三，在各种高技术园区，或者知识密集型制造业的集群内部或附近，要建立各种为其服务的研发平台，以及法律、工程、融资、信息、咨询、物流和政策支撑体系，以增加其知识含量和产业竞争力。第四，要贯彻生产性服务业与制造业协同定位的生产力配置原则，避免制造业和服务业单一发展的孤立格局。

6. 重视东部“块状经济”加入全球价值链后的产业转型升级问题。东部地区加入全球价值链的主要载体是东部地区众多的“块状经济”。这些“块状经济”在此次经济危机中暴露出严重的结构性和素质性问题，使得这些块状经济向现代产业集群转型升级问题，成为中国“十二五”规划时期的一项重要而艰巨的任务。过去我们理解产业转型升级，就是提升产业的技术创新水平，就是上什么产业，下什么产业。

其实，产业转型升级还有以下三个更为重要的内容：一是提升自身的产业活动环节在全球价值链中的地位——提升产品内分工地位；二是拉长和拓展已有的产业价值链——提升产业规模和集中度；三是做大和做强产业集群——提升块状经济的集聚水平，向现代产业集群升级。这就意味着中国的产业政策，要先根据本地产业加入全球价值链的驱动力去确定其核心能力，积极发展这种核心能力，才能使本地产业在全球价值链中具有竞争优势。具体地说，第一，在全球竞争中，如果中国的某产业参与的是生产者驱动的全球价值链，那么以增强核心技术能力为中心的策略，就是合乎全球竞争规则的正确路径（处于制造环节的浙江企业，除了可以通过强化研发手段外，还可以通过合资、合作或挖人、并购等方式，嵌入产业链的研发环节）；如果参与的是购买者驱动的全球价值链，就应强调设计和市场营销环节，来获取范围经济等方面的竞争优势。东部地区的企业可以通过由“OEM → ODM → OBM”的渐进方式，或者收购国际营销网络进行升级。第二，拉长产业价值链，就是要鼓励企业向终端市场网络发展的前向一体化行为，以及向资源控制性质的后向一体化的发展行为；拓宽产业价值链，就是要重点鼓励企业以技术为中心实施产业多元化战略——同心多元化问题；借鉴产品内国际分工的思路，用代工和外包方式在全球或国内进行价值链重组。总的来说就是“一个核心、两个环节、三个结合”。所谓一个核心，就是提升中国产业在各自行业内的话语权。可以借“基”生蛋，上下游整合，外拓原材料基地和销售基地；借“梯”登高，吸引国外智力和人才，成立具有真正实力的产学研研发和设计中心；借“船”出海，收购国外品牌、销售终端网络、在国外注册商标。两个环节是指拓宽和拉长产业链；三个结合则是城市化、信息化和全球化结合。

第三节　区域经济协调发展的基本路径与长效机制

在党的“十八大”报告中，转变经济发展方式的主攻方向是经济结构战略性调整，而促进区域协调发展又是经济结构战略性调整的主要内容之一。区域协调发展之所以是经济结构战略性调整的主体内容之一，是因为经济结构的调整活动发生在特定的空间结构中，如果没有在特定空间中形成符合中国国情的现代产业体系，没有形成有利于全球经济竞争的专业化分工格局，就不可能奠定全面小康和基本实现现代化的物质基础。在这方面，中国独特的东、中、西产业梯度体系，为经济结构的调整和长期的经济增长留下了巨大的空间和回旋余地，但是也是经济不平衡发展的主要体现。

当今世界，提高密度、缩短距离、减少分割，是通过重组经济地理格局促进发展的三大基本手段。在过去三十多年的经济发展中，中国经济发展的空间特征，就是遵循这种经济地理的变迁规律和方式，使东、中、西尤其是自然禀赋、经济发展条件较好的东部地区得到了迅猛的发展：不断推进的城市化提高了经济密度；人口、劳动力和企业活动向高密度区的东部地区集聚和迁移，大大缩短了经济距离并降低了交易成本；中国加入全球产品内分工，根据全球价值链贸易的方式进入世界市场，充分发挥我国的比较优势、规模经济和专业化的作用，减少了分割加快了经济一体化进程。正在走向繁荣的发展中的中国区域经济，由于密度、距离和分割这三大因素的作用，拉开了区域间的发展差距且迅速极化，在生产、财富增长和集中的同时，也带来了一些协调发展方面的问题。

目前中国区域经济发展的格局，突出地表现为沿海化、城市化、城市群化三种倾向。生产主要集中在沿海地区、大城市和发达省份。如目前沿海三大城市群（渤海湾、长三角、珠三角）已经成为中国经济的三驾马车和增长极，面积只占全国 3.4%，创造了全国近 40.6% 的 GDP，全国 70% 左右的货物出口，吸引了一半以上的 FDI。当前，中国的沿海地区、大城市和发达省份正处于走向全面小康和启动基本实现现代化的阶段，经济集聚状态将会进一步显现，而同时“过密效应”下所显示的大规模的产业扩散效应还没有真正到来。应该看到，这种生产要素和经济活动的区域集中趋势，虽然导致了区域间居民生活和福利的不均衡，但是这一结果并不完全是政府的政策所引起的，而是在市场的基础上由市场与政策的双重作用所形成。但是，出于对那些生活在贫困地区的弱势群体的关注，这时候区域经济协调发展的政策建议很自然就是：中国经济增长必须在空间上确保均衡。回归均衡趋势从表面上看，似乎可能有损于直接的经济效率，但是这种政策要求不仅从政治社会稳定的角度是可以理解的，而且从间接的经济效率看，可以直接起到扩大内需、促进可持续增长的重要作用，因此它是应该在市场调节基础上逐步得到有效地实施的政策。

随着2008年后宏观经济进入较低的增长平台，以及随之而来的迅速上升的生产成本，中国沿海地区传统产业的比较优势正在发生变化，由此启动了沿海地区大规模的产业升级和产业转移活动。在这次金融危机中，中国中西部地区经济增长速度远高于沿海地区的事实说明，波澜壮阔的产业转移方兴未艾，它是缩小地区发展差异的主要力量。“十八大”之后中国在区域经济发展方面的新政是，“继续实施区域发展总体战略，充分发挥各地区比较优势，加大对革命老区、民族地区、边疆地区、贫困地区扶持力度”。也就是说，在区域发展总体战略的制约下，促进各地区协调发展的主要机制是基于比较优势的市场调节机制；但是另一方面，对市场驱动型增长难以惠及的老少边穷地区，充分发挥政府有形的手进行强有力的调节，也是必不可少的。利用市场的力量“发挥比较优势”，以及利用政府的力量“加大扶持力度”，将是中国未来实施区域协调发展战略的主要原则。这是“十八大”报告对建立与完善中国区域经济协调发展长效机制的最重要的概括，也是中国制定未来区域经济协调发展政策的基本出发点。

本节将从中国区域发展的历史经验的描述中，概括区域经济协调发展的基本路径与长效机制。我们在区域经济协调发展的研究中，引入了国际贸易的因素，强调了出口导向贸易、全球价值链和国内价值链在形成地区发展差异中的决定性作用。同时，我们根据中国新一轮以扩大内需为基点的经济全球化趋势，分析了在新形势下区域经济协调发展的趋势和政策选择的依据。

地区经济发展差距：仅仅是政策原因导致的吗？

当我们试图去寻找中国区域协调发展的基本路径与长效机制时，一个基本的出发点是必须首先回答这样一个本质性问题：引起中国区域经济发展差异不断扩大的根本原因是什么？高度的区域发展不平衡问题，究竟是由中央政府的区域政策引起的，还是因为其他原因所造成的？不回答这个基本问题，就无法真正为缩减地区经济差距这一重要的政策目标提供有效的政策建议，更不能据此设计有效的政策工具。

现在有些人把中国地区经济增长与收入分配上差距持续扩大的原因，有意或无意地归结为中央政府的区域经济政策，大致上是说：因为改革开放以来，中国的发展战略指向沿海地区，对外开放偏向沿海地区，财政分权有利于东部沿海地区等原因，所以导致了沿海地区的发展优势。笔者并不认同这种观点，因为它把表面现象作为解释问题的深层原因。如果我们认同这种观点，好像寻求中国区域经济协调发展的根本路径与长效机制，就在于与中央优惠政策讨价还价的能力大小。如果这样，复杂的区域发展协调问题也似乎就变得十分简单：只要中央给中西部地区或其他相对后进地区更加优惠的政策，就可以使其经济顺利起飞了。

其实，中央的经济政策只有在顺应经济趋势和规律的前提下，才会对经济系统产生决定性的作用，否则其力量也是非常有限的，即使一时的作用力度较大，也不可能长久。也就是说，中国东、中、西发展差距的问题，只能从中国经济系统的内生性方面去找，而不能仅仅用外部强行植入的经济政策来解释。从根本上说，偏向沿海发展的经济政策，也是由沿海自身的发展优势所内生的，否则我们理解不了中国经济发展的现实。例如，自 2000 年 1 月国务院正式实施西部大开发战略以来，采取了一系列有效的措施，中央政府和全国各地政府也帮助当地投入了巨大的资源，西部发展面貌虽然有了很大的起色，但是由于极化效应的作用，东部发展得相对更快，东、中、西经济发展的差距在全球经济危机出现之前，不是出现了非常明显的缩小趋势，而是有日益扩大的趋势。只是由于最近几年，沿海地区劳动密集型产业受成本上升的影响，一部分向投资环境有所改善的中西部地区转移，因此这些地区出现了发展加速的势头。但是，这进一步说明了主要是市场机制而不完全是政府的作用。

区域发展理论早就告诉我们，一个区域的发展主要取决于两个因素：一是制度创新能力，二是区位优势。在不考虑制度创新能力因素的前提下，区位优势的作用主要表现在：它会极大地降低区内企业和其他成员的与交通运输有关的交易成本。一个国家之所以要从战略上首先选择沿海地区进行开放，主要是因为沿海地区的区位条件和它对降低交易成本的效应，可以在早期容易更多地吸收来自国内外的投资，尤其是 FDI。同时，优越的地理位置、适宜的生活居住条件等，诱使国内外生产要素尤其是高级人才和技术的频繁的、双向的流动，这种高度开放的经济体系往往会促进该地区不断进行制度创新，从而助推发展进程。

从新经济地理理论来看，上述这两个因素会产生所谓的“国际贸易的经济地理效应”，即因为对那种依赖交易成本降低的国际贸易来说，区位条件优越能够直接降低运输成本，制度创新能力相对较强，可以直接降低国内外企业的营运成本和风险，所以贸易通常就会发生在一个国家的“冰山成本”最低的沿海地区，或者有巨大市场交易机会的边界地区。而那些远离海岸线的内陆省份，由于“冰山成本”较高而缺少国际贸易的机会，因此会导致经济增长的相对低速或者停顿，以及使收入分配处于相对不利的地位。

由此可见，中国地区之间经济发展差距的扩大，与中央的区域经济政策表面上有直接的关系，但实际上更为深刻的内在因素是，由区位优势、创新能力决定的国际贸易的经济地理效应的作用所致。中央区域经济政策首选沿海地区、倾斜沿海地区，实际上是对经济规律的尊重和运用。从根本上说，是沿海地区较低的“冰山成本”直接导致了包括外国资本在内的经济活动在沿海地区大规模集聚，从而使东部沿海与内陆地区在经济增长与收入分配方面产生巨大的差距。由此可见，中国地区之间增长与收入分配差距的扩大，既与政策因素无关，也与中国对外贸易的性质无关。只要中国经济对外开放，那么在国际贸易的经济地理效应的作用之下，一定会导致产业与人口在沿海地区的规模集聚，从而造成东部沿海与内陆地区在经济增长与收入分配方面的巨大差距。

为了说明上述理论，我们不妨以长三角地区南京经济地位相对下降的历史为例进行说明。南京作为长三角地区西北部的重要经济节点，其在经济发展的总量与核心指标上，近二十年来与区内领先城市相比较，表现出“总量较小，整体发展水平偏低，经济开放程度较弱”的特征。对长三角中南京经济地位被“边缘化”、出现“塌陷”现象的原因，理论界的解释不外乎是一是“阴影论”，即南京与上海的距离太近，在与上海的竞争中受上海发展的覆盖；二是“结构论”，即南京周边城市都比较弱，不像上海和杭州那样，周边都是发达城市。前一解释把自身落后的原因归结于强者，后一解释则把原因归结为弱者，都没有从经济运行的自身规律和发生作用的条件去寻找。

其实，南京发展滞后的真正原因，与它没有把握江苏发展的两次重要机遇有直接的因果关系。第一次是1984年左右乡镇经济的异军突起，第二次是1992年后迅猛发展外向型经济。在这两次机遇中，南京作为省会城市虽然在政治上天然是受益者，但是由于发展竞争客观上偏向于临近上海的苏锡常经济，因此南京与长三角的其他城市尤其是苏锡常之间增长的差距不断扩大。具体来说就是：

第一次机遇是基于制度的竞争：苏锡常是活力四射的乡镇经济，南京都市圈则是衰退的国有经济。至于乡镇经济为什么在苏锡常出现，而没有逻辑地出现在南京都市圈？这既与苏锡常的历史文化有关，也与它们靠近上海、接收上海的辐射有关。这个差异决定了后来发展基础的不同。苏锡常地区的集体经济后来顺利地改制为民营企业，既抓住了1997年后民营经济发展的黄金期，又为上市融资和吸收外资创造了很好的条件。

第二次机遇是基于技术的竞争（主要是指距离、运输技术和成本）。苏锡常是外向型经济，而南京都市圈则偏内向型经济。如上文所述，苏锡常经济高速成长的原因，是利用了国际贸易中的经济地理效应，而南京都市圈在这一轮竞争中，因地理位置相对远离上海国际化大都市，经济距离缺乏大幅度吸纳FDI的成本优势，所以没有明显分享到这一效应，其在长三角中的位置逐步陷入“塌陷”。

第三次发展机遇是基于创新经济的竞争。创新经济是当代中国发展的基本动力。在这一场新的区域竞争中，很可能扭转南京在长三角地区发展的颓势，重新崛起“宁镇扬”经济增长极，并与苏锡常一起，成为支持整个苏南现代化示范区建设中的“哑铃型结构”。这是因为，这一阶段的区域发展能力，从根本上说更多地取决于依托于内需的创新体系，因而科教资源丰富、区域创新体系相对健全的南京都市圈，就完全有条件、有可能在新一轮的区域经济竞争中拔得头筹。需要简要说明的是，第三阶段的创新经济为什么要基于内需市场而发展？自主创新为什么必须基于中国庞大的内需，而基于外需进行国际代工则没有前途？这是因为，基于外需进行国际代工做的是别人早已研发好、设计好的外包订单，自己只能成为别人的零部件供应商，被别人纳入其全球价值链的低端做加工贸易。因此，苏锡常经济的特征和指向必须转型升级，把利用国内低端要素进行国际代工的外向型发展模式，转向面向国内外市场的自主创新模式，否则将有可能在“十二五”时期之后出现衰退。

中国加入全球价值链：对区域发展有何影响？

在地区经济差异协调的研究中，还有一个分析视角，它与上述国际贸易的地理效应有一定的关系，这就是GVC对中国东、中、西三大地带增长和发展的影响问题。在上一轮经济发展中，中国东部沿海地区利用自身优势，率先加入全球价值链，专业化于劳动密集型环节的产业集群，迅速成为全球最大的国际制造平台或“国际制造基地”，使该地区首先成为中国经济增长的主要引擎。从发达国家跨国公司的角度看，中国接受的是它们主动发出的制造业的国际外包订单，是属于GVC的低端环节。跨国公司全球化战略以全球性城市为节点，其总部或总部分支机构往往配置在沿海大城市，主要是为了利用其生产性服务业发达、交易成本低的优势；它们把其制造过程和工厂设置在沿海基础设施发达的其他省份，如江苏、浙江、广东等，一是为了更方便地使总部高级的生产性服务机构和人员能够“面对面”地服务于它们的制造企业；二是为了在节省制造成本的同时，最大限度地享受到邻近大城市的外部经济。

GVC在中国东部沿海地区的建立，直接推动了中国东部地区国际贸易的“爆炸式”增长，加速了这些地区“世界工厂”、“国际制造基地”的形成。外向化程度高的产业在这些地区的高度集聚，不仅使这些产业享受到了来自GVC高端的技术、知识和技能的溢出，提高了这些地区的技术水平和发展水平，客观上也加大了中国东、中、西三大地带的发展程度的差异。主要表现在以下两点：

第一，中国东部地区定位于GVC中的低端环节，限制了中国中西部地区发展能力的发挥，是形成改革开放以来中国东、中、西发展差距日益扩大的主要原因之一。东部地区的快速发展，使中国中西部廉价的生产要素和自然资源在本地得不到有效利用的机会，只有源源不断的流向东部，从而一方面，中西部地区只能得到低级要素的报酬，沦为低端要素的供应地，另一方面，东部地区在加入全球价值链的过程中，自身对“世界加工厂”的低端定位，在某种程度上把中西部地区压制在原材料和劳动力等生产要素供应商的地位,在一定程度上抑制了中西部地区发展劳动密集型产业的空间和可能的选择。集中分布在东部沿海地区的附加值低的外资代工企业,对当地的生产成本尤其敏感。一旦当地的生产成本上升,它们更可能的选择,并不是留在当地进行产业升级,而是进行产业转移。在中国中西部地区的投资环境与其他发展中国家相比不具有优势的情况下,这些产业就会外移而不是内迁。这样又使中西部地区缺少发展机遇。

第二,以国际代工和加工贸易为特征的外向型经济发展模式,一般都是处于产业链下游,低附加值,不掌握核心技术等,进多出多,产品往往是给他人所用。加工贸易行业的另一个重要特点是:设备进口也很多。出的更多的还是人力,使用别人的设备、别人的技术,给别人做产品。为了满足国外市场消费者的苛刻要求,以及外国政府对产品质量和环境的严格规制要求,在国内设备与国外设备具有较大技术落差的前提下,往往需要动态地引进国外先进设备进行生产和出口。这种发展格局,不仅使研发水平比较落后的中国在设备引进方面付出一次又一次的、周期性的巨大成本和代价,而且更为重要的是,它使原本对中西部地区的机器设备需求,转向对国外的需求,这就打乱了中国东、中、西三大地带的产业布局和分工,使中国原本配置在中西部地区的重装备工业在技术落后的同时,又失去了据以进行产业升级的市场份额。

需要明确指出的是,在一个国家内部发展差异的不断加大而且长期难以收敛,跟中国要素市场发育的不完全有较大的关系。众所周知的,在新古典经济学的世界里,要素的自由流动可以使得地区间的要素报酬趋同,从而缩小地区差距。但是,中国的要素市场因城市化程度差异和制度创新不足等原因(如户籍制度、公共福利制度等),却存在着相当程度的扭曲和分割。中国的生产向东部地区集中的同时,人口却由于要素市场的分割而没有逻辑地相应向东部集中,而是滞留在原地、闲置在当地。这种生产和人口分布的失衡,是造成中国地区差距的一个重要的原因。可以想象的是，那些因种种原因没有流出的中西部地区人员，其人均收入水平与东部地区相差更大。

这就提出了重视通过全球价值链与国内价值链的协调发展，来实现区域经济协调发展的重要问题。通过建立中国本土企业控制的国内价值链，带动关联产业发展，是实现区域经济协调发展，最终完成产业升级的重要途径和对策之一。国内价值链的区域协调发展效应，主要表现在以下几个方面：首先，国内价值链中本土企业为主，会使经营利润更可能留在本国，而不是汇出和外流。同时，国内价值链包含着高附加值的环节，这使得中国可以取得更多的资本利得。这些利润就为继续的投资和缩小地区差距提供了强大的物质基础和先决条件。其次，建立国内价值链后，中国不仅可以在国内不同地区间整合要素禀赋，协调区域经济发展，也可以通过把订单外包到其他国家，利用他国的禀赋优势。此时，产业转移就成为中国主动在全球整合资源的行为。最后，可以充分发挥国内外产业特别是国内循环的产业间的关联效应，带动上下游产业的发展，改变全球价值链在国内链条太短的缺陷。同时链条的延伸和完整，带来了生产的迂回和专业化的加深，不仅可以获得规模经济和范围经济，而且可以积累高端的人力资本和知识资本。

我们知道，过去三十年的发展中，地理区位、市场化和全球化是解读中国东部经济和中西部经济的主要视角。未来在把基于出口导向的经济全球化，转变为基于扩大内需的经济全球化的过程中，“国内价值链”这个重要的范畴，将在协调区域发展中起到十分重要的作用。以长三角地区为例，不难发现，其初步形成的国内价值链，价值链上的“链主”即高端的生产性服务功能主要由上海提供，而价值链上的江浙，则作为主要的国际制造基地接收现代生产性服务的投入。这种“生产性服务业—制造业”区域协调发展的模式的形成，既与上海作为全球性城市其全球创新资源配置能力有关，也与江浙雄厚的经济实力和制造业基础、优良的基础设施、注重科技教育的传统和优秀劳动力素质、相对规范的政府运作能力等因素有关。长三角地区由此成为中国经济发展和现代化的领头羊。现在中国区域经济发展总格局中,缺少的就是像长三角这种具有国内价值链特征的协调发展机制。如果中国能够在区域发展战略中,多塑造几个像长三角这种国内价值链机制,我们还有什么理由去怀疑中华民族的经济复兴呢?

“强政府+强市场”:区域协调发展的长效机制

政府和市场以及相互间的结合方式,是影响区域经济发展的最主要的资源配置机制。中国改革开放三十多年来的发展,得出的一条重要的经验就是,要在经济发展和转型中,坚持走“强政府+弱市场”逐步向“强政府+强市场”有效结合的道路,即除了发挥政府的有效作用外,还通过经济转轨不断形成以市场为基础的资源配置机制。在市场失灵的地方,不是简单地通过引进政府调节的方式,而是通过不断地完善市场的方式去解决,如放松政府管制,着力完善产品市场和要素市场。只有在市场不能发挥作用的领域,才通过政策解决或者引入政府来提高运行的效率,如基础设施领域和创新驱动的高新技术产业领域。因此,中国的发展经验不是简单地由政府代替市场和政府去挤出市场。

“十八大”报告提出,中国经济体制改革的中心问题是处理政府与市场的关系。这意味着现阶段走中国特色的经济发展道路,实施新一轮全面实现小康社会的追赶战略,必须坚持走“强政府+强市场”有效结合的道路。根据当代中国发展的现实,这一选择所涉及的最重要问题,总的来说就是三个方面:一是要对“强政府”功能的重新定位;二是要变“弱市场”为“强市场”;三是要在实现“强市场”的基础上,实施“强政府”的有效调节。以这种思路对我国区域协调发展机制进行改革和完善,需要在上文区域发展差异原因揭示的基础上,主动去做那些有可能做好的事情,主要在于如下几个方面:

一是按照客观经济规律的要求,对影响区域间区位条件的基础设施进行大规模的超前投资，具体可以采取以国家为主导带动社会主体多元化投资的体制。通过对原本相对落后的地区进行超前的基础设施建设，时间和空间的压缩自然就改善了这些地区发展的区位条件，改善了企业经营的外部性，降低了企业的交易成本。这是缩小区域发展差距的最根本的路径和机制。

二是通过简政放权，给地方一定的制度创新空间。在不与中央发生根本利益冲突的前提下，给地方更大的、因地制宜的立法权，鼓励地方政府按照自己的域情大胆进行制度创新，降低企业营运的直接和间接成本，以及相关的风险。中国发展的重要经验是塑造利益相对独立的地方经济，通过其竞争和竞赛给经济体系注入发展活力。如果地方具有制度创新的空间，必将进一步搞活中国经济。

三是要破除一切不利于要素流动的体制、机制、管制和税制，特别是要破除限制劳动力流动的户籍制度和不均等的公共福利制度，鼓励劳动力在内陆地区与沿海地区之间双向自由流动，由此来促进地区间居民收入分配趋于收敛。这一条是“十八大”报告中关于经济结构调整和城乡一体化发展的最引人瞩目的创新，也是今后贯彻落实中的主要困难之一。因为取消这一起源于在二元结构下工业化偏向于城市发展的基本策略的户籍制度，会触及到深层的利益矛盾。户籍制度在中国的强化，表现在它与特定城市居民的特定福利紧密挂钩，甚至入学、复转业、交通事故赔偿都与户籍有关，故各地居民基本福利的均等化，是取消它的前提。因发展水平的地区差异，此事不仅要求地方投入，而且需要中央政府承担区际基本福利均等化责任。

四是东部地区要在中央产业升级政策的鼓励下，把努力攀升 GVC 的高端环节作为结构调整的主攻目标，在这个过程中，把自己原本在 GVC 中属于相对低端的环节，按照梯度产业转移的规律逐步转移到中西部地区。为此要以发展的质量和效益为中心设计针对地方政府的绩效考核体制，彻底淡化单一的 GDP 目标和税收目标。否则，东部地区的地方政府处于利益考虑，就会运用各种扭曲价格信号的方式阻扰本地产业移出。

五是中国东部地区要利用扩大内需的战略机遇，把自己在GVC中进行国际代工而学习到的经验，逐步运用到建立国内价值链（或国家价值链，或区域价值链）的过程中。通过“留下公司，转移工厂”的国内价值链转移产业方式，实现产业在地区间的梯度转移。另外，加工贸易型企业转型升级的一个重要方面的问题是，要努力与国内的零售企业合作，奋力开拓内需市场。中国很多加工贸易企业生产的优质商品都是国外抢手货，但奇怪的是在国内却打不开销路。主要是这些加工贸易企业与国内零售商之间存在很多对接障碍：如在品种批量和配送方式上，零售企业要的是多品种、小批量，加工贸易企业做的是少品种、大批量。另外结算方式国内是定期结账，而做外贸是信用托付方式，加工贸易企业认为这影响自己的资金周转。这时中介机构如金融部门介入担保保障定期结账很有必要。掘金内需市场，需政府、行业协会搭建平台来降低企业转型中的外部不经济性，如建高档博览会、培育批发市场、战略联盟等。

上述第一、第二、第三各方面，是区域经济协调发展的主要的路径和基本的机制，这是不存在任何问题的。可能会发生争议的是第四和第五条措施。因为，一些人尤其是相对落后地区的学者和官员会认为，如果按照价值链方式进行产业的梯度转移，发达地区转移出去的是相对低端的产业，而自身在经济结构调整和升级过程中，所培育和发展的是技术知识密集型的、国际竞争力强的、高附加值的战略型新兴产业和现代服务业，因此被转移的地区只能被动接受相对落后的产业，似乎永远没有机会摆脱落后，更无法超越和赶上发达地区。这种“不公平”的感觉促使人们思考一种叫作“反梯度产业转移”的理论。

其实，从经济理论和实践上来看，反梯度产业转移是一种没有根基的产业发展理论，是一种违反因果累积效应的不切实际的理论。在产业政策实践中，可以把这种理论称之为“左倾盲动”理论，它只有可能在个别产业中找到偶尔成功的案例，绝不应该把其作为落后地区产业全面成长的理论依据。试问，有谁可以举出一个在极其落后的国家或地区，其产业发展不是遵循梯度转移规律和渐进发展规律，而是一步跨进现代产业体系的例子？相反，中国对外开放的实践证明，即使是在国家之间劳动力不完全移动的格局下，国际产业梯度转移也有助于中国的学习和模仿，有利于中国加速成长。虽然在这个过程中中国吸收了大量的来自发达国家的相对低端的 FDI，付出了一定的代价，但是这种产业的国际转移既给了发达国家结构调整的空间，也给了中国经济崛起和缩小与其差距的黄金机遇。

当然，在产业梯度转移中，我们要注意发挥企业和市场的自我调节作用，注意政府的角色是引导和创造产业梯度转移的氛围和环境，而不是人为干预和限制，更不是违反经济规律的要求强行转移企业。因为，对缩减地区经济差距的影响来说，产业转移的效果取决于我们所用的调节方式。在区域间经济差距上升为潜在的社会矛盾和冲突的情况下，如果我们不是去鼓励人口的自由流动，而是强制要求将东部沿海地区的资本向中西部地区转移，那么就会发生东部地区会变得越来越富、西部地区则会变得越来越穷的事与愿违的结果。其中的道理就就在于，来自东部地区的投资所产生的收益，迟早是要回流东部地区的，而且，限制人口向东流动，必然造成中西部地区劳动力的闲置，从而发生收入机会丧失的损失。另外，在目前的教育水平、基础设施、政府管理水平等制约下，中西部地区的综合要素生产率可能在相当时期内要低于整个东部地区，因此鼓励资本向中西部地区流动、同时限制人口向东流动的做法，很可能产生投资效率以及劳动收入的双重的损失。

相反，如果我们按照经济规律的要求鼓励劳动力在广大内陆地区与沿海地区的双向自由流动，同时鼓励企业按照节约成本、提升效率的要求，沿着产业升级、构建国家（或国内、或区域）价值链的方式进行产业梯度转移，那么就能找到一条有效的区域经济协调发展的根本路径，建立起缩减地区经济差距的长效机制。这里的原因其实很简单，企业是一个讲求经济效率的行为主体，只有在其行为的边际收益大于边际成本时，它们才会追加自己的行为。具体来说，如果产业向中西部地区转移后，达不到它们留在东部地区的效率，它们是不会自动转移产业的。而一旦发生了市场驱动的大规模的产业转移现象，一定与下列特性有关，即东部地区因为过度发展产生了“过密效应”，高成本使企业留在东部地区所获得的效益不足以弥补其高昂的开支，或取得的收益远低于转移到中西部地区。近年来在各地政府的推动下，中西部地区总体投资环境得到了根本的改善，一场波澜壮阔的产业转移景象正出现在中国大地上，由此将彻底改变中国经济地理版图。

第四节　长江三角洲区域的一体化发展

十八届三中全会提出要“建设统一开放、竞争有序的市场体系”，认为这“是使市场在资源配置中起决定性作用的基础”。以统一、开放、竞争、有序的目标推进区域市场建设，也是我们推进区域一体化发展的微观基础、基本战略思路和战略目标，尤其对于市场发育发展基础比较好的长三角地区的一体化发展具有直接的理论和实践指导意义。

“统一”主要是指各种专门的、独立的专业市场门类“由部分联结成整体”的过程，各种矛盾的、分散的、扭曲的管理规则的同一化过程。建立统一市场其实就是纠正政府对市场所进行的不当干预、发挥市场作为资源配置的决定性作用的过程，就是运用竞争政策纠正市场势力尤其是行政垄断势力的过程。

“竞争”主要是指，不仅参与市场活动的主体、产品和要素、中介等要众多，单个或某几个市场主体不能任意地、放肆地行使市场势力，不能垄断市场价格和供求，不能依靠政府力量和市场势力长期持续地获取高额垄断利润，而且各级政府在统一的竞争政策下，不搞区域封锁和画地为牢，不搞市场歧视和行政分割。

“开放”是指，区域内的市场体系不能是封闭的，而应能够符合生产社会化、经济全球化以及全面深化改革的需要。一方面，要求市场主体对内对外开放，清理和废除妨碍统一市场和公平竞争的各种规定和做法，使资源和要素可以在全球分工体系和国内市场中自由顺畅地流动。尤其是应该适应开放型经济和新的全球化趋势，主动参与全球价值链分工，争取做全球价值链高端的创新者。

“有序”体现为在统一的市场规则下，市场主体拥有健全的市场信用制度、强有力的财产和知识产权保护制度，灵活多样的流通方式和渠道以及良好的市场交易秩序。如要严禁和惩处各类违法实施优惠政策行为，反地方保护、反垄断和不当竞争，褒扬诚信，惩戒失信。

区域统一市场建设是推进区域一体化发展的微观基础。这一结论是我们在体制转型时期二十多年的区域一体化发展的实践中逐步体会出来的。在市场取向的改革过程中，我们一直缺乏运用市场手段推进区域一体化发展的理论研究成果的指导，也更加缺少来自实践的成功或者失败的经验总结。作为中国市场因素发育和发展最成熟的区域，长三角地区率先积累了一些基于市场推进区域一体化发展的经验和教训。在本节中，我们将以这些经验和教训为基础，用建设统一、开放、竞争、有序的市场为基本的政策标准，分析区域一体化发展在大国经济发展中的意义、作用、基本内涵和主要内容，以及在市场发挥资源配置的决定性作用条件下，政府如何有效地推进区域一体化发展等问题。

区域一体化发展：转轨发展中的大国发展思想

在区域发展理论研究和政策实践中，可能没有一个概念能够像“区域一体化发展”那样可以持续地、广泛地引起政策决策者和研究者那么强烈的兴奋和不断的关注。从国际上的各种区域性的投资贸易一体化协定，到中国珠三角、长三角、京津冀等各种区域间一体化发展的战略规划，无一不是试图通过减少制度分割，或者通过消除所涉区域内部的人为政策障碍来创造和分享共同的发展利益。

众所周知，由于客观存在的地区发展差距，某些处于相对优越地位的区域必然要向其周边地区吸纳或者扩散经济能量，从而影响周边地区的发展速度和发展水平；同时，周边地区的发展加速和水平提升，反过来也会为处于相对中心地位的区域增加发展能量和扩展发展空间。在这个过程中，资源和要素的流动并不会是无成本的，而必然是有摩擦和有障碍的。这种资源和要素流动的摩擦和障碍，具体决定了一个地区经济社会的发展速度和发展水平。因此，如何消除或降低生产要素和资源的摩擦和障碍，就成为推动区域一体化发展的主要政策议题和内容。

在转轨发展中的大国经济中，影响资源和要素流动的复杂因素，也即是最有可能影响某个地区发展的因素有两类：一类是那些自然和技术的因素，如地形地貌、交通运输、基础设施等等；另一类是制度、体制、机制、政策等人为的障碍因素。在这两类因素中，前一类影响和决定区域一体化发展的成本和效率，只要存在空间区位和技术水平差异，就会有不同的发展成本，从而有不同的发展水平差异；后一类衡量某个区域是不是一体化发展的，只有制度和政策的差异，可以系统地、大幅度地影响和扭曲要素和资源的合理配置，从而形成人为的发展差异。也就是说，区域是不是一体化发展，主要要看各个区域是不是充分开放的，是不是存在各种人为的制度和政策障碍；自然条件和技术因素的限制，不是区域是不是一体化发展的充分必要条件，它只影响一体化发展的效率，从而影响经济发展水平高低。当然，这两类因素之间也是相互影响的。如交通运输和基础设施的改善，是区域一体化发展的基础，有利于制度分割状态的改进和迅速推进市场一体化；制度障碍的消除和分割状态的改进，反过来又利于推进基础设施跨区域合作，有利于技术在更大的市场范围内规模化、集约化地有效利用。

因此，从交互作用的角度，区域一体化发展的议题就可归结为：我们如何通过制度、体制、机制和政策的改革、创新和协调，有效地松动自然和技术因素对区域发展限制，最大限度地克服和消除各种阻碍资源和要素流动的因素，促进其优化配置，加速区域发展。据此我们可以对区域一体化发展这个概念做一个十分明确的界定：它是指在一个边界模糊的大经济区域中，各个行政边界清晰的地区之间不断地克服和消除区域发展中各种阻碍资源和要素流动的制度、体制、机制、政策等人为障碍，实现市场的竞相开放和市场充分竞争的过程。显然，有效的市场和有为的政府，是实现区域一体化发展的两种主要机制。这里，有为的政府是一个能够克服自身利益诱惑，勇于打破地区行政障碍、积极开放国内外市场竞争、保护竞争而不是保护竞争者、促进有效竞争状态充分实现的政府。

当今世界，政府通过区域一体化促进地区发展主要有两种形式。一种是国家之间的一体化发展协定，如各种国际经济、金融、贸易、投资一体化协定，最为经典的是欧盟。另一种就是一个主权国家内部地区之间的一体化。表面上看，一个主权国家内部由于执行的是共同的竞争政策，逻辑上在其内部不应该存在着严重的"非一体化"的分割倾向。但是从实践来看，主权国家内部不仅存在着严重的非一体化市场，而且降低这种分割的程度往往不见得比主权国家之间的一体化来得更容易，尤其是对处于经济转型时期的发展中的大国经济来说，更是如此。其中的主要原因有如下几点：

其一，过去，行政计划、命令、条例等把国民经济分割为各种"条条"和"块块"，在转型过程之中由于缺少替代性机制和组织，资源配置的功能经常还要依靠它们发挥作用。因此，消除所涉区域内部的体制障碍，转型为统一的区域市场，就是一个市场中间组织和机制发育和发展的过程，此过程可能要比若干个原先为市场经济国家之间的一体化更困难。

其二，受发展阶段和发展水平的限制，转轨大国经济中除了中央政府干预经济活动外，地方政府和部门政府由于保留了大量的国有企业，承接了中央下放的许多行政管理职能，因此它们也广泛地、深入地直接干预市场和企业。由于其必然以行政边界为利益边界，因此这是中国目前分割性市场产生、市场难以统一的基本原因。

其三，转轨大国经济中因为要发挥地方政府和部门政府的积极性，一般倾向于由地方政府或部门政府实施按“块块”或“条条”贯彻落实的、有利于本地区或本部门财政利益的产业政策，而不是实施由中央政府所主导的全国统一的产业政策。这种产业政策的地方化和部门化，是经济体系被“条块”分割的主因。

正因为上述原因，从20世纪80年代就提出来的长三角区域经济一体化的概念和要求，在进入21世纪后的今天，仍然需要来自中共中央最高层面领导的推动。虽然长三角地区地域相邻、人缘相亲、文化相融、经济相通，但是其一体化发展进程并不如理论上设想的那么容易，而是充满各种艰辛和困难。20世纪80年代上海经济区的概念就被提出。90年代一些政府官员和学者竭力鼓吹要国务院批准设立“长三角经济特别行政区”，或者由国家成立“长江三角洲经济管理局”，而且不断有人提倡合并行政区。2008年9月推出《国务院关于进一步推进长江三角洲地区改革开放和经济社会发展的指导意见》，2010年5月国务院正式批准实施《长江三角洲地区区域规划》，国家才正式要求长三角要加快推进区域一体化进程，充分发挥长三角对周边地区、长江流域及其他地区的带动作用。在这个过程中，虽然长三角地区省级政府协调会、市长联盟会等为长三角地区降低分割、强化一体化发展做了许多具体的事情，但是总的来说实际效果还有待评估。即使是区域一体化发展的最基本的跨地区基础设施，迄今也没有完全真正实现战略规划目标的要求。江苏人经常一提起来就怄火的著名的区域发展分割的例子，就是长三角地区的机场建设问题。由于全球IT装配主要集中在苏南，特别是昆山、苏州工业园区一带，因此江苏方面非常希望虹桥机场能够有更多的国际航线，尽快扩建。但上海转而建设浦东国际机场，于是江苏不得不修建了苏南硕放国际机场，但很快上海又回头建设虹桥枢纽 。

近年来，通过推动区域一体化发展促进整体发展水平提高的办法，逐渐在中国经济发展政策中占据了重要地位。尤其是以习近平总书记为核心的党中央对上海自贸区、长三角一体化、京津冀协同发展战略等的大力推进，把中国区域一体化发展问题提升到了一个新的国家战略的高度。区域经济一体化是习近平经济发展思想中的重要组成部分，在国家治理中占有极其重要的地位。

十八届三中全会所确定的建立和完善统一市场的决策，其实就是试图首先通过区域统一市场的建设，再在各个区域统一市场竞相开放的基础，逐步形成全国统一市场。因此，作为全国统一市场形成的必经途径和区域一体化发展的微观基础，区域统一市场的建设被赋予双重重要的使命和任务，即它具有大规模的对内开放和进一步对外开放的双重含义。 在对内开放方面，重点是要废除过去改革中形成的无所不在的“双轨制”，以平等各经济主体的发展条件和基础，充分释放发展的动力和活力。推进经济从“发展竞争”，逐步转向“平等竞争”，确立竞争政策替代产业政策并在市场经济中占据优先地位。在对外开放方面，就是要扭转单一的出口导向格局，以国内统一市场的建设来壮大内需规模，以此虹吸全球先进的创新要素，建设创新驱动型国家。未来中国发展要更加倚重国内市场，从利用和打开别人的市场，转向更多地利用和放开自己的市场。因此，以统一市场建设来促进内需扩大和经济全球化，是中国开放型经济体系的重新设计，是开放型经济的转型升级版。

从阻碍统一市场建立的因素来看，在转轨经济中，在所有可能影响市场运行格局和效率的因素中(包括竞争与垄断、政府管制、文化习俗等)，只有政府的行政权力才有可能长期地、有力地、大幅度地扭曲、撕裂、分割和限制市场。因此，就形成统一市场、清除市场壁垒、公平竞争发展、提高资源配置效率的目标来说，首先需要政府自身的改革，尤其是要协调和平衡好产业政策与竞争政策之间的关系。这是因为从理论上看，产业政策发挥了政府的发展功能，加速推进了象征着国家强大的战略性产业，但是天然存在着容易造成不公平竞争、割裂统一市场的基础等缺陷；与此不同的是，竞争政策则限制了政府的发展功能，尤其是限制了行政垄断和国有企业的市场势力。竞争政策优先需要有效地抑制政府“有形的手”对市场的不适当的、过度的干预，因而可能会妨碍政府在发展中的能动作用。从实践上看，在中国目前的经济发展阶段上，与成熟的西方经济不同的是，发展取向的产业政策占据了政策的主导地位，而对统一市场的形成和运行具有举足轻重作用的竞争政策则退居其次。

中国经济当今面临的发展问题已经不是没有市场竞争，也不是没有市场自由，更不是没有发展竞争，而是缺少“平等竞争”，缺少自由竞争中的公平环境和条件。表现为行政垄断、行政干预、各种利益联盟和国有企业借助于产业政策等手段，严重扭曲市场的资源配置功能，降低了市场运行的效率，导致了严重的寻租和不公正，以及市场取向的改革严重走样。基于建设统一市场、扫除平等竞争的障碍的要求，更深层次的内部改革首先必须调整产业政策的行使方式，逐步确立以竞争政策为主导的政策态势。这也是区域统一市场建立从而成为区域发展一体化的制度基础，是贯彻落实十八届三中全会精神的主要政策取向和趋势所在。

市场竞相开放：区域一体化发展的基本内涵与核心

究竟什么样的地区间发展格局才能算是区域一体化发展？区域一体化发展的主要机制和相应的政策工具是什么？对这些涉及区域一体化发展的基本问题，还有许多的争议，有时意见竟然是完全相左的。这也从某种程度上印证了在转轨大国经济中，关于区域一体化发展实践经验的稀缺，可证伪的资源太少。其实，真正可能影响区域一体化发展进程和发展水平的因素没有别的，只有政府的行政壁垒，其他非行政因素都只能影响经济发展水平，而不会影响一体化发展的水平和程度。因此，破除各地的行政壁垒，最大限度地实施地区间的竞相开放，就是推进区域经济一体化的主要措施。以下我们以长三角区域一体化发展的研究为例，不妨把这些年一些具有较大影响的观点做一个深入的剖析。

观点一：自然条件和技术因素是导致长三角地区发展非一体化的原因。这种观点认为，长江、杭州湾这两个自然屏障，直接导致江苏的长江以北三市与杭州湾以北三市受上海的经济辐射程度低，从而形成两省南北两地发展的非一体化，使其无论是经济发展水平，还是社会发展水平都有一定差异。其实，这种观点混淆了自然条件和技术因素所导致的经济社会发展水平差距，与制度分割所导致的区域发展非一体化问题。区域间经济社会发展水平不可能完全均衡，相互之间有差异是极其正常的，而且，这些差异是激励发展的动力。有发展差距并不代表发展没有一体化，这是两个不同的概念。地区间发展有差距是必然的，但是制度的非一体化并不一定是必然的。即使是最发达的国家，地区间发展也有差距，有时甚至是较大的差异，但是人家的市场是是统一的，我们并不能断言它不是一体化发展。

观点二：现在上海仍处在增长极的初期，对周边地区的“极化效应”大于“扩散效应”，导致区域经济发展非一体化，表现为竞争大于合作。我们暂且不去评估现在上海是不是对周边地区的“极化效应”大于“扩散效应”，抑或相反，我们只想指出，用“极化效应”或“扩散效应”判断经济是不是处于一体化发展状态是不合适的。实际上，“极化效应”或“扩散效应”都是经济一体化过程中资源和要素流动的方向而已，都是十分正常的“人往高处走、水往低处流”的市场现象，它们本身就是区域竞争与合作状态表现，是经济一体化的具体表现形式。上海正是通过对资源和要素的极化和扩散效应来发挥向外链接全球网络、对内辐射区域腹地的世界区域门户城市的作用的。当然，实现这个过程的摩擦程度、社会成本的大小，反映了经济非一体化的程度。

观点三：产业布局上各自为政，重复布点严重，产业结构趋同状况加剧。如长三角地区的 16 个城市中，选择电子信息业的有 12 个，选择汽车作为重点发展产业的城市有 11 个，选择石化业的有 8 个。高新技术产业的发展也主要集中在信息技术产业、生物医药、新材料产业等方面。实际上，“各自为政”是“各为其主”，并没有什么不对。作为区域内民众利益的代理人，不“各为其政”才不正常。而且，一体化发展程度再高的区域，其产业结构也会有竞争趋同的现象。因为，产业结构的趋同是由于企业投资者根据不完全、不充分的信息进行决策，是企业投资行为缺少理性的结果，因此它与有限理性和不完全信息有关，而与市场一体化水平无关。只要是市场经济，就一定会有重复投资和重复布局，就会有产业结构的趋同，而不管这个市场是不是实现了一体化发展。重复和趋同并不可怕，可怕的是市场不存在自动结清机制。如果这样，就要以周期性的经济危机和生产力的强制毁坏为代价。一般来说，只要存在兼并收购机制，能够突破政府制造的、人为的市场壁垒，就能自动消除产能重复和过剩。

观点四：行政区划的存在，导致统一的市场体系被割裂，行政区产业结构呈现趋同态势，公共基础设施难以完全实现共建共享。确实，以行政区划为边界分割市场，是非一体化经济的显著特征。但是，有行政区划并不代表就一定会（要）导致统一的市场体系被割裂，以及一定会导致公共基础设施难以完全实现共建共享。现实世界中，哪里都有行政区划，哪个国家都必须按行政区划进行行政管理，这是由管理幅度和管理跨度这个规律决定的。有行政区划就有区内公民的独立的利益边界，但是独立的利益边界并不意味着它要通过行政割据的方式运作。恰恰相反，独立的利益需要通过竞相开放才能真正实现。为什么人家发达国家在有行政边界的条件下也没有出现对统一市场分割的情况？显然，行政边界不是市场非一体化的充分条件，运用行政手段分割市场利益边界才会出现市场的非一体化。

观点五：为了推进长三角区域发展一体化，有必要合并某些长三角地区的行政区域，使其置于统一领导之下。这个问题由于经常有人拿来说事，我们不妨多花一些篇幅进行驳斥。

用行政区域合并的方式解决经济非一体化问题，这方面过去比较激进、比较有影响的方案是："建议中央考虑扩大上海行政版图，将邻近的江苏昆山、浙江嵊泗等市县纳入上海行政区划，实现长江三角洲龙头扩容。"最近比较轰动的是中国社会科学院倪鹏飞课题组的激进方案，即在现有的行政区划之下，建设"江北上海"，同时通过行政区划调整将南通划入上海。这些方案虽然可以解决上海的发展空间、上海及周边产业群的整合与升级等问题，而且，从历史到现实，这些地区经济上与上海的联系本来就非常紧密，打破行政区划可以使上海得到更多的制度改进方面的边际收益；但是其实都是一种行政幻觉。

第一，从根本上解决行政体制所造成的发展问题，不能仅从行政体制的调整来考虑，而要从建立统一市场的角度来考虑，否则只能像以前计划经济年代那样，落入行政关系调整的怪圈。中国以前"条条、块块"关系的调整，都是在市场不发育的情况下，对集权分权状态的政府内部的纵向调整，由于没有充分发育的市场机制支撑，每次调整都没有产生实质性的成效。实践证明，在放开市场的同时转变政府行政职能，建设法治型、服务型政府，才有可能真正解决经济非一体化发展的体制问题。

第二，如果中国某一地区行政割据现象严重，就采取撤并现行行政地区的做法，那么统一版图中的行政区建立的严肃性何在？如果现有地方政府的经济功能不改革，还是那么深入地介入竞争型市场事务，那么随意撤并行政地区的做法，只会把原本小范围的行政摩擦，放大到更大范围中去，推广到极端，把整个长江流域都归并起来怎么样？把整个长江流域以南地区都归并为一个"南方行政区"又怎么样？因此，如果地方政府参与、控制和支配竞争性产业发展的功能不转换，即使整个国家都成为一个企业也不能解决问题。这不就是把全国作为一个工厂的计划经济为什么会失败的原因吗？为什么我们有些人一说要搞一体化经济区，就会想到改变行政区域的界线？其中的根本原因，笔者认为是计划经济的思维方式在作怪，过分迷信行政手段的力量，忽视或者根本不信任市场机制的作用。

观点六：长三角地区也要比照京津冀协同发展的要求，在两省一市上面成立行政协调领导小组，统一一体化发展事宜。2014 年 8 月，京津冀一体化的最大利好是“国务院成立京津冀协同发展的领导小组以及相应的办公室”的消息，而且由中央政治局常委、副总理张高丽担任组长。显然，京津冀协同发展领导小组是目前中国规格最高的区域经济发展小组，体现了可能会涉及三地“割肉之疼”的利益调整和推动京津冀一体化的决心。我们不能否定长三角地区也可能有这样的必要性，但是我们必须思考的问题是：第一，中国是一个幅员广大的差异极大的地区，如果每个地区搞一体化都要中央领导出面担任组长是不是合适？第二，如果国家以这种思路推进各地的一体化，是不是会重新分割中国的统一市场，并把地区层面的协调问题上升为更高层面的协调问题？第三，更重要的是，京津冀的协同发展问题与长三角地区有很大的不同，主要是京津冀地区没有一个像上海这样的经济地位处于绝对优势的无可争辩的经济中心。由于北京的定位是政治文化科技中心，而不是经济中心，因此它给其他地区所提供的降低交易成本、提高交易效率的功能非常有限。同时，因为长期执行这样的城市功能定位，使京津冀地区市场经济的发育和发展水平与长三角地区有很大的距离。在这样的行政主导体制中，为了迅速缓解北京面临的包括环境、交通和居住在内的各种压力，如果让其中一方协调另两方，肯定说不动；如果由各方组成一个协调机构，就成了一个“友谊俱乐部”，最后谁也说服不了谁。现在成立了一个超越地区的“国家级组织”来进行协调和规划，京津冀一体化的概念才能很快地落地。

区域一体化发展：基于市场的决定作用选择政策手段

习近平 2014 年 2 月就推进京津冀协同发展所提出的要求，首次界定了政府在区域发展一体化方面的基本职责和基本工作内容，也是长三角地区一体化发展中两省一市地方政府必须遵循的。如果我们对这些要求做一个一般化的概括，那么政府在其余一体化中的基本职能就是以下七个方面：一要负责一体化发展的相关规划的顶层设计；二要打破自家"一亩三分地"的思维定式，发挥合作发展协调机制的作用；三要理顺产业发展链条，形成区域间产业合理分布和上下游联动机制；四要调整优化城市布局和空间结构，促进城市分工协作和一体化；五要加强生态环境保护方面的合作；六要把交通一体化作为先行领域，构建现代化互联互通综合交通网络；七要推进市场一体化进程，破除限制生产要素自由流动和优化配置的体制机制障碍。

长三角一体化战略规划的贯彻执行，与最新的国家"两带一路"战略有很多的交集（即丝绸之路经济带和海上丝绸之路建设、推动长江经济带建设等国家战略）。作为中国经济增长的最重要的增长极地区，积极主动地参与这些战略，是长三角地区"两省一市"政府义不容辞的任务。为了达到长三角地区率先发展、一体化发展的目标，首先需要在原来"四个中心"目标建设的基础上，努力建设在全球有影响的科技中心，充分发挥上海在长三角地区合作和交流中的龙头带动作用。我们认为，以上海为中心完善合作协调机制，基于市场的决定作用可以选择的政策与手段主要是：

第一，学习欧洲人务实的精神，合作协调要从具体的项目合作开始做起，避免在范围广泛的领域中进行抽象议论和长时间讨论。当年法国外交部长舒曼所提出的重新整合欧洲的方案，之所以在众多方案中显得比别人高明，是因为该方案避开了在广泛领域中讨论欧洲未来的统一市场问题，而是抓住煤钢和原子能利用等这种具体的领域，制定切实可行的统一欧洲市场的计划，在法国、德国、意大利、比利时、荷兰和卢森堡等六国内部建立没有关税、没有配额、没有其他进入壁垒，从而可以实现产品生产流通自由化的共同体市场。与此相同的是，长三角地区也必须通过某些具体的项目行动来进行实实在在的联合，在这些以市场为导向的活动中，逐步打破区域行政壁垒，发展企业主体在区域间的自我联合、自我协调和自我发展机制。某些具体的、实实在在的联合战略构想和战略措施，可以是某些具体的基础设施如航空和港口的联合，也可以某个重大的科技合作研究项目，如新能源汽车使用和充电设施的一体化等等。

第二，把企业作为推进区域经济一体化的主体。与政府推进区域一体化发展的机制不同，企业跨地区发展将自动产生经济一体化发展的内生效应，而政府一般只能为推进区域一体化发展提供外在的环境。政府推进区域一体化发展的主要手段和工具是跨区域的共性的基础设施建设，以及在体制机制环境方面打破影响区域间生产要素自由流动和优化配置的障碍。考虑到基础设施的建设仍然需要以企业为主体，因此不管是中央政府还是地方政府，在制定推进区域一体化发展计划时，都要摆正自身与市场、与企业的关系，让企业作为利益主体就合作过程进行讨价还价，让企业成为一体化发展的主角，自己则尽量作为合作的搭台人，否则很难起到实质性的一体化效果并可能造成新的折腾。

第三，选择合适区域经济一体化发展的产业组织形式。产业发展是区域经济社会发展一体化的基础。从全球价值链理论看，GVC 在国内经济循环的背景下表现为 NVC。国内产业梯度发展格局，以及产品内分工的发展趋势，使中国 NVC 的产业组织形态表现为三种形式，这三种形式的 NVC 都会自动地、内生地产生经济一体化的发展效应：一是紧密型的、基于纵向一体化的企业集团的价值链。由于企业在其纵向一体化的边界内，往往可以用“管理的手”协调原先必须由各地政府谈判协商的跨地区事务，因此它是最直接的一体化形式。二是松散性的、基于市场公平交易的价值链。它的一体化效应的出现，必须最大限度地以降低政府政策和制度壁垒为前提。三是处于上述两者之间的、半紧密型的、基于被俘获的价值链。处于这种价值链高端的治理者，通过订单、技术指导和管理服务等实现对下游接包的供应商的控制。从产业配置上，今后可以设想，把产业集团总部放置在上海等生产性服务业发达的地区，而把其产业制造基地配置在长三角甚至泛长三角地区。前者降低长三角地区商品和服务生产的交易成本，而后者则可以降低长三角地区商品和服务生产的制造成本。

第四，在空间上以产业集群升级作为区域一体化的重要载体。长三角地区早年出现的块状形态的产业集群具有自发性、盲目性和无政府性等特点，其市场的边界往往超越行政边界，有些甚至发轫于、成长于多省市行政管辖薄弱的"边缘地带"。这些产业集群是模糊地域行政边界、实现按经济区域"极化—扩散"增长的现代生产力配置方式。从宏观上看，现代产业集群有制造业集群和服务业集群两种形式，其中服务业集群一般配置在交易成本低而制造成本高的特大城市和大城市，是知识资本、技术资本、人力资本密集的高地，而制造业集群则配置在与其成本形态相反的地区，"面对面"地接受来自服务业集群的高端化服务投入，这两者之间的协同配置体现为现代经济增长之中的"服务业—制造业"之间的一体化发展。在当今开放型经济中，产业集群还与全球价值链交互耦合，在共同的演化中实现高水准的产业升级，这种转型升级或者体现为迈克尔·波特的"钻石模型"所揭示的本地化产业升级，或者体现为汉弗莱和施密茨等学者所揭示的，全球价值链的内部治理结构优化如何提升产业集群的水平，或者体现为纳尔逊和温特等所研究的本地产业集群中企业通过相互学习、模仿和创新，促进其在全球价值链中附加值地位的提升。这些通过全球生产网络实现产业升级的过程，既是国内一体化发展的表现，也是与参与国际分工、与国际市场一体化的发展过程。

第五，政府要从注重产业政策转向注重竞争政策，统一有效的竞争规则可以避免政府对区域间贸易投资以及相应的生产要素流动的人为的政策限制。政府推动一体化的主要着力点是：(1) 清除妨碍区域间生产要素流动的政策；(2) 为资源和要素流动搭建平台；(3) 跨地区基础设施建设的区域合作。目前，长江三角洲地区难以建立一体化协调发展的格局的最根本原因是，在目前的地方政府主导发展的格局中，缺乏一个统一协调的有效竞争规则。根据欧共体创建和欧盟运行的实际经验，如果没有有效竞争规则的支撑，就无法在长三角地区大市场范围内协调各地区政府的行为，就无法使区域内的市场主体进行充分的、有效的、公平的市场竞争，就无法防止市场竞争被各地区行政权力和垄断势力扭曲以实现大市场范围内的资源有效配置。

为此，除了必须有效地限制地方政府参与市场竞争的行为和能力之外，还必须通过某些具体的协议，达成对各地区竞争规则的协调，最终达成全面的经济合作和发展的协议。要在全国统一的法律和政策体系的指导下，逐步修正和统一各成员地区的地区性法规和政策，废除与一体化有冲突的地区性政策和法规，协调各地既有的经济社会发展战略，以有意识地适应区域经济一体化的需要。竞争政策是保持市场统一的基本方法，目的是为了能让企业沿着竞争的路线去经营，消减各种形式的垄断和垄断利润，以保证经济运行的良好环境和激励企业在公平竞争基础上的创新。之所以要校正竞争秩序，是因为对竞争的扭曲会阻碍经济一体化的进程。如果各个地区所有商品的供给者都想方设法以不同的条件留住自己的客户，特别是其成员地区的地方政府都按其所在地区为边界制定市场竞争规则，那么一体化的市场根本不可能自动产生具有经济理性的利益边界，相反会导致大量的经济歧视和进入市场的障碍问题。因此，实施统一竞争规则的根本目的，就是要阻止单个企业、企业群体或者成员地区的地方政府在一体化市场内部制造那种有损于经济一体化的壁垒，如行政垄断和地区封锁政策等。

第六，鼓励区域内企业的收购兼并，必定会产生巨大的一体化效应。在竞争规则统一的基础上，我们要大力鼓励长三角和国内外的企业之间在长三角地区的兼并收购活动，鼓励在“走出去”的过程中，长三角地区的企业联合起来收购国外的企业。在这个过程中，必然会实现企业集中、市场集中和产业集聚。大力鼓励在长三角共同市场中进行跨地区的企业兼并活动，是长三角地区发展机制一体化的制度设计中，最需要学习欧共体的地方。跨地区的企业兼并活动，可以在本区域内产生以市场为导向的自我联合效应，自动产生一体化效应。正是因为看中这一兼并的一体化效应，1957年3月25日欧共体成员国签订的《罗马协议》以及后来的《欧共体条约》（它们是规制企业竞争行为准则），就没有包含西方国家通常所重视的具体的兼并控制方法。其愿望是要利用在欧共体内部的兼并特许政策，克服欧洲国家内部市场容量狭窄的弊端，形成规模经济体量，以便与美国、日本等强大的经济体竞争，加速欧洲经济的一体化进程。有鉴于此，在目前中国经济发展的阶段，我们还不能抽象地反对一般的市场兼并和市场垄断，而是要大力鼓励各地企业在长三角地区共同市场中进行跨地区的兼并重组。各地企业之间的资产兼并重组，是实现长三角地区经济一体化的最有效的微观基础和制度平台。

过去那种分散主义导向的盲目重复建设，在长三角地区遗留下了大量的无效企业和无效项目，造成区域经济结构和产业发展的高度低水平同构，同时我们又面临着西方发达国家巨型跨国公司的强力竞争，为了创造该地区更大的市场容量和建设中国的巨型跨国企业，长三角地区要把推动该地区企业特别是上市公司的兼并重组，作为经济一体化的重要手段和基石，这具有重要的市场结构重塑效应和竞争协调意义。如在参与“两带一路”建设中，长三角地区沿长江和城市的基础产业的建设要高标准先行。为了吸取以前大规模建设中盲目重复建设的教训，应该打破过去行政关系的地域壁垒，运用市场经济方法整合三地的基础设施投资和产业运作方式。具体来说，可以用资产重组和企业兼并为手段，组建若干个一体化运作的巨型控股企业集团，如在港口设施的建设上，可以在更高的层面上组建若干个港口股份公司，这样既可以防止新一轮的基础设施和支柱产业的盲目建设，也可以在一体化的企业内部形成区域竞争和协调能力。

第七，发挥上海自由贸易区在区域经济一体化中的作用。建设中国上海自由贸易区的重要目的,就是要为全面改革和扩大开放探索新途径、积累新经验。随着上海自贸区制度创新的深入推进和可推广、可复制的经验出台,长三角地区国家战略平台功能得到新的提升。各城市将主动对接,共享机遇,合作支持自贸区建设,争取自贸区改革创新经验尽快在区域内有条件地复制推广。近期如海关总署开展的区域通关一体化改革试点,以及海关监管创新的制度成果等,将首先在取得经验后尽快向长江经济带等地区推广和复制。同时,上海自贸区经验的复制和推广,也可以以多种形式进行探索,不一定非要拘泥于自贸区的身份;也就是说,在复制自贸区的政策方面,其他地区和城市不一定非要戴了"自贸区"这顶帽子才可以去做,而是可以先去做,打牢基础。如苏州工业园区设立中新合作金融创新试验区,让苏州工业园区内的企业可以到新加坡融资贷款、发行人民币债券;再如昆山深化两岸产业合作试验区,将通过推进两岸产业深度对接、两岸服务业和金融业合作,争取在深化两岸产业合作方面实现新突破,形成新亮点,构建新机制。未来各地区建立的类似于上海自贸区这样的制度创新载体和平台,应该承担一定的区域协调发展的功能,尤其要在实施负面清单管理、加大服务业开放等方面学习自贸区拆除政策壁垒、推进深度一体化的经验和做法。

参考文献

A. Deardorff, S. Djankov, 'Knowledge Transfer under Subcontracting：Evidence from Czech Firms', *World Development*, 2000（10）：1837—1847.

A. Hoecht, P. Tron, 'Innovation Risks of Strategic Outsourcing', *Technovation*, 2006（26）：672—681.

A. J. Glass, K. Saggi, 'Innovation and Wage Effects of International Outsouring', *European Economic Review*, 2001（45）：67—86.

Agnes Benassy, 'Exchange Rate Strategies in the Competition for Attracting Foreign Direct Investment', *Japanese and International Economy*, 2001.

Agnes Benassy, 'The Impact Exchange Rate Strategies on Trade and Foreign Direct Investment in China', *The Competitiveness of China's Economy*, 2001.

Amiti, M., 'Inter-industry Trade in Manufactures：Does Country Size Matter？', *Journal of International Economics*, 1998, 44（2）：231—255.

Amy Jocelyn Glass, Kamal Saggi, 'Innovation and Wage Effect of International Outsourcing', *European Economic Review*, 2001（45）：61—86.

Antweiler, Werner, and Daniel Trefler, Increasing Returns and all that：A View from Trade, University of British Columbia and University of Toronto, 1997.

Autor, D. H., D. Dorn & G. H. Hanson, 2011, 'the China Syndrome：Local Labor Market Effects of Import Competition in the United States', http：//www.nber.org/public_html/confer/ 2011/CE11/Autor_Dorn_Hanson.pdf.

C. K. Prahalad, G. Hamel, 'The Core Competence of the Corporation', *Harvard Business Review*, 1990, 68（3）：79—90.

Chandler, A. D., The United States：Evolution of Enterprise, in P. Mathias and M. M. Postan（eds.）, *The Cambridge Economic History of Europe*, Vol.VII, The

Industrial Economies：Capital，Labor and Enterprise，Cambridge UP，1978，70—133.

Chandler，A. D.，*Scale and Scope*，Cambridge，MA：Harvard University Press，1990.

Coe，Neil M.，'The Externalization of Producer Services Debate'，*The Service Industries Journal* 2000，20（2）：64—81.

Coe，W. R.，'The Growth of Producer Services Industries：Sorting Through the Externalization Debate'，*Growth and Change*，1991（22）：118—141.

Coffey，W. & Bailly，A.，'Producer Services and Flexible Production：an exploratory analysis'，*Growth and Change*，1991（22）：95—117.

Cohen，R. B.，'The New International Division of Labor，Multinational Corporations and Urban Hierarchy'，In Mear & Scott（eds），*Urbanisation and Urban planning in Capitalist Society*，1981，287—315，Methuen，London.

Cramer，C.，'Can Afriea Industrialize by Processing Primary Commodities？ The Case of Mozambican Cashew nuts'，*World Development*，1999，27（7）：1247—1266.

Feenstra，Robert C.，'Integration of trade and disintegration of Production in the Global Economy'，*Journal of Economic Perspective*，1998，Vol.12，no.4，Fall，pp.31—50.

Gereffi G.，'International trade and industrial upgrading in the apparel commodity chain'，*Journal of International Economies*，1999（48）：37—70.

Gereffi G.，Humphrey J.，Sturgeon T.，'The Governance of Global Value Chains'，*Review of International Political Economy*，2005，vol.12，Issue1，78—104.

Gereffi G.，Korzeniewicz，and M.（eds），1994，*Commodity Chains and Global Capitalism*，Westport：Praeger.

Gereffi，G.，'International Trade and Industrial Upgrading in the Apparel Commodity Chain'，*Journal of International Economics*，1999，48（1）：37—70.

Gillespie，A. E. and A. E. Green，'The changing geography of producer services employment in Britain'，*Regional Studies* 1987（21）：397—411.

H. Raff，M. Ruhr，Foreign Direct Investment in Producer Services：Theory and Empirical Evidence，CE Sifo Working Paper 598，2001.

Helpman，E. and P. Krugman，*Market St ructure and Foreign Trade*，Cambridge (Mass): MIT Press，1985.

Howard Pack，Kamal Saggi，'Vertical Technology Transfer via Inrernational Outsourcing'，*Journal of Development Economies*，2001（65）:359—451.

Hubert Schmitz，Industrial Dynamics，Innovation and Development，Paper to be presented at the DRUID Summer Conference 2004，Elsinore，Denmark，June，14—16.

Hummels，D.，Jun Ishi，Kei-MuYi，'The Nature and Growth of Vertical Specialization in World Trade'，*Journal of International Economics*，2001（54）：75—96.

Humphrey，J. and Schmitz，H.，2004，'Chain Governance and Upgrading: Taking

Stock', in Schmitz, H. (ed.), *Local Enterprises in the Global Economy: Issues of Governance and Upgrading*, Cheltenham: Elgar, 349—381.

Humphrey, J. and Schmitz, H., Governance and Upgrading: Linking Industrial Cluster and Global Value Chain, IDS Working Paper 120, Brighton: Institute of Development Studies, 2000.

Ichiro Otani, 'Adjusting Global Imbalances China' s Role and its Implications of Asian Countries', Resolving New Global and Regional Imbalances in an Era of Asian Integration, 2004.

J. H. Dunning, 'The Geographical Sources of the Competitiveness of Firms: Some Results of a New Survey', *Transnational Corporation*, 1996.

Krugman, P. R., 'Scale Economies, Product Differentiation, and the Pattern of Trade', *American Economic Review*, 1980, 70 (5): 950—959.

Krugman, P., Increasing Returns and Economic Geography, *The Journal of Political Economy*, 1991 (99): 483—499.

Krugman, Paul, 'Does Third World Growth Hurt First World Prosperity ?', *Harvard Business Review*, 1996 (72): 1113—1211.

Leamer, Edward E., In Search of Stloper-Samuelson Effects on U.S. Wages, NBER Working Paper no.1996, 5427, January.

Lin, Justin Y., Fang Cai, and Zhou Li., 1994, *The China Miracle: Development Strategy and Economic Reform*, Shanghai: People' s Press and Sanlian Press.

M. Belcourt, 'Outsourcing: the Benefits and the Risks', *Human Resource Management Review*, 2006 (16): 269—279.

M. E. Porter, 'Clusters and the New Economies of Competition', *Harvard Business Review*, 1998 (12): 10—12.

M. Oshima, T. Kao, J. Tower, 'Achieving Post-outsourcing Success', *Human Resources Planning*, 2005 (28): 7—12.

Markusen, J. R., 'Trade in Producer Services and Other Specialized Intermediate Inputs', *American Economic Review*, 1989 (79): 85—95.

Marshall, J-N., 'linkages between Manufacturing Industry and Business Services', *Environment and Planning*, 1982, A.14, 1523—1540.

Martin Andersson, 2004, Co-Location of Manufacturing & Producer Services: a Simultaneous Equation Approach, http://www.infa.kth.se/cesis/research/workpap.hem

Nelson, R. R., Why do firms differ, and how does it matter ? In Rumelt, R.P., D.E. Schendel and D. J. Teece (eds.), *Fundamental Issues in Strategy*, 247—269, Harvard Business Press, 1994.

O' Farrell, P- N., D.Hitchens, Producer Services and Regional Development: a Review of some Major Conceptual Policy and Research Issues', *Environment and*

Planning，1990，A.22，1141—1154，

Paolo Guerrieri and Valentina Meliciani，2003，International Competitiveness in Producer Services. Paper Prepared for the SETI Meeting in Rome.

Perry，M.，'Business Service Specialization and Regional Economic Change'，*Regional Studies*，1990（24）：195—209.

Raphael Kaplinsky，Mike Morris，2006，A Handbook for Value Chain Research，Prepared for the IDRC，http：//www.ids.ac.uk/global.

Reinhide Veugelers，Bruno Cassiman，'R&D Cooperation between Firms and Universities：Some Empirical Evidence From，Belgian Manufacturing'，*International of Industrial Organization*，2005（23）：355—379.

S. Bandyopadhyay，P. Pathak，'Knowledge Sharing and Cooperation in Outsouring Project：A Game Theorrtic Analysis'，*Decision Support System*，2007，43（2）：349—358.

Schmitz，H . Local Upgrading in Global Chains: Recent Findings，Paper to Be Presented at the DRUID Summer Conference，2004.

Schmitz，H. and Knorringa，P.，'Learning from global buyers'，*Journal of Development Studies*，2000，Vol.37，No.2，177—205.

Schmitz，H. and Knorringa，P.，Learning from Global Buyers，*Journal of Development Studies*，2000，37 .

Stigler，G. J.，'The Division of Labor is Limited by the Extent of The Market'，*Journal of Political Economy*，1951（3）：285—193.

Trevor A.Reeve，'Factor Endowments and Industrial Structure'，*Review of lnternational Economics*，2006，14（1）：30—53.

Tschetter，J.，'Producer services industries：Why are they growing so rapidly？' *Monthly Labor Review*，1987（11）：31—40.

United Nations Centre on Transnational Corporations（UNCTC）（1989），Foreign Direct Investment and Transnational Corporations in Services.

Vernon，R.，'International Investment and International Trade in the Product Cycle'，*Quarterly Journal of Economics*，1966（80）：190—207.

Wong，Yue-Chim Richard，and Tao，Zhigang，2000，'An Economies Study of Hong Kong' s Producer Service Sector and its Role in Supporting Manufacturing'，http：//www.hku.hk/ apec/research/pss/ps.pdf.

陈甬军：《论中国地区市场封锁问题》，《经济学家》，1992 年第 4 期。

程雪频：《奢侈品品牌的中国制造悬念》，《第一财经日报》，12—13—C6。

崔学臣、唐左：《外商对华直接投资的贸易效应》，《学术交流》，2003 年第 8 期。

高传胜、刘志彪：《生产性服务于长三角制造业的集聚发展》，《上海经济研究》，2005 年第 8 期。

高传胜:《生产性服务业与经济国际化:藕合性与互动发展》,《现代经济探讨》,2004年第11期。

格鲁伯·G.赫伯特、沃克·A.迈克尔:《服务业的增长:原因与影响》,上海三联书店,1993年。

黄小鹏:《产业政策泛滥成灾何时休》,《证券时报》,2013年09月24日。

江波户哲夫:《盛田昭夫》,东方出版社,2010年。

江静、刘志彪:《商务成本:长三角产业分布新格局的决定因素考察》,《上海经济研究》,2006年第11期。

杰里·贾西诺斯基、罗伯特·哈姆林:《美国制造》,华夏出版社,2006年。

林毅夫、蔡昉、李周:《中国的奇迹:发展战略于经济改革》,上海三联书店,1999年。

林毅夫:《现在已经到了把双轨制一律都消除掉的时候》,下载于http://theory.people.com.cn/BIG5/n/2013/0916/c40531-22934299-2.htm。

刘丹鹭、岳中刚:《逆向研发外包与中国企业成长——基于长江三角洲地区自主汽车品牌的案例研究》,《产业经济研究》,2011年第4期。

刘志彪、吴福象:《贸易一体化与生产非一体化》,《中国社会科学》,2006年第2期。

刘志彪、张杰:《全球代工体系下发展中国家俘获式网络的形成、突破与对策》,《中国工业经济》,2007年第5期。

刘志彪、张杰等:《全球价值链视角下中国东部地区外向经济发展》,中国财政经济出版社,2009年。

刘志彪:《产业经济学》,南京大学出版社,1996年。

刘志彪:《发展现代生产性服务业与调整优化制造业结构》,《南京大学学报》,2006年第5期。

刘志彪:《基于内需的经济全球化:中国分享第二波全球化红利的战略选择》,《南京大学学报》,2012年第2期。

刘志彪:《论现代生产性服务业发展的基本规律》,《中国经济问题》,2006年第1期。

刘志彪:《论以生产性服务业为主导的现代经济增长》,《中国经济问题》,2001年第1期。

刘志彪:《全球价值链中中国外向型经济战略的提升》,《中国经济问题》,2007年第1期。

刘志彪:《战略理念与实现机制:中国的第二波经济全球化》,《学术月刊》,2013年第1期。

刘志彪:《中国沿海地区制造业发展:国际代工模式与创新》,《南开经济研究》,2005年第5期。

卢锋:《产品内分工:一个分析框架》,北京:北京大学中国经济中心讨论稿系列,No.C2004005。

迈克尔·波特:《国家竞争优势》,华夏出版社,2002年。

迈克尔·波特:《竞争论》,中信出版社,2003年。

茅于轼:《谁妨碍了我们致富》,广东经济出版社,1999年。

聂伟柱:《中国去年已成最大资本净输出国》, http : //dycj.ynet. com/3.1/1112/06/6569942. html。

裴敏欣:《中国:一个缺乏全球化准备的世界大国》, http : //www.zaobao.com/wencui/2012/01/ft120109a.shtml。

钱伯海:《国民经济学》,中国经济出版社,1992 年。

瞿宛文:《代工、品牌与产业升级》, http : //www.econ.ntu.edu.tw/sem-paper/93_1/indu_93120pdf/2005-02-02。

沈利生、王恒:《增加值率下降意味着什么?》,《经济研究》,2006 年第 3 期。

斯蒂格勒:《产业组织与政府管制》,上海三联书店,1989 年。

托马斯·弗里德曼:《世界是平的—— 21 世纪简史》,湖南科学技术出版社,2006 年。

汪德华、张再金、白重恩:《政府规模、法治水平与服务业发展》,《经济研究》,2007 年第 6 期。

王俊秀:《中国制造业长期处于全球价值链的中低端》, http : //intl.ce.cn/sjjj/qy/201112/08/ t20111208_22900637.shtml。

西奥多·W. 舒尔茨:《论人力资本投资》,北京经济学院出版社,1990 年。

杨小凯:《专业化与经济组织》,经济科学出版社,1999 年。

杨迤:《外商直接投资对中国进出口影响的相关分析》,《世界经济》,2000 年第 2 期。

杨治:《产业经济学导论》,中国人民大学出版社,1985 年。

翟宛文, Alice H. Amsden,《超越后进发展:台湾的产业升级策略》,中国台北联经出版社,2006 年。

张辉:《全球价值链理论与中国产业发展研究》,《中国工业经济》,2004 年第 5 期。

张辉:《全球价值链动力机制与产业发展策略》,《中国工业经济》,2006 年第 1 期。

张辉:《全球价值链下地方产业升级模式研究》,《中国工业经济》,2005 年第 9 期。

张杰、张培丽、黄泰岩:《市场分割推动了中国企业出口吗?》,《经济研究》,2010 年第 8 期。

甄峰等,《西方生产性服务业研究述评》,《南京大学学报》,2001 年第 3 期。

朱玉杰、于懂:《外商直接投资对中国对外贸易影响的实证分析》,《财经问题研究》,2004 年第 10 期。

附：以全球价值链视野研究经济全球化与中国产业发展问题

——刘志彪教授访谈

刘志彪：经济学教授，南京大学博士生导师，教育部社会科学委员会经济学部委员、“长江学者”特聘教授。

访谈者：楚明钦，南京大学经济学院博士研究生

问：刘老师，您长期以来一直从事产业经济研究，学术界对您在中国产业理论与政策方面的贡献给予了积极的评价和认同。您在不同场合经常提到，您是以产业经济学作为“据点”，不断“侵略”其他学科的。如今，世界经济的全球化浪潮持续推进，中国开放型经济发展的程度日益深化，您是从什么角度将经济的全球化与中国产业发展联系起来的呢？

答：改革开放后特别是1992年以来，中国制造业凭借低廉的生产要素和优良的基础设施，通过切入全球价值链，迅速融入到经济全球化浪潮中。伴随着国际分工的深化和跨国公司的持续发展，经济全球化也引致了国际贸易内容和性质的深刻变化。国际分工形式也逐渐由传统的产业间分工转向产业内分工，又从产业内分工演进到产品内分工。因此，国际贸易的内容依托于产业内的产品或要素，开放经济条件下产业内产品或要素的贸易模式表现为国际贸易。在全球价值链主导的贸易模式

下，中国产业发展的关联效应被割裂了。在此境况下，更应关注全球价值链分工体系下的中国产业升级问题。

我在《经济理论与经济管理》2001年第10期的《垂直专业化：经济全球化中的贸易和生产模式》一文中，较早地在国内提出了“垂直专业化”的概念。其指的是在产品生产过程中，中间产品贸易形成了跨越许多国家的垂直性贸易链，每个国家只专业化生产产品连续生产过程的某一个或几个特殊环节。当进口中间品被用于生产商品再出口时，就出现了垂直专业化。垂直专业化一般由跨国公司主导，它可以由多个国家的多个独立的跨国公司通过生产的紧密联系，共同组成上下游产业垂直专业化生产的链条；也可以是一家跨国公司在总部遥控指挥下，由分布在各个国家的下属公司分别完成整个产品生产流程的特定阶段。

问：改革开放以来，中国沿海地区出现了以消费品为主要内容的“出口奇迹”，您和您的博士生巫强在《经济研究》2009年第6期发表的《中国沿海地区出口奇迹的发生机制分析》对这一现象进行了理论分析，并且在您的指导下，巫强的博士论文获得了2010年全国百篇优秀博士论文，您能谈谈这方面的内容吗？

答：在改革开放政策引导下，出口已经成为带动中国经济增长的“发动机”。2009年中国即已成为世界第一出口大国，但是中国的出口产品主要是以初级的服装鞋帽、玩具、电子产品等劳动密集型消费品为主。在中国消费品出口高速增长的背后，中国进口的机器设备比重也非常高，并且主要集中在出口比重比较高的长三角和珠三角等沿海地区。

由于中国出口企业与国外发包企业存在密切的产品链供应关系，中国沿海地区出现了消费品出口比重高，进口的机器设备比重也异常高的“双高”现象，但这种“双高”现象的背后却存在着密切的关联。由于出口的商品主要是最终消费品，而其生产过程中最重要的中间投入就是机器设备。中国出口企业为了顺利实现出口，其生产的产品必须满足国外消费者的“苛刻”要求，并且国外政府又设置了层层贸易壁垒，这些都要求出口厂商所使用的机器设备能生产出满足"国际质量"的产品。但是中国本土装备制造业本身技术水平落后，其所提供的机器设备难以满足国外"挑剔"客户的需求。在此背景下，沿海地区的出口厂商只能被动地依靠大规模进口国外先进机器设备来跨域"技术差距"，进而弥补"质量差距"。因此，中国沿海地区机器设备进口比重高，可以在某种程度上解释消费品出口比重高，也就是"进口引致型出口"。与此同时，大量进口国外先进的机器设备却进一步抑制中西部地区本土装备制造业"技术能力"和"市场能力"的发展。

关于出口增长的影响因素，诸多学者进行了有益而丰富的探讨，取得了丰硕的成果。我和张杰在《经济研究》2009 年第 8 期的《中国本土制造业企业出口决定因素的实证分析》一文中，就江苏省 342 家本土制造业企业的调查问卷，深入分析了企业出口的决定因素。研究发现，中国本土企业与国外发包企业如果存在密切的产品供应链关系，将会显著提升企业的出口密集度。因此，中国企业出口的增长主要源于低成本的劳动禀赋优势与处于全球价值链低端的国际代工等因素的结合。但是，技术创新、人力资本和资本密集度等因素并不是中国企业出口扩张的决定因素，这说明了中国企业的出口不但不是依赖于自主创新，反而更加制约了出口企业的自主创新。

问：刘老师，我知道在此之前，您的博士生吴福象的博士论文就摘得了 2008 年全国百篇优秀博士论文提名奖，并且您和吴福象对"贸易一体化与生产非一体化"等理论进行了深入研究，您能谈谈这些背景吗？

答：近三十年来，世界各国进出口贸易额占 GDP 的比重迅速增长，而中间投入品在世界各国进出口贸易额中的比重更大。跨国公司生产活动已经不局限于企业内部，而是倾向于采用外包，从而出现了"生产非一体化"。芬斯特拉早在 1998 年就指出了"生产非一体化与贸易一体化存在共生关系、中间品贸易比重与国家间相似程度成正比"的假说。关于这个问题，我和我的博士生吴福象在《中国工业经济》2005 年第 7 期的《全球化经济中的生产非一体化——基于江苏投入产出表的实证研究》中就已经进行了验证。生产非一体化理论一般可以用市场规模理论和交易成本理论进行解释,但是缺乏实证分析。改革开放之后,中国进出口贸易迅猛增长,加快推进了贸易一体化的进程,交易费用大幅度降低,从而为用贸易一体化来解释生产非一体化提供了很好的机会。

在2005年《中国工业经济》所发表的一文中,我们首先构建了生产非一体化与贸易一体化的指标,分别用对外贸易依存度、净出口竞争指数以及RCA指数来度量贸易一体化,用出口商品中所包含的进口中间投入比重来表示生产非一体化。通过对江苏制造业贸易一体化与生产非一体化关系进行实证检验,发现贸易一体化与生产非一体化存在显著的共生关系,二者相互促进。长三角地区的对外贸易中,中间品贸易比重非常大,而中间品贸易又是生产非一体化的重要条件,生产非一体化程度的提升又促进了贸易一体化程度提升。

在2006年我和吴福象在《中国社会科学》第2期发表的《贸易一体化与生产非一体化——基于经济全球化两个重要假说的实证研究》一文中,我们进一步选取世界银行1999年至2003年180个国家和地区的数据,分别对180个国家和地区、亚洲经济体以及长三角地区进行实证检验。结果表明,世界范围的人均收入水平越接近,贸易一体化程度越高;贸易一体化与生产非一体化确实存在着内在的相互传导机制,并且贸易一体化起决定性作用,中间品贸易是重要的传输通道。同时,通过格兰杰因果关系检验发现,二者之间的传导机制需要通过资本化指数以及专业化指数间接传导。

在对贸易一体化与生产非一体化展开宏观分析的基础上,我和吴福象在《中国社会科学》2009年第1期发表的《中国贸易量增长之谜的微观经济分析:1978—2007》一文中,对中国贸易量增长之谜进行了微观分析。经济全球化过程中企业的组织结构发生了纵向分离,跨国公司把企业生产工序、零部件等生产环节外包给其他国家,从而使得产品内分工跨越国家边界，并带来了“膨胀式”的跨国“贸易流”。跨国公司对生产工序的空间垂直分离，在微观上使企业的生产非一体化与东道国宏观贸易量的增长有着密切的内生互动关系，但是其必须通过贸易技术、贸易政策以及人力资本才能更好发挥传导作用。

问：现在大家都说中国已经成为“世界制造工厂”，但是中国经济的可持续发展不能完全依赖处于全球价值链低端的规模扩张，最终依靠的还是自主创新。刘老师，那您认为中国制造业创新活动的关键影响因素又是什么？

答：2005年6月至12月间，江苏省发改委对江苏省16个制造行业自主创新与产业升级行为展开了问卷调查。通过对这些问卷调查数据的整理分析，我和张杰等人在《管理世界》2007年第6期发表了《中国制造业企业创新活动的关键影响因素研究——基于江苏省制造业企业问卷的分析》一文。这篇文章对正确识别中国制造企业创新活动的影响因素及行为模式，为制造业创新行为设计有效的激励政策，为有效促进中国制造业创新行为提供了依据。

我们在利用江苏省制造企业大量调查问卷数据的基础上，从微观层面分析了制造企业创新行为的关键影响因素。结果表明，制造业规模的扩大促进了中国制造业自主创新能力的形成，但是这种促进作用发挥到一定程度会出现衰减。因此，中国制造业自主创新存在着规模“门槛效应”，只有制造业规模达到一定“门槛”，具备一定的实力后才有可能主动创新；由于中国制造业集群还处于低级的“扎堆”状态，还未形成创新型网络，集聚效应对制造企业自主创新具有一定的抑制作用；出口因素对制造企业创新行为的影响比较复杂，表现在制造企业创新行为随着出口的增长呈现非线性的“俘获”效应。发达国家设置的质量与技术壁垒、环境规制等措施，确实对中国制造企业创新行为起到一定的促进作用，但是中国制造企业的出口行为“被俘获”于低成本、低价格的模式中，从而会抑制创新强度。

利用这些江苏省制造业企业问卷调查数据，我和张杰等人又在《中国工业经济》2007 年第 7 期发表的《产业链定位、分工与集聚如何影响企业创新——基于江苏省制造业企业问卷调查的实证研究》一文中指出，处于产业链终端环节的制造企业创新行为并不明显；多数具备高创新、高研发行为的制造企业通常采用分工较弱的一体化战略，而在一些创新型行为低、劳动密集型行业以及技术成熟性的、规模投资较多的行业通常采用分工程度较强的非一体化战略。在提升制造业创新行为方面，产业终端环节与核心技术环节起到了重要作用。

问：长期以来，中国以低端要素的禀赋优势切入全球价值链，而东部沿海地区尤其是长三角却形成了极为显著的“依附经济”，这导致中国本土产业被锁定在全球价值链的低端，进而带来“贫困式增长”。刘老师，您认为中国东部地区的制造企业应该如何超越“国际代工”的角色呢？

答：中国东部地区通过引进外商直接投资进行加工贸易，或者主动承接发达国家制造业的外包。在此过程中，发达国家跨国公司起着主导作用，占据了全球价值链中附加值较高的增值环节，同时依托 FDI 企业来承接外包订单。但是，这种发展模式存在着较大的不稳定性。我在《中国经济问题》2007 年第 1 期发表的《全球价值链中中国外向型经济战略的提升——以长三角地区为例》一文中进行了具体分析。长三角地区如果把自己定位于专业化生产低级要素投入的产品时，并不能排斥其它像越南、印度等要素成本更低的经济体加入竞争；并且在全球价值链网络中，中国代工企业很容易被“锁定”在全球价值链低端，其任何实质性的升级“突围”式努力，都将被全球价值链“高端”环节阻击。例如，历史上拉美国家也曾出现过外向型经济发展的“辉煌”时期，但当中国加入国际市场竞争之后，这些地区的产业集群出现了巨大的衰退。虽然通过外资代工模式可以很容易实现工艺升级和产品升级，但是功能升级和链的升级在这种模式下很难跨越。

关于这个问题，我在《中国经济问题》2010 年第 1 期发表的《中国东部沿海地区外向型经济转型升级与对策思考》一文中又做了进一步分析。该文指出，虽然中国东部沿海地区通过发展外向型经济，增加了地区税收、外汇、低素质劳动力的就业等，但是出现了代工等于“微利化”的“发展困境”；沿海地区出口企业自主选择产业升级的空间被抑制；沿海地区把自己定位于全球价值链的低端，同时又源源不断吸收了中西部初级要素资源，导致中西部区域差距更加明显。为了满足国外市场的“挑剔”需求，国内出口企业需要动态引进更加先进的机器设备，从而打乱了中国区域之间的产业布局和分工。由于中国东部沿海地区长期陷入制造业代工模式，导致了制造业与本土生产性服务业的“脑体分离”，并抑制了中国高级生产性服务业的市场发育。中国东部沿海地区的外向型经济是非常脆弱的，一旦遇到外部经济环境的冲击，将会造成大量工人的失业和经济下滑。

东部沿海地区尤其是长三角承载着中国“率先实现两个现代化”的重要任务，在“后危机时代”的新一轮全球竞争中，“欧美消费、中国生产”的“国际代工”模式必须迅速改变。东部地区要通过发展先进制造业和现代服务业，通过人力资本和技术资本投入实现全球价值链攀升，从纯粹的外向型经济向开放性创新型经济转变。为此，东部地区要发展自身的高端需求，借助扩大内需之机将国外市场转到国内市场，通过构建本地化的营销网络摆脱国际大卖家的过度依赖；在东部地区转型升级中，要根据自己的国情，发挥自己的比较优势，适当保护劳动密集型产业跨区域转移与出口发展；在融入全球价值链的背景下，中国东部与中西部地区要实现产业的跨区域分工与协作，有效衔接全球价值链与国家价值链。中国本土制造业在参与全球化的进程中，由于缺少生产性服务等高级要素的投入，导致缺乏“翅膀”和“脑袋”，因此需发展高级生产性服务业来优化调整本土制造业结构。

问：中国如果继续定位于“GVC 低端”，将会继续遭受价值链治理者的俘获和盘剥，如果试图摆脱由跨国公司主导的 GVC 分工体系，则可能错过全球化给中国带来的机遇。请问刘老师，您认为应该如何处理“短期增长和长期发展”的矛盾呢？

答：中国要想从“中国制造”向“中国创造”转变，就要从“被俘获的 GVC”中突围。在突围的过程中还要重构中国本土的 NVC 即国家价值链，使国家价值链与全球价值链并行，并实现国家价值链与全球价值链的无缝对接。对于这个问题，我和我的博士生张杰在《中国工业经济》2007 年第 5 期发表的《全球代工体系下发展中国家俘获型网络的形成、突破与对策——基于 GVC 与 NVC 的比较视角》一文中，对 GVC 与 NVC 进行了比较分析。研究发现，发展中国家在现有的全球价值链体系中，已经形成了“被俘获型”的网络治理关系。由于发达国家拥有较强的“技术势力”与“市场势力”，以致发展中国家在向价值链高端攀升过程中，无法实现“功能升级”与“链的升级”。而国家价值链 NVC 的构建，将对发展中国家摆脱 GVC 下“被俘获”地位提供了可行路径。

我在《学术月刊》2009 年 9 月发表的《从融入全球价值链到构建国家价值链：中国产业升级的战略思考》一文中对这个问题展开了进一步的论述。通过重构 NVC，可以把 GVC 中的外围被动依赖关系转变为“以我为主”的主动控制性关系，可以把 GVC 中的低端地位转变为 NVC 中的高端地位，可以把 GVC 中的打工者关系转变为 NVC 中的“老板”关系。但是在重构 NVC 的过程中，并不是说要恢复计划经济时代的“封闭”模式，也不是要把“出口导向”转变为“进口替代”，而是在融入 GVC 的基础上，重新整合本土企业固有的产业关联和循环体系，把原有的价值链治理结构重新整合，把中国东中西部的产业关联关系重新调整。

另外，我和巫强在《中国工业经济》2010 年第 3 期发表的《双边交易平台下构建国家价值链的条件、瓶颈与突破——基于山寨手机与传统手机产业链与价值链的比较分析》一文中，通过案例指出，构建国家价值链主要有基于双边交易平台载体的专业化市场模式和基于单边交易平台载体模式。我们通过山寨手机与传统手机产业链与价值链的比较分析，认为专业化市场模式是构建中国国家价值链更为可行的模式。同时发现，国家价值链成长于国内多层次的本土市场需求，政府在推进国家价值链构建过程中应该适度保护国内市场。另外，成熟的产业背景以及企业的适应性创新也是构建国家价值链的必要条件。在此基础上，行业领先企业要通过策略性行为促进双边交易平台载体与单边交易平台载体的自发对接；政府在此过程中要创造良好的市场竞争秩序、促进并规范专业化市场的形成。

问：改革开放以来，中国主动承接发达国家制造业外包，铸就了享誉全球的“世界工厂”地位。随着发达国家“服务经济”的高速发展以及结构分化，外包的内容逐渐从制造业向服务业转变。刘老师，您认为在中国产业升级的过程中，是否应抓住“服务业外包”的机遇，主动承接服务业外包呢？此外，制造业外包与服务业外包又有哪些区别呢？

答：你说得对！弗里德曼的“全球化 3.0”时代里，外包把世界各国的竞争平台推平。但是，在中国有大量承接制造业外包基础的条件下，大力推进服务业外包是深度进入“平坦世界”的机遇。我在《南京大学学报》（哲学、人文科学、社会科学版）2007 年第 4 期发表的《服务业外包与中国新经济力量的战略崛起》一文指出，服务业外包是全球化经济发展的新阶段，跨国企业为了使财务结构优化而要把部分非核心服务业务外包以降低成本。跨国公司为了集聚核心的战略性业务，或者为了提升服务质量外包服务业，或者部分服务业务在企业内部难以开发而需要外包部分服务业。由于服务业与制造业存在协同定位的特征，而制造业外包是服务业外包的基础，因此中国承接服务业外包具有得天独厚的优势。

但是，制造业外包和服务业外包在所依托的基础设施、所依赖的生产要素以及所付出的成本方面都有很大的不同。制造业外包的一般是发达国家相对成熟的技术，对加工制造的成本相对比较敏感。如果东道国的基础设施不完善，就会增加制造业外包的成本；而服务业外包具有知识资本和人力资本密集的特征，依赖于优越的交易制度和尽可能小的交易成本。制造业外包需要的是廉价的一线操作工人，外包企业获取的只是加工费。中国具有庞大的廉价劳动力队伍，并且国内政治比较稳定，从而成为承接制造业外包的最佳平台；服务业外包需要大量受过专门训练的高素质劳动力，而中国近些年的人力资本水平大幅度提升。制造业外包需要投入大量物质资本等固定资产购置，因此会产生一定的外生性沉淀成本；而服务业外包需要大量人力资本和研发投入，这些都是内生性沉淀成本。因此，从制造业外包到服务业外包，需要全面调整中国长期以来的制造业外包战略，实现服务业外包与制造业外包的协同推进。

问：在全球价值链背景下，知识产权保护是发达国家在产品内国际分工中作为价值链治理者获取收益和阻止发展中国家"赶超"的强有力武器。自20世纪90年代以来，中国制造业借助代工方式切入全球价值链，但在向价值链高端攀升过程中是否也要实施高水平的知识产权保护呢？

答：对于这个问题，我和我的博士生张建忠在《中国工业经济》2011年第6期发表的《知识产权保护与"赶超陷阱"——基于GVC治理者控制的视角》一文中进行了具体分析。在全球价值链中，发展中国家处于"被俘获"的地位，而当其想要赶超时，GVC链主则会通过"围追堵截"等策略来阻挠。强知识产权保护对于全球价值链中的发达国家与发展中国家作用机制是不一样的，强知识产权保护可以让发展中国家吸引到更多的全球价值链"链主"，并能使"链主"通过知识产权保护等手段防止"技术外泄"。但是，强知识产权保护却要发展中国家支付高昂的技术许可费用，引进的技术也需要代工企业长期的技术积累来嫁接，而高昂的技术引进费用则会侵蚀到代工企业长期积累的利润基础，从而导致低端代工者陷入"赶超陷阱"。因此，强知识产权保护会拉大全球价值链中链主与本土企业的"技术差距"。

强知识产权保护其实是一把"双刃剑"。知识产权保护对于发展中国家的积极作用，在于引进先进技术过程中的消化、吸收以及创新能力。发展中国家要处理好知识产权保护与产业链攀升之间的关系。当产业升级处于产品升级与工艺升级阶段时，模仿创新和适应性创新应该采取相对弱的知识产权模式，如工业化国家在发展早期并没有实行严格的知识产权保护制度。但是，当产业升级处于功能升级和链的升级阶段时，应该采取强知识产权模式。因此，发展中国家应该有步骤地采取渐进式的、适合本国自主创新能力的、适度的知识产权保护制度，从而避免本土代工企业掉进“赶超陷阱”。

问：刘老师，您在《南京大学学报》（哲学、人文科学、社会科学版）2012年第2期中提出了“第二波经济全球化”的概念，并从基于内需的角度进行了系统分析；您是基于什么背景提出了“第二波经济全球化”呢？既然是“第二波全球化”，那与“第一波全球化”又有什么不同呢？

答：“第二波经济全球化”简单的说就是“利用本国的市场、用足国外的高级生产要素，尤其是利用其创新要素发展本国的创新经济”，也就是发展基于内需的全球化经济。例如，美国就是一个典型的基于内需的利用国外生产要素发展全球化经济的国家。首先，美国民众收入水平高并且购买力强，市场规模处于全球首位，在全球价值链中处于市场驱动型的“价值链治理者”角色。其次，美国强势的美元地位吸引了全球生产要素向美国转移，带来了奉行“出口导向”的国家大量向其出口，从而获得了大量低成本的要素和产出品。再次，美国巨大的国内市场虹吸了全球创新要素，例如美国吸收的外商直接投资最多，并且美国全球顶尖人才富集度最高。

1992年以来，中国坚定地推行改革开放政策，特别是在把握加入WTO的机遇下，中国凭借自身丰裕的要素禀赋优势，积极参与国际产品内分工，大量引进外商直接投资发展加工贸易。“第一波全球化”是基于出口导向的全球化，而“第二波全球化”是基于内需经济的全球化。两者不同之处还表现在：第一，“第一波全球化”的前提条件是国内收入水平低，国内需求不足；而“第二波全球化”的前提条件是提升生产要素的质量和生产率。第二，“第一波全球化”的战略目的是大量出口获取外汇；

而“第二波全球化”的战略目的则是利用国外高级要素发展本国创新经济。第三,“第一波全球化”的战略核心为“用市场换技术”;“第二波全球化”的战略核心为利用国外高级要素发展本国创新经济。第四,“第一波全球化”的战略路径是以低端要素加入全球价值链;“第二波全球化”的战略路径是中国跨国公司处于价值链高端并进行发包,并利用国家价值链成长为全球创新链。第五,“第一波全球化”的实施方法是招商引资等“引进来”方式;“第二波全球化”的实施方法主要是“走出去”,海外设厂或海外并购,获取海外高级要素。第六,“第一波全球化”所依赖的产业主要是可供出口的劳动密集型重化工业等;“第二波全球化”所依赖的产业为先进制造业以及高级生产性服务业等。

问:您认为“第二波全球化”应以扩大内需为基础,但扩大内需与全球化战略是不是有冲突呢?通过您刚才的分析,“第一波全球化”和“第二波全球化”有很大的不同,如果要从“第一波全球化”顺利转向“第二波全球化”,它们之间的衔接点在哪里? “第二波经济全球化”的实现机制又是什么呢?

答:我在《学术月刊》2013 年第 1 期发表的《战略理念与实现机制:中国的第二波经济全球化》一文中指出,扩大内需不仅不会和全球化相矛盾,恰恰相反,它是经济全球化在新的发展阶段的高级化。扩大内需是培育本国市场对国内外产品的需求能力,扩大内需可以以开放的方式进行,就是利用国外要素在本国加工生产,并在本国或国外其他市场销售;扩大内需也可以以封闭的方式进行,通过国家价值链完成产业增值过程,而不与国际经济发生联系。相反,如果市场规模扩大之后,按照母国市场效应理论,扩大内需可能会更好地促进出口。因此,基于内需的全球化,就是要吸收全球优质的创新要素,利用本国的市场规模来加速发展自己。“第一波全球化”与“第二波全球化”能不能衔接的关键在于塑造出大批处于 NVC 高端的中国本土跨国公司,这些跨国公司主要从事研发、设计、金融、物流以及网络营销等高级生产性服务业,并能把处于全球价值链供应体系中的中国代工企业转化为全球创新链（GIC）的重要组成部分。

中国要能成功的分享"第二波全球化"红利，基础是培育全球性城市。全球性城市除了指城市的规模以外，更多指高度开放的城市形象以及内涵，具备高度的承载和容纳能力，能够充分彰显个性和特色。此外，全球性城市还需要具有全球性功能的基础设施，城市管理能力、创业环境以及人居环境也要具有全球水准。"第二波全球化"的主体是全球性产业。全球性产业要求按照比较优势原则把产业活动各环节配置在全球各国家，形成新一轮国际产品内分工格局，并可以进行全球价值链协调。中国要专注于产品价值链的某一环节，通过干中学效应，最终实现培育"小巨人"以及世界品牌。"第二波全球化"的主角是全球化企业。全球化企业核心特质就是具有全球化的经营理念和经营特质，它可以把中国在全球价值链中"被俘获"的地位扭转为国家价值链"控制者"地位。中国企业需要在国内大规模兼并重组，逐步培育出民营性质的巨型跨国公司。"第二波全球化"的核心是全球化人才。全球化的高层次人才具有强烈的创新意识以及全球化视野，掌握国际前沿专业性知识，熟悉国际惯例，并且具备较强的跨文化沟通能力。

问：刘老师，发达国家目前绝大多数都已进入"服务经济"社会。一般大家都认为，人均收入水平高，经济发达的地区服务业比重都比较高。但是，在中国区域经济发展中，却出现了令人疑惑的现象。例如，像江浙等部分沿海发达省份，其经济总量虽已达到较高层次，但服务业的比重却始终低于全国平均水平，您能解释一下其中的原因吗？

答：你这个问题很好！库兹涅茨的三次产业结构演化理论是从二十多个发达国家一百多年的历史数据中总结出来的，但是它适用于具有比较完整的且相对独立的国民经济体系，例如适用于一个国家或一个相对独立的大都市区（例如长三角、珠三角等）。而对于一个经济体系并不完整，或者缺少相对独立性的非大都市区，例如某一个省或某一个行政区，三次产业结构演化规模并不适用。确实，在制造业比较发达的江苏，像苏州等城市差不多已经接近中等偏上国家收入水平，但是其服务业比重经常拖后腿。同样类似的浙江，也长期存在制造业比重比较高而服务业比重却较低的现象。由此可见，服务业比重低可能是中国制造业比较发达地区的通病。但是，长三角都市经济区作为一个整体，还是可以用三次产业结构演化理论进行解释的。

我在《南京大学学报》《哲学人文社会科学版》2011年第3期发表的《为什么中国发达地区的服务业比重反而较低？——兼论中国现代服务业发展的新思路》一文中指出，大都市区经济发展和非都市区经济存在根本的差异。大都市区经济可以描述为以现代服务业主导的国民经济各部门协调发展历程，在大都市区内部可以实现产业的分工与合作；但是，非大都市区经济不可能形成门类齐全的国民经济体系，产业结构往往集中于某几个优势部门；现代服务业与制造业存在协同定位的特征，并且由于现代服务业对要素成本不敏感，但是对交易成本敏感，而制造业正好相反，这些特征要求现代服务业集聚在大都市经济区中心地带，而制造业则集聚在周边地区。大都市经济区中心地区发展现代服务业也可以降低周边制造业的交易成本，大都市区经济的这种发展模式才是正常的产业发展格局。

经济发达地区服务业比重反而比较低的原因，主要还是因为这些地区资本和劳动等生产要素加入了国际大买家所主导的全球价值链制造环节，其制造业市场是全球化的，但是相应的生产性服务业环节却是游离于制造过程之外的。由于制造过程所使用的服务投入是由发包企业提供，其附加值也由发达国家统计和分享，从而导致服务业并没有同步走向全球市场。因此，制造业全球化不仅没有推动这些地区服务业的发展，反而抑制了本地服务业的发展。由此看来，经济发达地区服务业发展“滞后”的原因，主要是中国内需不足条件下的制造业代工出口导向。如果把这些地区“代工出口”因素扣除，再把与其他国家的统计差异因素扣除，中国经济发达地区的服务业比重并不低。但是，我们并不是要否认经济发达地区未来要形成以服务业为主导的经济结构，而是要从大都市区的视角来重新审视制造业与生产性服务业发展的协同定位。

问：随着经济全球化的发展，跨国公司把价值链不同环节分布在全球不同地区。您刚才也提到了，全球性城市是“第二波经济全球化”的基础，全球性城市也变成了企业总部的集聚地，总部经济也成为了全球性城市发展的战略核心。中国很多城市都提出要发展总部经济，那请问刘老师，发展总部经济要注意些什么呢？

答：总部经济指的是众多企业将总部活动定位在特定城市的核心地区，通过自我强化效应而形成的集聚经济。我和张少军在《南京大学学报》（哲学人文社会科学版）2009 年第 6 期发表的《总部经济、产业升级与区域协调——基于全球价值链的分析》一文中指出，企业在经济全球化力量的驱使下，根据产业战略配置的要求和不同地区的综合成本优势，把自身价值链的生产性服务环节与制造业环节在相应的空间进行选择与布局的结果。总部经济反映了全球性城市在分工体系中所具备的功能或角色，它以生产性服务业的发展为主要内容，并且作为主导部门带动城市经济的发展。

发展总部经济也有一些问题需要澄清：首先，总部经济不仅仅是企业总部的运营，也不是简单地发展地产项目或者中央商务区，总部经济必须要形成以生产性服务业为主导，总部基地和制造基地必须要形成协同定位的产业生态群落。其次，要根据区域分工与协作原则来进行总部经济的位置选址，要根据总部经济的类型与层级来进行错位发展。例如，东部地区部分中心城市可以发展全国性的总部基地或综合性总部基地，而部分中西部中心城市可以发展区域性总部基地或单一职能性总部基地。然后，中国发展总部经济的主体应当是中国本土企业。全球价值链治理者一般位于母国，并不是发展总部经济的主体；外资代工企业区位选址的主要因素是成本，一旦要素成本上升或遇到其他外部冲击，将迅速转移,因此也不是发展总部经济的主体;发展总部经济的主体只能是本土企业,本土企业作为后进者要在新兴产业方面进行赶超,其是中国发展总部经济的生力军。

问:刘老师,您作为南京大学"长江三角洲经济社会发展研究中心"执行主任,长期以来研究长三角地区经济社会发展问题。长三角地区通过大量引进制造业外商直接投资进行"国际代工"成为中国经济最发达的地区,但是长三角本土企业还没有融入真正意义的原始设备制造,您认为长三角地区应该通过什么样的发展战略进行转型升级呢?

答:长三角地区在中国"十二五"时期将再创一个新的发展时期,为了顺利实现国家赋予长三角"两个率先"的战略任务,长三角地区要突破过去"后发优势"发展战略,从学习模仿策略向"创新驱动"道路转变。通过实施"创新驱动"发展创新型经济,可以使长三角地区摆脱"中等收入陷阱",打破原有的路径依赖,实现非线性的跨越式发展。通过实施"创新驱动"战略,可以使长三角从全球"制造车间"向全球区域创新中心转变,可以使长三角建立以服务业为主导的现代产业体系,并能使长三角地区从价值链低端向全球价值链中高端延伸。"创新驱动"战略的核心就是要大力发展现代服务业,现代服务业是长三角地区实现战略转型的"工作抓手"。

我在《学术月刊》2011 年第 11 期发表的《发展战略、转型升级与"长三角"转变服务业发展方式》一文中,对长三角发展转型问题进行了详细阐述,指出长三角经济是由制造业"国际代工"托起来的,但是也带来了制造业供给严重过剩。与此同时,也出现了许多现代服务业投资严重不足的现象,从而导致了"总需求向服务业集中而总供给向制造业倾斜"的结构性矛盾。长三角地区制造业已实现全球化,但是服务业却本地化,从而带来发展动力严重不对称。由于长三角地区制造业缺少知识、技术密集型现代生产性服务业投入,导致长三角制造业"大而不强",并且缺乏竞争力。另外,由于与民生相关的教育、医疗、养老等服务业不够发达,导致人民生活质量与经济发展水平不匹配。

长三角在发展转型过程中，要像过去推进工业化进程一样，努力推进现代服务业的规模化发展和形成现代服务业空间集聚。长三角尤其上海要利用人力资本和知识资本密集的优势大力发展总部经济，使其成为长三角经济发展的“新引擎”；长三角要像过去推进制造业全球化一样，努力推进现代服务业市场的全球化，服务业要深度参与全球价值链高端分工，逐步掌握全球价值链的研发和营销网络等高端环节。长三角地区要利用自己制造业庞大的市场需求潜力，吸引国外服务业进入上海的服务业集聚区；长三角地区还要打破各地行政垄断，拆除地区之间的行政保护以及制度壁垒，加强各地之间的产业分工和市场一体化，通过扩大内需来发展现代服务业。

凤凰文库书目

一、马克思主义研究系列

《走进马克思》 孙伯鍨 张一兵 主编
《回到马克思:经济学语境中的哲学话语》 张一兵 著
《当代视野中的马克思》 任平 著
《回到列宁:关于"哲学笔记"的一种后文本学解读》 张一兵 著
《回到恩格斯:文本、理论和解读政治学》 胡大平 著
《国外毛泽东学研究》 尚庆飞 著
《重释历史唯物主义》 段忠桥 著
《资本主义理解史》(6卷) 张一兵 主编
《阶级、文化与民族传统:爱德华·P. 汤普森的历史唯物主义思想研究》 张亮 著
《形而上学的批判与拯救》 谢永康 著
《21世纪的马克思主义哲学创新:马克思主义哲学中国化与中国化马克思主义哲学》 李景源 主编
《科学发展观与和谐社会建设》 李景源 吴元梁 主编
《科学发展观:现代性与哲学视域》 姜建成 著
《西方左翼论当代西方社会结构的演变》 周穗明 王玫 等著
《历史唯物主义的政治哲学向度》 张文喜 著
《信息时代的社会历史观》 孙伟平 著
《从斯密到马克思:经济哲学方法的历史性阐释》 唐正东 著
《构建和谐社会的政治哲学阐释》 欧阳英 著
《正义之后:马克思恩格斯正义观研究》 王广 著
《后马克思主义思想史》 [英]斯图亚特·西姆 著 吕增奎 陈红 译
《后马克思主义与文化研究:理论、政治与介入》 [英]保罗·鲍曼 著 黄晓武 译
《市民社会的乌托邦:马克思主义的社会历史哲学阐释》 王浩斌 著
《唯物史观与人的发展理论》 陈新夏 著
《西方马克思主义与苏联:1917年以来的批评理论和争论概览》 [荷]马歇尔·范·林登 著 周穗明 译 翁寒松 校
《物与无:物化逻辑与虚无主义》 刘森林 著
《希望的源泉:文化、民主、社会主义》 [英]雷蒙·威廉斯 著 祁阿红 吴晓妹 译
《后工业乌托邦》 [澳]鲍里斯·弗兰克尔 著 李元来 译
《未来考古学:乌托邦欲望和其他科幻小说》 [美]弗里德里克·詹姆逊 著 吴静 译

二、政治学前沿系列

《公共性的再生产:多中心治理的合作机制建构》 孔繁斌 著
《合法性的争夺:政治记忆的多重刻写》 王海洲 著
《民主的不满:美国在寻求一种公共哲学》 [美]迈克尔·桑德尔 著 曾纪茂 译
《权力:一种激进的观点》 [英]斯蒂芬·卢克斯 著 彭斌 译
《正义与非正义战争:通过历史实例的道德论证》 [美]迈克尔·沃尔泽 著 任辉献 译
《自由主义与现代社会》 [英]理查德·贝拉米 著 毛兴贵 等译
《左与右:政治区分的意义》 [意]诺贝托·博比奥 著 陈高华 译

《自由主义中立性及其批评者》 [美]布鲁斯·阿克曼 等著 应奇 编
《公民身份与社会阶级》 [英]T. H. 马歇尔 等著 郭忠华 刘训练 编
《当代社会契约论》 [美]约翰·罗尔斯 等著 包利民 编
《马克思与诺齐克之间》 [英]G. A. 柯亨 等著 吕增奎 编
《美德伦理与道德要求》 [英]欧若拉·奥尼尔 等著 徐向东 编
《宪政与民主》 [英]约瑟夫·拉兹 等著 佟德志 编
《自由多元主义的实践》 [美]威廉·盖尔斯敦 著 佟德志 苏宝俊 译
《国家与市场:全球经济的兴起》 [美]赫尔曼·M. 施瓦茨 著 徐佳 译
《税收政治学:一种比较的视角》 [美]盖伊·彼得斯 著 郭为桂 黄宁莺 译
《控制国家:从古雅典至今的宪政史》 [美]斯科特·戈登 著 应奇 陈丽微 孟军 李勇 译
《社会正义原则》 [英]戴维·米勒 著 应奇 译
《现代政治意识形态》 [澳]安德鲁·文森特 著 袁久红 译
《新社会主义》 [加拿大]艾伦·伍德 著 尚庆飞 译
《政治的回归》 [英]尚塔尔·墨菲 著 王恒 臧佩洪 译
《自由多元主义》 [美]威廉·盖尔斯敦 著 佟德志 庞金友 译
《政治哲学导论》 [英]亚当·斯威夫特 著 佘江涛 译
《重新思考自由主义》 [英]理查德·贝拉米 著 王萍 傅广生 周春鹏 译
《自由主义的两张面孔》 [英]约翰·格雷 著 顾爱彬 李瑞华 译
《自由主义与价值多元论》 [英]乔治·克劳德 著 应奇 译
《帝国:全球化的政治秩序》 [美]麦克尔·哈特 [意]安东尼奥·奈格里 著 杨建国 范一亭 译
《反对自由主义》 [美]约翰·凯克斯 著 应奇 译
《政治思想导读》 [英]彼得·斯特克 大卫·韦戈尔 著 舒小昀 李霞 赵勇 译
《现代欧洲的战争与社会变迁:大转型再探》 [英]桑德拉·哈尔珀琳 著 唐皇凤 武小凯 译
《道德原则与政治义务》 [美]约翰·西蒙斯 著 郭为桂 李艳丽 译
《政治经济学理论》 [美]詹姆斯·卡波拉索 戴维·莱文著 刘骥 等译
《民主国家的自主性》 [英]埃里克·A. 诺德林格 著 孙荣飞 等译
《强社会与弱国家:第三世界的国家社会关系及国家能力》 [英]乔·米格德尔 著 张长东 译
《驾驭经济:英国与法国国家干预的政治学》 [美]彼得·霍尔 著 刘骥 刘娟凤 叶静 译
《社会契约论》 [英]迈克尔·莱斯诺夫 著 刘训练 等译
《共和主义:一种关于自由与政府的理论》 [澳]菲利普·佩蒂特 著 刘训练 译
《至上的美德:平等的理论与实践》 [美]罗纳德·德沃金 著 冯克利 译
《原则问题》 [美]罗纳德·德沃金 著 张国清 译
《社会正义论》 [英]布莱恩·巴利 著 曹海军 译
《马克思与西方政治思想传统》 [美]汉娜·阿伦特 著 孙传钊 译
《作为公道的正义》 [英]布莱恩·巴利 著 曹海军 允春喜 译
《古今自由主义》 [美]列奥·施特劳斯 著 马志娟 译
《公平原则与政治义务》 [美]乔治·格劳斯科 著 毛兴贵 译
《谁统治:一个美国城市的民主和权力》 [美]罗伯特·A. 达尔 著 范春辉 等译
《论伦理精神》 张康之 著
《人权与帝国:世界主义的政治哲学》 [英]科斯塔斯·杜兹纳 著 辛亨复 译
《阐释和社会批判》 [美]迈克尔·沃尔泽 著 任辉献 段鸣玉 译
《全球时代的民族国家:吉登斯讲演录》 [英]安东尼·吉登斯 著 郭忠华 编
《当代政治哲学名著导读》 应奇 主编

《拉克劳与墨菲:激进民主想象》 [美]安娜·M. 史密斯 著 付琼 译
《英国新左派思想家》 张亮 编
《第一代英国新左派》 [英]迈克尔·肯尼 著 李永新 陈剑 译
《转向帝国:英法帝国自由主义的兴起》 [美]珍妮弗·皮茨 著 金毅 许鸿艳 译
《论战争》 [美]迈克尔·沃尔泽 著 任辉献 段鸣玉 译
《现代性的谱系》 张凤阳 著
《近代中国民主观念之生成与流变:一项观念史的考察》 闾小波 著
《阿伦特与现代性的挑战》 [美]塞瑞娜·潘琳 著 张云龙 译
《政治人:政治的社会基础》 [美]西摩·马丁·李普塞特 著 郭为桂 林娜 译
《社会中的国家:国家与社会如何相互改变与相互构成》 [美]乔尔·S.米格代尔 著 李杨 郭一聪 译 张长东 校
《伦理、文化与社会主义:英国新左派早期思想读本》 张亮 熊婴 编

三、纯粹哲学系列

《哲学作为创造性的智慧:叶秀山西方哲学论集(1998—2002)》 叶秀山 著
《真理与自由:康德哲学的存在论阐释》 黄裕生 著
《走向精神科学之路:狄尔泰哲学思想研究》 谢地坤 著
《从胡塞尔到德里达》 尚杰 著
《海德格尔与存在论历史的解构:〈现象学的基本问题〉引论》 宋继杰 著
《康德的信仰:康德的自由、自然和上帝理念批判》 赵广明 著
《宗教与哲学的相遇:奥古斯丁与托马斯·阿奎那的基督教哲学研究》 黄裕生 著
《理念与神:柏拉图的理念思想及其神学意义》 赵广明 著
《时间性:自身与他者——从胡塞尔、海德格尔到列维纳斯》 王恒 著
《意志及其解脱之路:叔本华哲学思想研究》 黄文前 著
《真理之光:费希特与海德格尔论 SEIN》 李文堂 著
《归隐之路:20 世纪法国哲学的踪迹》 尚杰 著
《胡塞尔直观概念的起源:以意向性为线索的早期文本研究》 陈志远 著
《幽灵之舞:德里达与现象学》 方向红 著
《形而上学与社会希望:罗蒂哲学研究》 陈亚军 著
《福柯的主体解构之旅:从知识考古学到"人之死"》 刘永谋 著
《中西智慧的贯通:叶秀山中国哲学文化论集》 叶秀山 著
《学与思的轮回:叶秀山 2003—2007 年最新论文集》 叶秀山 著
《返回爱与自由的生活世界:纯粹民间文学关键词的哲学阐释》 户晓辉 著
《心的秩序:一种现象学心学研究的可能性》 倪梁康 著
《生命与信仰:克尔凯郭尔假名写作时期基督教哲学思想研究》 王齐 著
《时间与永恒:论海德格尔哲学中的时间问题》 黄裕生 著
《道路之思:海德格尔的"存在论差异"思想 》 张柯 著
《启蒙与自由:叶秀山论康德》 叶秀山 著
《自由、心灵与时间:奥古斯丁心灵转向问题的文本学研究》 张荣 著
《回归原创之思:"象思维"视野下的中国智慧》 王树人 著

四、宗教研究系列

《汉译佛教经典哲学研究》(上下卷) 杜继文 著

《中国佛教通史》(15 卷) 赖永海 主编
《中国禅宗通史》 杜继文 魏道儒 著
《佛教史》 杜继文 主编
《道教史》 卿希泰 唐大潮 著
《基督教史》 王美秀 段琦 等著
《伊斯兰教史》 金宜久 主编
《中国律宗通史》 王建光 著
《中国唯识宗通史》 杨维中 著
《中国净土宗通史》 陈扬炯 著
《中国天台宗通史》 潘桂明 吴忠伟 著
《中国三论宗通史》 董群 著
《中国华严宗通史》 魏道儒 著
《中国佛教思想史稿》(3 卷) 潘桂明 著
《禅与老庄》 徐小跃 著
《中国佛性论》 赖永海 著
《禅宗早期思想的形成与发展》 洪修平 著
《基督教思想史》 [美]胡斯都·L. 冈察雷斯 著 陈泽民 孙汉书 司徒桐 莫如喜 陆俊杰 译
《圣经历史哲学》(上下卷) 赵敦华 著
《禅宗早期思想的形成与发展》 洪修平 著
《如来藏与中国佛教》 杨维中 著
《基督教神学发展史》(一)、(二)、(三) 林荣洪 著

五、人文与社会系列

《环境与历史:美国和南非驯化自然的比较》 [美]威廉·贝纳特 彼得·科茨 著 包茂红 译
《阿伦特为什么重要》 [美]伊丽莎白·扬-布鲁尔 著 刘北成 刘小鸥 译
《现代性的哲学话语》 [德]于尔根·哈贝马斯 著 曹卫东 等译
《追寻美德:伦理理论研究》 [美]A. 麦金太尔 著 宋继杰 译
《现代社会中的法律》 [美]R. M. 昂格尔 著 吴玉章 周汉华 译
《知识分子与大众:文学知识界的傲慢与偏见,1880—1939》 [英]约翰·凯里 著 吴庆宏 译
《自我的根源:现代认同的形成》 [加拿大]查尔斯·泰勒 著 韩震 等译
《社会行动的结构》 [美]塔尔科特·帕森斯 著 张明德 夏遇南 彭刚 译
《文化的解释》 [美]克利福德·格尔茨 著 韩莉 译
《以色列与启示:秩序与历史(卷 1)》 [美]埃里克·沃格林 著 霍伟岸 叶颖 译
《城邦的世界:秩序与历史(卷 2)》 [美]埃里克·沃格林 著 陈周旺 译
《战争与和平的权利:从格劳秀斯到康德的政治思想与国际秩序》 [美]理查德· 塔克 著 罗炯 等译
《人类与自然世界:1500—1800 年间英国观念的变化》 [英]基思·托马斯 著 宋丽丽 译
《男性气概》 [美]哈维·C. 曼斯菲尔德 著 刘玮 译
《黑格尔》 [加拿大]查尔斯·泰勒 著 张国清 朱进东 译
《社会理论和社会结构》 [美]罗伯特·K. 默顿 著 唐少杰 齐心 等译
《个体的社会》 [德]诺贝特·埃利亚斯 著 翟三江 陆兴华 译
《象征交换与死亡》 [法]让·波德里亚 著 车槿山 译
《实践感》 [法]皮埃尔·布迪厄 著 蒋梓骅 译

《关于马基雅维里的思考》 [美]利奥·施特劳斯 著 申彤 译
《正义诸领域:为多元主义与平等一辩》 [美]迈克尔·沃尔泽 著 褚松燕 译
《传统的发明》 [英]E. 霍布斯鲍姆 T. 兰格 著 顾杭 庞冠群 译
《元史学:十九世纪欧洲的历史想象》 [美]海登·怀特 著 陈新 译
《卢梭问题》 [德]恩斯特·卡西勒 著 王春华 译
《自足语义学:为语义最简论和言语行为多元论辩护》 [挪威] 赫尔曼·开普兰
[美]厄尼·利珀尔 著 周允程 译
《历史主义的兴起》 [德]弗里德里希·梅尼克 著 陆月宏 译
《权威的概念》 [法]亚历山大·科耶夫 著 姜志辉 译
《无国界移民》 [瑞士]安托万·佩库 [荷兰]保罗·德·古赫特奈尔 编 武云 译
《语言的未来》 [法]皮埃尔·朱代·德·拉孔布 海因茨·维斯曼 著 梁爽 译
《全球化的关键概念》 [挪]托马斯·许兰德·埃里克森 著 周云水 等译
《房地产阶级社会》 [韩]孙洛龟 著 芦恒 译
《政治创新与概念变革》 [美]特伦斯·鲍尔 詹姆斯·法尔 拉塞尔·L. 汉森 编 朱进东 译
《依赖性的理性动物:人类为什么需要德性》 [美]阿拉斯戴尔·麦金太尔 著 刘玮 译
《理解俄国:俄国文化中的圣愚》 [美]埃娃·汤普逊 著 杨德友 译
《留恋人世:长生不老的奇妙科学》 [美]乔纳森·韦纳 著 杨朗 卢文超 译

六、海外中国研究系列

《帝国的隐喻:中国民间宗教》 [英]王斯福 著 赵旭东 译
《王弼〈老子注〉研究》 [德]瓦格纳 著 杨立华 译
《章学诚思想与生平研究》 [美]倪德卫 著 杨立华 译
《中国与达尔文》 [美]詹姆斯·里夫 著 钟永强 译
《千年末世之乱:1813 年八卦教起义》 [美]韩书瑞 著 陈仲丹 译
《中华帝国后期的欲望与小说叙述》 黄卫总 著 张蕴爽 译
《私人领域的变形:唐宋诗词中的园林与玩好》 [美]王晓山 著 文韬 译
《六朝精神史研究》 [日]吉川忠夫 著 王启发 译
《中国社会史》 [法]谢和耐 著 黄建华 黄迅余 译
《大分流:欧洲、中国及现代世界经济的发展》 [美]彭慕兰 著 史建云 译
《近代中国的知识分子与文明》 [日]佐藤慎一 著 刘岳兵 译
《转变的中国:历史变迁与欧洲经验的局限》 [美]王国斌 著 李伯重 连玲玲 译
《中国近代思维的挫折》 [日]岛田虔次 著 甘万萍 译
《为权力祈祷》 [加拿大]卜正民 著 张华 译
《洪业:清朝开国史》 [美]魏斐德 著 陈苏镇 薄小莹 译
《儒教与道教》 [德]马克斯·韦伯 著 洪天富 译
《革命与历史:中国马克思主义历史学的起源,1919—1937》 [美]德里克 著 翁贺凯 译
《中华帝国的法律》 [美]D. 布朗 等著 朱勇 译
《文化、权力与国家》 [美]杜赞奇 著 王福明 译
《中国的亚洲内陆边疆》 [美]拉铁摩尔 著 唐晓峰 译
《古代中国的思想世界》 [美]史华兹 著 程钢 译 刘东 校
《中国近代经济史研究:明末海关财政与通商口岸市场圈》 [日]滨下武志 著 高淑娟 孙彬 译
《中国美学问题》 [美]苏源熙 著 卞东坡 译 张强强 朱霞欢 校
《翻译的传说:构建中国新女性形象》 胡缨 著 龙瑜宬 彭珊珊 译

《〈诗经〉原意研究》 [日]家井真 著 陆越 译
《缠足:"金莲崇拜"盛极而衰的演变》 [美]高彦颐 著 苗延威 译
《从民族国家中拯救历史:民族主义话语与中国现代史研究》 [美]杜赞奇 著 王宪明 高继美 李海燕 李点 译
《传统中国日常生活中的协商:中古契约研究》 [美]韩森 著 鲁西奇 译
《欧几里得在中国:汉译〈几何原本〉的源流与影响》 [荷]安国风 著 纪志刚 郑诚 郑方磊 译
《毁灭的种子:二战及战后的国民党中国》 [美]易劳逸 著 王建朗 王贤知 贾维 译
《理解农民中国:社会科学哲学的案例研究》 [美]李丹 著 张天虹 张胜波 译
《18 世纪的中国社会》 [美]韩书瑞 罗友枝 著 陈仲丹 译
《开放的帝国:1600 年的中国历史》 [美]韩森 著 梁侃 邹劲风 译
《中国人的幸福观》 [德]鲍吾刚 著 严蓓雯 韩雪临 伍德祖 译
《明代乡村纠纷与秩序》 [日]中岛乐章 著 郭万平 高飞 译
《朱熹的思维世界》 [美]田浩 著
《礼物、关系学与国家:中国人际关系与主体建构》 杨美慧 著 赵旭东 孙珉 译 张跃宏 校
《美国的中国形象:1931—1949》 [美]克里斯托弗·杰斯普森 著 姜智芹 译
《清代内河水运史研究》 [日]松浦章 著 董科 译
《中国的经济革命:20 世纪的乡村工业》 [日]顾琳 著 王玉茹 张玮 李进霞 译
《明清时代东亚海域的文化交流》 [日]松浦章 著 郑洁西 译
《皇帝和祖宗:华南的国家与宗族》 科大卫 著 卜永坚 译
《中国善书研究》 [日]酒井忠夫 著 刘岳兵 何英莺 孙雪梅 译
《大萧条时期的中国:市场、国家与世界经济》 [日]城山智子 著 孟凡礼 尚国敏 译
《虎、米、丝、泥:帝制晚期华南的环境与经济》 [美]马立博 著 王玉茹 译
《矢志不渝:明清时期的贞女现象》 [美]卢苇菁 著 秦立彦 译
《山东叛乱:1774 年的王伦起义》 [美]韩书瑞 著 刘平 唐雁超 译
《一江黑水:中国未来的环境挑战》 [美]易明 著 姜智芹 译
《施剑翘复仇案:民国时期公众同情的兴起与影响》 [美]林郁沁 著 陈湘静 译
《工程国家:民国时期(1927—1937)的淮河治理及国家建设》 [美]戴维·艾伦·佩兹 著 姜智芹 译
《西学东渐与中国事情》 [日]增田涉 著 周启乾 译
《铁泪图:19 世纪中国对于饥馑的文化反应》 [美]艾志端 著 曹曦 译
《危险的边疆:游牧帝国与中国》 [美]巴菲尔德 著 袁剑 译
《华北的暴力与恐慌:义和团运动前夕基督教传播和社会冲突》 [德]狄德满 著 崔华杰 译
《历史宝筏:过去、西方与中国的妇女问题》 [美]季家珍 著 杨可 译
《姐妹们与陌生人:上海棉纱厂女工,1919—1949》 [美]艾米莉·洪尼格 著 韩慈 译
《银线:19 世纪的世界与中国》 林满红 著 詹庆华 林满红 译
《寻求中国民主》 [澳]冯兆基 著 刘悦斌 徐硙 著
《中国乡村的基督教:1860—1900 江西省的冲突与适应》 [美]史维东 著 吴薇 译
《认知变异:反思人类心智的统一性与多样性》 [英]G. E. R. 劳埃德 著 池志培 译
《假想的满大人:同情、现代性与中国疼痛》 [美]韩瑞 著 袁剑 译
《男性特质论:中国的社会与性别》 [澳]雷金庆 著 [澳]刘婷 译
《中国的捐纳制度与社会》 伍跃 著
《文书行政的汉帝国》 [日]富谷至 著 刘恒武 孔李波 译
《城市里的陌生人:中国流动人口的空间、权力与社会网络的重构》 [美]张骊 著 袁长庚 译

《重读中国女性生命故事》 游鉴明 胡缨 季家珍 主编
《跨太平洋位移:20 世纪美国文学中的民族志、翻译和文本间旅行》 黄运特 著 陈倩 译

七、历史研究系列

《中国近代通史》(10 卷) 张海鹏 主编
《极端的年代》 [英]艾瑞克·霍布斯鲍姆 著 马凡 等译
《漫长的 20 世纪》 [意]杰奥瓦尼·阿瑞基 著 姚乃强 译
《在传统与变革之间:英国文化模式溯源》 钱乘旦 陈晓律 著
《世界现代化历程》(10 卷) 钱乘旦 主编
《近代以来日本的中国观》(6 卷) 杨栋梁 主编
《中华民族凝聚力的形成与发展》 卢勋 杨保隆 等著
《明治维新》 [英]威廉·G. 比斯利 著 张光 汤金旭 译
《在垂死皇帝的王国:世纪末的日本》 [美]诺玛·菲尔德 著 曾霞 译
《戊戌政变的台前幕后》 马勇 著
《战后东北亚主要国家间领土纠纷与国际关系研究》 李凡 著

八、当代思想前沿系列

《世纪末的维也纳》 [美]卡尔·休斯克 著 李锋 译
《莎士比亚的政治》 [美]阿兰·布鲁姆 哈瑞·雅法 著 潘望 译
《邪恶》 [英]玛丽·米奇利 著 陆月宏 译
《知识分子都到哪里去了:对抗 21 世纪的庸人主义》 [英]弗兰克·富里迪 著 戴从容 译
《资本主义文化矛盾》 [美]丹尼尔·贝尔 著 严蓓雯 译
《流动的恐惧》 [英]齐格蒙特·鲍曼 著 谷蕾 杨超 等译
《流动的生活》 [英]齐格蒙特·鲍曼 著 徐朝友 译
《生活的艺术》 [英]齐格蒙特·鲍曼 著 仇子明 等译
《流动的时代:生活于充满不确定性的年代》 [英]齐格蒙特·鲍曼 著 谷蕾 武媛媛 译
《未来的形而上学》 [美]爱莲心 著 余日昌 译
《感受与形式》 [美]苏珊·朗格 著 高艳萍 译
《资本主义及其经济学:一种批判的历史》 [美]道格拉斯·多德 著 熊婴 译

九、教育理论研究系列

《教育研究方法导论》 [美]梅雷迪斯·D. 高尔 等著 许庆豫 等译
《教育基础》 [美]阿伦·奥恩斯坦 著 杨树兵 等译
《教育伦理学》 贾馥茗 著
《认知心理学》 [美]罗伯特·L. 索尔索 著 何华 等译
《现代心理学史》 [美]杜安·P. 舒尔茨 著 叶浩生 等译
《学校法学》 [美]米歇尔·W. 拉莫特 著 许庆豫 等译

十、艺术理论研究系列

《另类准则:直面 20 世纪艺术》 [美]列奥·施坦伯格 著 沈语冰 刘凡 谷光曙 译
《弗莱艺术批评文选》 [英]罗杰·弗莱 著 沈语冰 译
《当代艺术的主题:1980 年以后的视觉艺术》 [美]简·罗伯森 克雷格·迈克丹尼尔 著 匡骁 译

《艺术与物性:论文与评论集》 [美]迈克尔·弗雷德 著 张晓剑 沈语冰 译
《现代生活的画像:马奈及其追随者艺术中的巴黎》 [英]T. J. 克拉克 著 沈语冰 诸葛沂 译
《自我与图像》 [英]艾美利亚·琼斯 著 刘凡 谷光曙 译
《艺术社会学》 [英]维多利亚·D. 亚历山大 著 章浩 沈杨 译

十一、中国经济问题研究系列

《中国经济的现代化:制度变革与结构转型》 肖耿 著
《世界经济复苏与中国的作用》 [英]傅晓岚 编 蔡悦 等译
《中国未来十年的改革之路》《比较》编辑室 编
《大失衡:贸易、冲突和世界经济的危险前路》 [美]迈克尔·佩蒂斯 著 王璟 译
《中国经济新转型》 [日]青木昌彦 吴敬琏 编 姚志敏 等译
《经济全球化与中国产业发展》 刘志彪 著

十二、艺术与社会系列

《艺术界》 [美]霍华德·S. 贝克尔 著 卢文超 译
《寻找如画美:英国的风景美学与旅游,1760—1800》 [英]马尔科姆·安德鲁斯 著 张箭飞 韦照周 译